Desmond Morris

Körpersignale

Vom Dekolleté zum Zeh

Ins Deutsche übertragen
von Monika Curths und Ursula Gnade

WILHELM HEYNE VERLAG
MÜNCHEN

HEYNE SACHBUCH
Nr. 19/251

Titel der englischen Originalausgabe:
BODYWATCHING. A FIELD GUIDE TO THE HUMAN SPECIES
Die Originalausgabe erschien im Verlag Jonathan Cape Ltd., London

Der erste Teil des Buches erschien unter dem Titel
»Körpersignale: Vom Scheitel bis zum Kinn«
im Heyne Sachbuchprogramm

Taschenbuchausgabe im Wilhelm Heyne Verlag GmbH & Co. KG, München

Printed in Germany 1993
Umschlagillustrationen: Camerapix Hutchison, London/Michael MacIntyre;
Rapho, Paris; Susan Griggs Agency, London/Pepita Fairfax
Umschlaggestaltung: Atelier Adolf Bachmann, Reischach
Herstellung: H + G Lidl, München
Satz: Fotosatz Völkl, Puchheim
Druck und Verarbeitung: RMO, München

ISBN 3-453-07027-5

Inhalt

Körperbeobachtung

Nichts fasziniert uns so sehr wie der menschliche Körper. Bewußt oder unbewußt sind wir alle auf körperliche Phänomene fixiert. Selbst in einer lebhaften Unterhaltung, wenn wir scheinbar von der verbalen Kommunikation voll und ganz in Anspruch genommen sind, bleiben wir leidenschaftliche Körperbeobachter.

Bis zum Erreichen der Volljährigkeit haben wir alle einen außerordentlichen Spürsinn entwickelt für die geringsten Veränderungen in Ausdruck, Gestik, Haltung und Körperbetonung unserer Mitmenschen. Wir erwerben diese Sensibilität mehr schlecht als recht, mehr durch Intuition als durch Analyse. Würden wir uns die Mühe machen, die körperlichen Erscheinungen genauer zu erforschen, könnten wir noch sensibler auf diese reagieren und die eine oder andere Fehleinschätzung vermeiden, zu der uns unsere Intuition bisweilen führt.

So gut wir auch die Körpersprache verstehen, wir machen doch Fehler. Oftmals Fehler schwerwiegender Natur, die zu ganz falschen Vorstellungen über unseren Körper führen, und diese setzen sich mit der Zeit so fest, daß sie aus dem landläufigen Denken kaum noch auszumerzen sind. Wie wir sehen werden, beruhen erstaunlich viele uns liebgewordene Vorstellungen über Teile des menschlichen Körpers auf falschen Voraussetzungen.

Was uns zudem die Sicht verstellt, ist die Tatsache, daß wir bestimmte Aspekte unseres eigenen Körpers als ziemlich selbstverständlich hinnehmen. Die Person, die wir im Badezimmerspiegel sehen, ist uns so vertraut, daß wir keine Fragen mehr stellen, wie das menschliche Lebewesen zu seiner jetzigen Gestalt gelangt ist. Wir machen uns vielleicht Sorgen um unsere Gesundheit oder unser Gewicht und zerbrechen uns den Kopf über richtige Ernährung und gymnastische Übungen, aber das ist etwas anderes. Solche von Besorgnis geprägten Beschäftigungen mit unserem Körper bringen uns nicht dazu, uns aus evolutionärer Sicht zu betrachten, als Teil eines größeren zoologischen Spektrums.

Wenn uns in einer naturgeschichtlichen Fernsehsendung eine uns fremde exotische Tierart vorgeführt wird, zum Beispiel ein gefleckter Seehase oder eine scheckige Elefantenspitzmaus, wundern wir uns über diese bizarren Wesen, ihre eigenartige Färbung, die raffinierte Zweckmäßigkeit ihrer Form und ihres Aussehens und die Komplexheit der Bewegungen, aber nur selten kommen wir auf die Idee, daß der menschliche Körper der ungewöhnlichste und verblüffendste Organismus im gesamten Tierreich überhaupt ist.

Hätten vor ein paar Millionen Jahren intelligente Außerirdische diesen Planten besucht und die Affen in den Bäumen umherhüpfen gesehen, wäre ihnen wohl kaum der Gedanke gekommen, daß einen evolutionsgeschichtlichen Augenblick später die Nachkommen eines dieser schnatternden Affen eine Fahne auf dem Mond aufpflanzen und mit den Zehen der Vorderbeine Klavier spielen würden. Die erstaunliche menschliche Erfolgsstory hätte damals niemand voraussehen können.

Es ist immer noch schwer zu sagen, wie wir dazu kamen, die behaarte vierbeinige Lebensweise aufzugeben und sie durch eine nackthäutige zweibeinige Existenz zu ersetzen. Warum *haben* wir uns aufgerichtet und angefangen, auf unseren Hinterbeinen einherzustolzieren? In einer kopflastigen, unbeholfenen Haltung, in der wir nur halb so schnell waren wie ein flinker Affe? Dennoch haben wir es auf diese Weise geschafft, uns den ganzen Planeten untertan zu machen. Wie hat es angefangen?

Einige Wissenschaftler sehen in diesem Vorgang eine Anpassung an das Waten und Schwimmen, das ein Leben im Wasser mit sich bringt, aus dem der »Wasseraffe« schließlich aufs trockene Land zurückkehrte, mit einer Speckschicht unter seiner stromlinienförmigen Hautoberfläche und dem Appetit eines Schaltierjägers auf Fleisch. Die orthodoxere Richtung bevorzugt einen direkten Übergang vom Baumfruchtpflücker zum Beutejäger der Ebenen. Eine Theorie geht davon aus, daß sich dieser jagende Affe aufgerichtet hat, um von seinem neuen Standort aus über das hohe Gras hinweg den Horizont in der Ferne abzusuchen. Eine andere Richtung glaubt, daß sich die aufrechte Haltung aus der Notwendigkeit ergeben habe, größere Nahrungsobjekte zu tragen. Gibt man Schimpansen große Bananenbüschel, stellen sie sich auf die Hinterbeine, um sie zu transportieren. Eine dritte Hypothese ist, daß die Notwendigkeit, beuteschlagende Waffen zu halten und zu werfen, eine aufrechte Körperhaltung erforderte.

Aber aus welchen Gründen auch immer unsere fernen Vorfahren das taten, fest steht, daß sie zweibeinig wurden, obwohl sie dadurch an Laufgeschwindigkeit einbüßten; und dies veränderte ihre Körper auf vielerlei Weise. Die verborgene Unterseite des behaarten Affen wurde die voll zur Schau getragene Vorderseite des nackten Menschen. Der Rücken wurde die Kehrseite. Die Becken- und Halswirbel veränderten sich dramatisch. Die Vorderfüße wurden zu Greifhänden, die nicht nur zum Tragen dienten, sondern auch zum geschickten Manipulieren und Gestikulieren. Eine ganz einzigartige Körperform bildete sich heraus, die sich von allem Vorangegangenen auffallend unterschied und die verheerend effektiv war in ihren Auswirkungen auf die Umwelt.

Obwohl die aufrechte Haltung das Gebären erschwerte, vermehrte sich die neue menschliche Spezies bald in erstaunlichem Maße. Stämme wuchsen heran und teilten sich und verbreiteten sich über die ganze Erde. Die Vorderfüße, die zu geschickten Händen geworden waren, fertigten Werkzeuge und Waffen, Gebäude und Fahrzeuge, und dieser komische »gehende Affe« wurde bald Herr über seine Umgebung. Vor 10 000 Jahren gab es bereits, fast über die gesamte Landoberfläche des Planeten verteilt, zehn Millionen Menschen. Heute erscheint uns selbst eine so große Zahl unbedeutend, da nun schon London allein so viele Einwohner hat. Bis zum Jahr 2000, das nicht mehr fern ist, wird es schätzungsweise 6,082 Milliarden Menschen auf der Erde geben. Trotz des Tempos, mit dem sich diese unglaubliche Geschichte vom Aufstieg des Menschen vollzogen hat, ist der menschliche Körper, der in deren Mittelpunkt steht, ziemlich gleich geblieben. Würde ein prähistorisches Baby von vor ungefähr 40 000 Jahren mit einer Zeitmaschine in unsere Gegenwart versetzt und von einer modernen Familie aufgezogen, würde niemand einen Unterschied bemerken.

Auch unser Verhalten hat sich im wesentlichen bemerkenswert wenig verändert. Obwohl im Laufe der Jahrhunderte Priester, Politiker und Gelehrte ausgiebig gepredigt und theoretisiert haben, wie sich Menschen verhalten sollten, haben all ihre ernsthaften Bemühungen, uns in dieser oder jener Richtung zu beeinflussen, keine tiefen Spuren hinterlassen. Einige Menschen können sich das kaum vorstellen und bestehen darauf, daß aus den wilden Rohlingen von gestern die zivilisierten Bürger von heute geworden sind oder, umgekehrt, aus den unschuldigen edlen Wilden von damals die verdorbenen sadistischen Verbrecher unserer Tage. Solche Vereinfachungen sind bedeutungslos, ebenso wie die Behauptungen von Generationen von Moralisten, ihre Lehren hätten uns gebessert und gut gemacht.

In Wahrheit hat die menschliche Spezies stets die gleichen emotionalen Triebe besessen und diese im wesentlichen auf gleiche Weise zum Ausdruck gebracht. Wir sind immer imstande gewesen, von Feindseligkeit auf Freundlichkeit, von Liebe auf Haß, von Selbstsucht auf Altruismus, von Traurigkeit auf Freude umzuschwenken. Geändert haben sich nur die Bezeichnungen – Jagdtrieb heißt heute Arbeitsethos, Hackordnung Klassenkampf, Gattenwahl unter Nicht-Blutsverwandten Inzesttabu, Paarungsbündnis Ehe, Stammesidentität kulturelles Erbe und so fort. Wir denken gern, daß eine lobenswerte Eigenschaft wie zum Beispiel gegenseitige Hilfeleistung eine zivilisatorische Neuerwerbung ist; dabei ist sie so alt wie die urzeitliche Jagd, die uns nur die Wahl ließ, entweder zusammenzuarbeiten oder zu sterben. Man hat mir zum Vorwurf gemacht, ich behauptete, die Menschen steckten voller »tierischer« Gefühle, aber diese Kritiker bringen einige grundsätzliche Dinge durcheinander. Tatsächlich *sind* die meisten unserer »edleren Gefühle« tierisch in dem Sinn, als sie ein Teil unseres tierischen Erbes sind. Wir brauchen keine religiösen Gesetzbücher oder Sittenlehren, damit wir uns zu fürsorglichen, liebevollen Individuen entwickeln. Es liegt bereits in unserer animalischen Natur.

Natürlich rivalisieren wir untereinander und sind reizbar. Auch das ist Teil unserer animalischen Persönlichkeit, und hier haben wir es mit einem sehr sensibel reagierenden Ausgleichsmechanismus zu tun, der durch künstlich belastende Umgebungen leicht in Gewalttätigkeit und Blutvergießen umschlägt. Wenn das geschieht, scheinen unsere Körper plötzlich übertrieben schwach zu sein, von allen Seiten bedroht durch Messer, Kanonen und Bomben, fliegende Glassplitter und herabstürzenden Beton. Wir führen einen ständigen Kampf, um diese Ausbrüche von Gewalttätigkeit unter Kontrolle zu halten und uns ein Zuhause zu schaffen, wo der verletzte, fleischliche, schwitzende menschliche Körper in Ruhe überleben kann. Bei unserer hoffnungslosen Übervölkerung ist das nicht so leicht. Wir machen viele Fehler, und viele kommen dabei zu Schaden oder gehen zugrunde.

Manche Katastrophen ließen sich vermeiden, wenn die Spitzenpolitiker der modernen Welt ein wenig mehr von der besonderen Spezies verstünden, der sie und die Menschen in ihrem Gefolge angehören. Leider studieren sie viel zuwenig diese besonderen Wesen, denen sie angeblich dienen – die Menschen. Würde man das Bild eines idealen Bürgers aus der Sicht einer herrschenden Partei – gleichgültig welcher – entwerfen, wäre es mit ziemlicher Sicherheit himmelweit von der Wirklichkeit entfernt. Einige Kulturen haben zum Beispiel das menschliche Bedürfnis nach einem eigenen Territorium verkannt; andere haben den Drang zur Bildung sich liebender Familieneinheiten unterschätzt; wieder andere ignorierten die konstruktive rebellische Natur der menschlichen

Neugier und Kreativität. Früher oder später ziehen solche Irrtümer gesellschaftliche Unruhen nach sich, und die Politiker an der Macht haben die Folgen zu tragen. Die eigentliche Unwissenheit der Mächtigen besteht darin, daß sie nicht genug darüber wissen, wie der menschliche Körper als soziales Wesen funktioniert. Es handelt sich hier nicht um ein medizinisches Problem, um innere Organe oder die Gesundheit. Es geht darum, wie wir unseren Körper einsetzen, wenn wir einander im täglichen Leben begegnen. Denn dieser Körpergebrauch spiegelt unsere innersten Bedürfnisse und Wünsche wider; durch ihn geben wir diese Gefühle unseren Mitmenschen zu erkennen, und wenn wir genau genug hinsehen, erfahren wir viel Wissenswertes über die wahre Natur der Menschheit.

Ein solches Wissen zu ignorieren, wäre heute, nachdem wir soviel über das menschliche Verhalten in Erfahrung gebracht haben, leichtfertig. Die Redensart »Viel Wissen macht Kopfweh« war schon immer eine Notlüge. Unwissenheit hat stets in die Agonie geführt – zu grausamem Aberglauben, unnötiger Angst, religiösem Fanatismus und geistiger Unterdrückung. Im Mittelpunkt stand immer der menschliche Körper, und er mußte endlose unnötige Beleidigungen über sich ergehen lassen. Mit einigen wurde er absichtlich belegt, andere haben wir uns gedankenlos selbst zugefügt. Wie ich schon früher sagte, besteht ein Teil des Problems darin, daß aus der Vertrautheit Gleichgültigkeit geworden ist. Weil jeder von uns einen menschlichen Körper besitzt, glauben wir alles über ihn zu wissen, war wir wissen *müßten.*

Um diesen Schleier der Vertrautheit zu lüften, so daß wir den menschlichen Körper in einem neuen Licht zu sehen vermögen, brauchen wir einen analytischen Ansatz. Der, für den ich mich in diesem Buch entschieden habe, besteht darin, die äußere körperliche Erscheinung so zu behandeln, als wäre sie eine unbekannte Landschaft, die es Stück für Stück zu erforschen gilt, wie ein Tourist eine exotische Insel erforschen würde. Indem wir jeden Körperteil gesondert und in Nahaufnahme betrachten, können wir vielleicht wieder ein Gefühl für das Wunderbare an diesem ungewöhnlichen Tier, genannt Mensch, entwickeln. Wenn das gelingt, werden wir uns nicht mehr so leicht gedankenlos selbst malträtieren oder anderen gestatten, unseren Körper zu mißbrauchen.

Die eingehende Betrachtung des Körpers vom Scheitel bis zur Sohle wird den Leser in den folgenden Kapiteln auf eine Entdeckungsreise führen – eine Reise zur Selbst-Entdeckung –, in deren Verlauf sich ihm die Komplexität des menschlichen Wesens als biologische Einheit sowie als kulturelles Phänomen enthüllen wird. Die Reise beginnt bei der Untersuchung des Kopfhaares; dann geht es weiter zur Stirn, zu den Augen, den Ohren, zur Nase und so fort bis hinab zu den Beinen und den Füßen. Unterwegs werden wir zwanzigmal haltmachen und jeweils einen bestimmten Körperteil aus verschiedenen Blickwinkeln untersuchen. Als erstes werde ich auf Anatomie, Physiologie, Funktion, Entwicklung und Wachstum eingehen; dann werden seine Möglichkeiten unter dem Aspekt Verhalten erforscht – Bewegungen, Haltungen, Ausdrucksweisen und Gesten; dann die höchst faszinierenden kulturgeprägten Abwandlungen und Übertreibungen, seine Verzierung durch Bemalen und Tätowieren, seine Entstellung durch Rasieren, Stutzen, Durchbohren oder Narbenzeichnen sowie die Rolle, die er hier und da in Aberglauben, Magie und im religiösen Symbolismus spielt.

Diese Methode, den menschlichen Körper in einzelne Körpereinheiten aufzuteilen wie in Zonen einer menschlichen Landkarte, bietet nicht nur die Möglichkeit, auf eine erfrischend neue Weise an einen bekannten Gegenstand heranzugehen, sondern hilft uns auch, den Körper zu »entkomplizieren«. Da beim Körper alles zusammenwirkt, ist die Körpersprache komplex, und es ist schwierig, sie auf Anhieb zu beurteilen.

Nehmen Sie zum Beispiel das Gesicht. Im Gesichtsausdruck gibt es zahlreiche subtile Veränderungen – viel zu viele, um sie auf Anhieb zu deuten. Wenn wir aber jeden Gesichtsteil getrennt untersuchen, wird die Aufgabe wesentlich einfacher. Danach werden wir wie ein Mechaniker, der einen Motor auseinandergenommen und wieder zusammengesetzt hat, über die Funktionsweise wesentlich mehr wissen als vorher.

Ein Ergebnis dieser analytischen Methode der Körperbeobachtung ist beruhigenderweise, daß wir trotz all unserer verzweifelten Anstrengungen, unseren Körper anders als andere erscheinen zu lassen, und trotz unserer verschiedenen kulturellen Prägungen und Körpergebräuche im Grunde alle gleich sind. Unter dem künstlichen Tand und Zierrat, den Frisuren und Schönheitsmitteln haben wir viel mehr gemeinsam, als wir gemeinhin zugeben. Wir bilden uns gern ein, daß »unser Stamm«, ob nun in Neuguinea oder New York, irgendwie besser und ganz anders als alle anderen sei, aber das ist nur eine Stammesphantasie. Im wesentlichen sind wir alle gleich.

Die Schultern

Die Schultern dienen vor allem als starke Befestigung für unsere Mehrzweck-Arme. Seit unsere Vorfahren die aufrechte Haltung annahmen, wurden unsere »Vorderbeine« zunehmend beweglicher, und für diese Beweglichkeit mußte der Schultergürtel flexibler werden. Die Schlüsselbeine und Schulterblätter können einen Bewegungsbogen von ungefähr 40° ausführen, und sie können mit ihren kräftigen Muskeln die Arme auf erstaunlich viele Arten schwingen, drehen, heben und kreisen lassen.

In früher Zeit war das Tragen der Waffen eine der wichtigsten Aufgaben dieser beweglichen Arme – nicht für kriegerische Zwecke, sondern für die Jagd. Das Jagen entwickelte sich zu einer spezifisch männlichen Tätigkeit, was zur Folge hatte, daß Männer stärkere Arme brauchten als Frauen. Daraus wiederum ergab sich, daß die männlichen Schultern kräftiger sein mußten, und so haben wir heute mit der Schulterregion einen der auffälligsten Geschlechtsunterschiede des menschlichen Körpers vor uns. Die männlichen Schultern sind breiter, kräftiger und schwerer als die der Frau, und die breiten Hüften der Frau betonen diesen Unterschied noch. Der typisch männliche Körper wird nach unten hin allmählich schmaler, während der typisch weibliche breiter wird.

Dieser Geschlechtsunterschied wurde natürlich weidlich ausgenutzt. Wenn Männer ihre Männlichkeit noch betonen wollten, brauchten sie ihre Schultern nur künstlich zu verbreitern. Das geläufigste Beispiel dafür ist das militärische Schulterstück oder die Epaulette, die die Schulterlinie verstärkt und mit ihren überstehenden »Enden« zugleich verbreitert. Um dieses Männlichkeitsmerkmal noch auffälliger hervorzuheben, werden die Epauletten oft mit besonderen Abzeichen oder Emblemen verziert, so daß das Auge gezwungen ist, länger auf der besonders zur Geltung gebrachten Schulter zu verweilen.

Die krassesten, übertriebensten Beispiele männlicher Schulterverbreiterung finden wir heute in zwei völlig verschiedenen Welten: im japanischen Kabuki-Theater und im amerikanischen Football. Im traditionellen japanischen Kabuki-Theater tragen die Darsteller der starken ernsten Männer riesige »Flügel« aus steifem Brokat, die ihre Schulterbreite beinahe verdoppeln. Dieses Kostüm, der *kami-shimo,* verleiht ihnen Dominanz und Autorität. Auch die amerikanischen Football-Spieler wirken mit ihren kräf-

Die starken Schultern des menschlichen Mannes sind in der Lage, schwere Lasten zu tragen; doch ihre wesentlichste Funktion besteht darin, eine Voraussetzung für alle bedeutsamen Armbewegungen zu bieten. Die erhöhte Beweglichkeit der Arme und ihre neuen Aufgaben, Werfen und Schlagen, haben zusätzliche Anforderungen an die Schultermuskulatur des Mannes gestellt, die daher im Lauf der Evolution breiter und kräftiger wurde.

tig gepolsterten Schultern bedrohlich und überwältigend maskulin. Unsere Reaktion auf diese Körperproportionen ist so tief verwurzelt, daß wir gar nicht umhinkönnen, so zu empfinden.

Auch die Frauen haben in dem Bestreben sich durchzusetzen,

ihre Schultern künstlich verbreitert, und zwar in unserer jüngeren Vergangenheit. Die emanzipierten Frauen der 90er Jahre des vorigen Jahrhunderts signalisierten ihren Wunsch nach Gleichberechtigung der Geschlechter, indem sie die »Schultergleichheit« einführten. Historiker berichteten darüber: »Die leicht gebauschten Schultern entwickelten sich zu Epauletten und dann zu etwas, das kleinen Säcken ähnlich sah, bis sie um 1895 wie zwei große Ballons auf den Schultern flatterten.« Diese breitschultrigen Frauen konkurrierten mit den Männern an den Universitäten und verrichteten Arbeiten und trieben Sportarten, von denen sie bislang ausgeschlossen waren. Unter ihrer männlichen Aufmachung trugen sie Korsett und Unterröcke. Sie gaben sich in der Öffentlichkeit männlich, privat aber blieben sie feminin.

Die zweite Welle der breitschultrigen Frauen kam im Zweiten Weltkrieg, als auch Zivilisten eine ziemlich spießige, militärisch geschnittene Kleidung trugen; dazu gehörten die versteiften Schultern, die oft ein gutes Stück über die eigentlichen Schultern hinausragten. Sie paßten in eine Zeit, in der die Frauen eine bedeutendere Rolle spielten als in allen Kriegen zuvor.

Die dritte Welle erreichte uns erst vor kurzem mit der Women's Lib-Bewegung in einer Form, die als »Terroristenschick« bezeichnet werden könnte. Pseudo-Kampfjacken mit Schulterstücken vermitteln den beabsichtigten Hauch weiblicher Härte, und wieder einmal werden die Schultern verbreitert, um männliche Stärke zu mimen. Auch bei den Reklameschönheiten läßt sich dieser Trendwechsel beobachten. Die weiblichen Filmstars zieren und winden sich nicht mehr, sie schreiten frei und ungezwungen einher, Mädchen mit von Natur aus breiten Schultern haben heute Chancen, die ihnen in den 60er Jahren und früher verwehrt geblieben wären. Darüber hinaus verabscheuen sie Bezeichnungen wie »Damen« oder »Mädchen« als viel zu feminin. Figuren mit breiten Schultern gelten lieber als »Kumpel«. Mit der Ausbreitung dieses Trends tauchte auch das weibliche Bodybuilding auf und fand viele Anhängerinnen. Noch vor einigen Jahrzehnten hätte man eine »Muskelfrau« für zirkusreif gehalten, aber im heutigen Klima ist sie zu einem Symbol für die neue weibliche Kraft geworden, und ihre kräftig entwickelten Schultern beweisen es.

Ein nur schwer zu imitierendes Merkmal der männlichen Schul-

Als unsere frühen männlichen Vorfahren die Wälder und Ebenen durchstreifende Jäger wurden, brauchten sie kräftigere Schultern als Verankerung für ihre stärker gewordenen, Waffen und Beute schleppenden Arme und Hände. Das hieß, daß breite und ausladende Schultern zu einem typischen Männlichkeitsmerkmal wurden und schmale und zarte Schultern eben als Gegensatz dazu Weiblichkeit signalisierten. Die Schultern der »Durchschnittsfrau« weisen etwa nur eine Breite von sieben Achteln der Schultern eines durchschnittlichen Mannes auf, aber die Breite ist nicht das einzige, worin sie sich unterscheiden. Noch erheblicher unterscheiden sie sich in ihren Abmessungen von vorn nach hinten.

Die Schultern sind überbetonte Geschlechtsmerkmale.

Wie bei vielen Geschlechtsmerkmalen sind künstliche Übertreibungen der männlichen Schultermaße nichts Besonderes. Der amerikanische Football-Spieler wirkt wegen der Breite und Dicke seiner schützenden Schulterpolster immens maskulin. Zu der Größe kommt noch hinzu, daß sie auch wirken, als seien sie zur drohenden Haltung eines Primaten hochgezogen. Männliche Schimpansen stellen tatsächlich die Haare an ihren Schultern auf, um bei Drohgebärden ihren Rivalen gegenüber ihre hochgezogenen Schultern noch mehr hervorzuheben, und es ist bezeichnend, daß die spärlichen Haare, die Männer in dieser Gegend aufweisen, ganz ungewöhnlich nach oben wachsen, was darauf schließen läßt, daß wir zu behaarten Zeiten ähnliche Gebärden an den Tag gelegt haben.

Wenn die Schultermuskulatur übermäßig entwickelt wird, wie es bei den fanatischeren Bodybuildern manchmal vorkommt, dann verliert sie für viele Frauen ihren Reiz. Das liegt daran, daß so viel Zeit und Mühe erforderlich ist, um solche Rekordmaße zu erreichen, daß also ein gewisser Narzißmus dazugehört; das gibt einer Frau das Gefühl, ausgeschlossen zu sein.

Das Militär hat seine männlichen Proportionen oft durch Schulterpolster überbetont – was für manche Komiker eine unwiderstehliche Versuchung ist zu karikieren.

Daraus, daß die Schultern des Mannes breiter sind als die Schultern der Frau, folgt, daß Frauen, wenn sie sich behaupten wollen, das dadurch zum Ausdruck bringen können, daß sie Moden übernehmen, die diesen Teil des Körpers künstlich verbreitern. Eine andere Möglichkeit besteht darin, bestimmte Frauen mit ungewöhnlich breiten Schultern zum Idol zu erwählen, weil sie einen bestimmten Trend zur Selbstsicherheit der Frau symbolisieren.

Eckige, hochgezogene und gekrümmte Schultern.

Mit zunehmendem Alter versteift sich unsere vorherrschende Schulterhaltung, bis unser Körper schließlich unwiderruflich darin erstarrt. Wenn wir zu lange schlaff auf unseren bequemen Sesseln zusammengesackt sind oder wenn wir ein Leben mit zu vielen Momenten der Angst und der Anspannung erlebt haben, dann kann unser wiederholtes Krümmen der Schultern eines Tages zu einer ständigen Haltung werden, die uns in der betrübt gebeugten Haltung des Alters nach vorn krümmt. Andere, die eine offenere und tatkräftigere Einstellung zum Leben haben und fröhlicher veranlagt sind, werden sich wesentlich länger einen biegsameren Körper und eine aufrechtere Haltung mit entspannten Schultern bewahren.

tern ist ihre Höhe. Der Durchschnittsmann ist ungefähr 10 cm größer als die Durchschnittsfrau. Der Mann hatte also immer eine Schulter zu bieten, an der man sich ausweinen konnte, nicht weil sie breit, sondern weil sie hoch genug ist, um ein bequemer Rastplatz für eine verzweifelte weibliche Wange zu sein. Tränen und Verletzlichkeit sind für die befreite, kämpferisch gewandete Frau zwar *out,* aber noch immer steht sie vor der hohen Schulter des Mannes. Nachdem sich die größere Schulterhöhe des Mannes während der urzeitlichen Jagdaktivitäten entwickelt hat, erscheint es ungerecht, daß der heutige, an den Schreibtisch gekettete »Bürohengst« immer noch dieses Merkmal körperlicher Überlegenheit zur Schau trägt. Leider arbeitet die Evolution sehr langsam. Noch eine Million Jahre Schreibtischtätigkeit – und der Unterschied wird vielleicht »behoben« sein, aber vorläufig werden die männlichen Schultern auf weiblicher Kopfhöhe bleiben. Die einzige Möglichkeit, Schulterhöhengleichheit zu erreichen, sind 12 cm hohe Stöckelschuhe. Im Augenblick sieht es so aus, als müßten die Frauen weiterhin körperlich zu den Männern aufschauen, auch wenn sich ihre geistige Einstellung zu ihnen verändert hat.

Unsere Schultern sind so beweglich, daß wir sie auch, ohne die Arme zu bewegen, heben und senken, beugen und recken, hochziehen und mit ihnen zucken können. Einige dieser Bewegungen nahmen in abgewandelter Form besondere Bedeutungen in der Körpersprache an. Um sie zu verstehen, müssen wir jedoch die ursprünglichen Gründe kennen, die zu den verschiedenen Schulterhaltungen führten.

Normalerweise halten wir, wenn wir ruhig und wachsam sind, die Schultern *unten und hinten,* und wir ziehen sie *hoch und nach vorne* in Augenblicken der Angst, Unruhe oder Feindseligkeit. Der fröhliche, resolute und tonangebende Mensch hält seine Schultern gesenkt und gerade. Menschen, die beherrscht werden, ängstlich oder wütend sind, ziehen die Schultern schützend hoch. Wenn wir fürchten, daß wir eins über den Schädel bekommen, ziehen wir den Kopf automatisch ein und die Schultern hoch, um Kopf und Hals zu schützen, und diese verkrampfte Haltung wurde gleichgesetzt mit Unannehmlichkeiten aller Art.

Daraus ergibt sich, daß wir nach einem anstrengenden Arbeitstag, an dem wir wiederholt Enttäuschungen oder Ärger erlebt haben, diese angespannte Schulterhaltung beibehalten. Sie nützt vielleicht, wenn wir mit einem Stock geschlagen werden, aber nicht, wenn uns heftige Worte »treffen«. Nach einem solchen Tag kehren wir gebeugter heim, als wir am Morgen aufgebrochen sind. Wenn sich dies Tag für Tag und Woche für Woche wiederholt, können wir schließlich eine merklich gebeugte Haltung mit permanent hochgezogenen Schultern annehmen. Der lange, ansteigende Hals unserer Kindheit sinkt langsam zwischen die Schultern, bis er nahezu verschwindet. Im Alter ruht das Kinn dann auf der Brust.

Erfolgreiche Menschen (solche, die in ihren und den Augen anderer erfolgreich sind) fallen diesem allmählichen Zusammensacken nicht zum Opfer. Es gibt viele kerzengerade 90jährige, die dies beweisen. Wegen ihres Selbstvertrauens und ihres Optimismus mußten sie längst nicht so viele Schläge einstecken und keine ängstlich geduckte und lebenslang gebeugte Haltung annehmen. Für andere, und die sind in der Überzahl, gibt es im modernen Leben zu viele Ängste, so daß sie zumindest bis zu einem gewissen Grad nicht umhinkönnen, während der wachen Stunden eine leicht gebeugte Haltung einzunehmen. Bei ihnen kann eine Massage der Nacken- und Schultermuskulatur nach einem schweren Tag Wunder wirken. Trotzdem und trotz der Anwesenheit eines Menschen, der einige Minuten Zeit hätte, um die gespannten Muskeln zu lockern, wird diese Wohltat im normalen Familienleben vergleichsweise selten in Anspruch genommen; und zwar deshalb, weil der Empfänger dieser Wohltat das Vorhandensein eines Statusproblems zugeben müßte. Wenn jemand um Linderung bei schmerzenden Schultermuskeln bittet, ist dies gleichbedeutend mit der Bitte, ihn von der peinigenden Erinnerung an Fehler und Frustrationen zu erlösen. Das ist wirklich schade, denn abgesehen von den Schmerzen in den Schultern kann eine schlechte Schulterhaltung die Atmung beeinträchtigen und zu einer Vielzahl anderer Beschwerden führen. Eine entspannte, aufrechte Schulterhaltung nimmt dem Körper buchstäblich eine Last ab und läßt ihn effizienter arbeiten.

Zwei besondere Schultersignale gehen auf die defensive Haltung zurück: das Beben der Schultern und das Achselzucken. Das Beben der Schultern ist eine auffällige Ergänzung des Lachens in Gegenwart anderer Menschen. Wenn uns etwas zum Lachen bringt, wenn wir allein sind, lachen wir schallend heraus oder kichern, aber gewöhnlich ohne ergänzende Körperbewegungen. Die heben wir uns für gesellige Anlässe auf, wenn wir nicht nur belustigt sind, sondern das auch mitteilen wollen. Weil es beim Lachen zu einem leichten Hochziehen der Schultern kommt, können wir unsere gute Laune noch mehr zeigen, wenn wir dieses Hochziehen übertreiben, wiederholen und verstärken, so daß sich die Schultern zusammen mit unserem Lachen in rascher Folge heben und senken. Bei manchen Menschen ist dies so stark zu beobachten, daß es fast zum persönlichen Kennzeichen wird, wie im Fall des früheren britischen Premierministers Edward Heath.

Das Umarmen oder Umfassen der Schultern gibt uns ein starkes Gefühl der Geborgenheit, weil wir dabei als Erwachsene vorübergehend das kindliche Gefühl wieder erleben, das wir, an die riesigen Körper unserer Eltern geschmiegt, empfanden. Als wir sehr klein waren, empfanden wir am meisten liebevolle Fürsorge und Geborgenheit, wenn wir uns wie Primaten am Körper eines Erwachsenen festklammerten. Das taten wir, wenn wir uns fürchteten, um Trost und Sicherheit zu suchen, und wenn wir glücklich waren, um andere an unserer Freude teilhaben zu lassen. Als Erwachsene machen wir es ebenso, und wenn gerade niemand da ist, den wir umarmen könnten, umarmen wir uns selber.
Wenn wir das tun, verwandeln wir uns vorübergehend in zwei Personen: Die Schultern sind unsere eigenen, doch die Arme sind symbolisch die eines anderen, der uns, in unserer Vorstellung, umarmt, um uns ein Gefühl von Geborgenheit und Sicherheit zu geben.

Wenn eine zweite Person da ist, umarmen wir gierig ihre Schultern, wie junge Schimpansen, die auf dem Fell ihrer Mutter herumhüpfen und sich daran festhalten. Wenn wir uns das Paar in der Umarmung ansehen, wird klar, daß die übliche Konstellation darin besteht, daß einer von beiden die Schultern des anderen umarmt, wohingegen das reziproke Verhalten eher eine Umarmung des Rückens ist. Wenn beide Teile des Paares etwa gleich groß sind, ist derjenige, der die Schulterumarmung betreibt, im allgemeinen der Auslöser dieses Kontaktes; der »Rückenumarmer« »erwidert« diesen nur. Ist der Initiator aber der wesentlich kleinere von beiden, wird er oder sie den Anfang machen, indem er oder sie den Rücken des anderen umarmt.

Da der Schulterkuß ein Neigen des Kopfes verlangt, haftet ihm ein Hauch von Unterwürfigkeit an, wenn er in der Öffentlichkeit stattfindet. Wird er beschwingt gegeben, ist er eine Huldigung an den Sex-Appeal eines schulterfreien Gewandes.

Die beruhigende Wirkung der Schulterumarmung.

Der Grund, warum Menschen auf diese Weise »vor Lachen beben«, liegt darin, daß die Basis für alles Komische Furcht ist. Das Komische muß uns auf eine nicht beängstigende Weise erschrecken, und wir signalisieren unsere Überraschung und gleichzeitige Erleichterung durch Lachen. Das Hochziehen der Schultern, das diese Lautäußerung begleitet, ist Teil des urzeitlichen Furchtelements. Das wiederholte Heben und Senken der Schultern, wenn wir uns vor Lachen schütteln, besagt in Wirklichkeit, daß hier Angst vorhanden, aber nicht ernsthafter Natur ist. Wäre sie ernst zu nehmen, blieben die Schultern oben.

Das Achselzucken hat einen ähnlichen Ursprung. Bei dieser Bewegung werden die Schultern für einen kurzen Augenblick ganz hochgezogen und dann wieder fallen gelassen. Die Hände werden ähnlich wie bei einer bittenden oder flehenden Geste mit den Handflächen nach oben gehalten, die Mundwinkel werden gesenkt. Die Augen blicken manchmal nach oben, als wichen sie dem Blick des anderen aus. Diese kombinierten Bewegungen deuten eine momentane Statuserniedrigung an, ein symbolisches flüchtiges Eingeständnis, daß man der Situation nicht gewachsen ist.

Achselzucken ist meist Zeichen für Unkenntnis (»Ich weiß nicht«), Gleichgültigkeit (»Was kümmert's mich«), Hilflosigkeit (»Ich kann es nicht ändern«) oder Resignation (»Da kann man nichts machen«). Alle diese Aussagen sind negativ, räumen ein Versagen ein, und mit dieser Unfähigkeit geht ein kurzer Statusverlust einher. Der Status sinkt, und gleichzeitig heben sich die Schultern. Dieses formelle Annehmen einer angespannten Haltung bedeutet nicht, daß wir unter Druck stehen oder uns von dem Fragesteller eingeschüchtert fühlen, nur daß wir mit seiner spezifischen Frage oder Erklärung nichts anzufangen wissen.

Das Achselzucken wird von Kultur zu Kultur recht unterschiedlich verwendet, besagt aber prinzipiell immer das gleiche. In manchen Mittelmeerländern wird sehr schnell mit den Achseln gezuckt. Da braucht jemand nur eine flüchtige Bemerkung über einschränkende Maßnahmen der Regierung zu machen, über die Steuern oder ein schlechtes Spiel der einheimischen Fußballmannschaft, und schon hat er ein verlängertes und schweigendes Achselzucken hervorgerufen. Es drückt die völlige Hilflosigkeit aus angesichts unbegreiflicher Dummheit. Die-

Warum wir unsere Schultern hochziehen, wenn wir lachen.

Der Grund, warum wir unsere Schultern hochziehen, wenn wir lachen, ist der, daß jede Form von Humor von Furcht angehaucht ist. Was uns zum Lachen bringt, ist etwas, das uns erschreckt, aber es ist ein Schrecken, der uns nichts »anhaben« kann, und wir lachen aus Erleichterung. Doch unsere Schultern reagieren immer noch in urtümlicher Form und ziehen sich hoch, wie um uns vor einem Schlag oder Angriff zu beschützen.

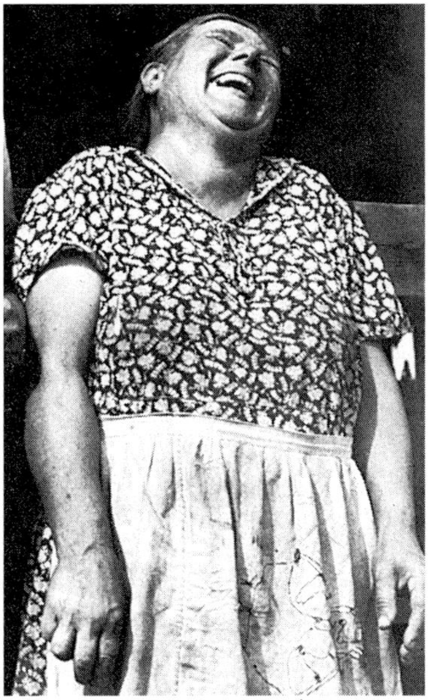

ses Achselzucken besagt: »Solche Schläge gehen ständig auf mich nieder, und ich hebe meine Schultern, um mich zu schützen, aber was nützt es schon?« In nördlicheren Ländern gilt das Achselzucken wie andere nur durch Gesten angedeutete Antworten als unhöflich und ist dort seltener anzutreffen; wenn es jedoch vorkommt, hat es ähnliche Wurzeln.

Nicht jedes Heben der Schultern hat defensiven Charakter. Es gibt einige Gesten, die kein schützendes Element enthalten. Wenn wir die Schultern heben und nach vorne beugen und dabei die Vorderseite unseres Körpers mit den Armen umfangen, ist dies eine Art »leere Umarmung«. Wir umarmen uns selbst, weil keiner da ist, den wir umarmen könnten. Hier ahmen die gehobenen und vorgebeugten Schultern die Haltung nach, die sie einnehmen würden, wenn der geliebte Mensch anwesend wäre und wirklich umarmt werden könnte. Eine andere Version ist das Heben nur einer Schulter, um sie mit der Wange zu berühren. Der Kopf schmiegt sich an die Schulter, als führte er eine zärtliche Geste gegenüber einem geliebten Menschen aus. Die Schulter weist nach innen und stellt wieder die nicht vorhandene Schulter des abwesenden geliebten Menschen dar.

Es gibt ziemlich wenige nur regional verbreitete Schultergebärden. Zu den interessantesten gehören die folgenden:

Salz über die Schulter werfen. In manchen Ländern bedeutet es großes Unglück, wenn jemand bei Tisch Salz verschüttet. Als Gegenmittel wirft man drei Prisen Salz über die linke Schulter. Welche Rolle die Schulter bei dieser abergläubischen Handlung spielt, wird erst verständlich, wenn man die symbolische Bedeutung von Salz kennt. Seit Jahrhunderten ist Salz wegen seiner Farbe gleichbedeutend mit Reinheit und, weil es Fäulnis verhindert, gleichbedeutend mit Unsterblichkeit. Von alters her wird es bei feierlichen Anlässen als Schutz gegen die Kräfte des Bösen gebraucht. Das Verschütten dieses kostbaren Stoffs ist ein Unglück, weil es unvermeidlich die bösen Kräfte auf den Plan ruft. Diese Kräfte, besonders der Teufel und böse Dämonen, greifen jedoch nie ehrlich von vorne an, sondern schleichen sich von hinten heran, und zwar immer von links, weil dies die unreine Teufelsseite des Körpers ist. Sobald Sie also versehentlich Salz verschütten, besteht die Gefahr, daß sich der Teufel hinter Ihrer linken Schulter heranpirscht, und die einzige Möglichkeit, etwas gegen diesen heimtückischen und äußerst gefährlichen Angriff zu unternehmen, besteht darin, reinigendes Salz über Ihre linke Schulter direkt ins Gesicht des Teufels zu werfen. Auch wenn sich dies alles wie ein Märchen anhört, bestehen erstaunlich viele, sonst ganz realistische Menschen darauf, etwas Salz über ihre linke Schulter zu werfen, wenn ihnen eine solche Ungeschicklichkeit bei Tisch passiert ist.

Sich auf die Schulter klopfen. Diese Bewegung ahmt das beglückwünschende Schulterklopfen nach, das man von einem Mitmenschen erwarten würde. Sie signalisiert Stolz auf eine vollbrachte Leistung und ist immer scherzhaft gemeint, obwohl sie auch leise Kritik beinhalten kann, weil die Glückwünsche der Mitmenschen ausblieben.

Das Abbürsten der Schulter. Wenn sich in Südamerika jemand imaginären Staub von der Schulter bürstet, bedeutet dies, daß sich ein anderer servil und katzbuckelnd verhält, um sich lieb Kind zu machen. Die Geste ahmt das heute übliche hektische Getue um eine dominierende Persönlichkeit nach und signalisiert, daß der sich Einschmeichelnde sogar bereit wäre, dieser Person auch das winzigste Stäubchen von der Schulter zu bürsten.

Der Schlag auf die Schulter. Bei den Eskimos wurde ein spielerischer Schlag mit der Handfläche auf die Schulter eines Freundes zur stilisierten Begrüßung; eine informelle Version dieser Begrüßung ist in vielen anderen Gesellschaften anzutreffen. Begegnen sich in unseren Breitengraden zwei Freunde, hauen sie sich manchmal andeutungsweise auf die Schulter. Das Knuffen der Schulter ersetzt das in diesem Fall zu förmliche Händeschütteln und die zu intime Umarmung. Es ist nicht allgemein üblich, ist aber durchaus gebräuchlich unter Freunden, die von früher her ein »rauhes« Verhältnis verbindet, sei es, daß sie zusammen beim Militär waren, einen gemeinsamen Sport getrieben oder kräftig gebechert haben. Wie alle Pseudo-Angriffe signalisiert diese Geste Nähe ohne Weichlichkeit. Sie zeigt an, daß die Freunde einander genug vertrauen, um diese unter normalen Umständen bedrohliche Bewegung nicht als echte Aggressionshandlung mißzuverstehen.

Das Kreuzen der Arme über der Brust. Schließlich gibt es die Geste, die wir heute nur noch in Hollywoodfilmen über das alte Ägypten sehen. Sie ist ein Akt der Unterwerfung gegenüber einer hochgestellten Persönlichkeit und wird oft von einer Verbeugung begleitet. Dabei berührt der Untergeordnete nur seinen eigenen Körper. Er grüßt den Mächtigen, indem er seine linke Hand auf seine eigene rechte Schulter legt und seine rechte Hand auf seine eigene linke Schulter, so daß sich die Arme vor seiner Brust kreuzen. Diese Geste erscheint wie eine Nachahmung der »leeren Umarmung«, wobei der Untergeordnete zum Mächtigen sagt: »Ich umarme dich, aber ich bin nicht würdig, dir näher zu kommen.« Die Hände des Untergeordneten bleiben respektvoll auf seinen eigenen Schultern liegen, als ersetzten diese die Schultern des Erhabenen.

Die Arme

Auf jede vierbeinige Kreatur müssen die menschlichen Arme wie ein Paar nutzlos in der Luft baumelnde Vordergliedmaßen wirken. Als sich unsere Vorfahren auf ihren Hinterbeinen aufrichteten, wurden unsere vorderen Extremitäten von einer erheblichen Last befreit und konnten sich zu Mehrzweck-Werkzeugen besonderer Art entwickeln.

Die Arme dienen uns auf zweierlei Weise: mit Kraft und mit Präzision. Wenn die Hand kräftig agieren muß – beim Klettern, Werfen, Schlagen, Boxen –, wölben und wellen sich die starken Armmuskeln wie Bizeps und Trizeps, die nun in Aktion treten. Wenn Daumen und Zeigefinger feinfühlig und genau arbeiten, wirkt der Arm wie ein beweglicher Kran, der die Hand bei einer kniffligen Tätigkeit in die jeweils ideale Position bringt.

Das Armskelett besteht aus drei Knochen: dem schweren Oberarmbein (Humerus), der leichteren Speiche (Radius) und der Elle (Ulna); die beiden letztgenannten Knochen gehören zum Unterarm. Diese Knochen treten an der Schulter, am Ellbogen und am Handgelenk sichtbar hervor, im übrigen sind sie jedoch in Muskeln eingebettet. Die zwei Unterarmknochen überkreuzen sich, wenn die Handinnenfläche nach oben gedreht wird; das bedeutet, daß bei der entspanntesten Armhaltung die Handinnenflächen nach unten weisen. Für diejenigen, die vergessen haben, welcher Knochen die Elle und welcher die Speiche ist, sei zur Erinnerung gesagt, daß der etwas dünnere Knochen, der in einer Linie mit dem kleinen Finger verläuft, die Elle ist, während die Speiche der etwas dickere Knochen auf der Daumenseite ist.

Die wichtigsten Armmuskeln und die von ihnen ausgeführten Bewegungen: Der Deltamuskel ist der kräftige Muskel, der sich vom Oberarm zur Schulter wölbt. Seine Aufgabe ist es, den Arm zu heben und seitlich vom Körper abzuspreizen. Der Bizeps ist der hervorquellende Muskel an der Vorderseite des Oberarms. Er beugt den Arm. Der Brachialis ist ein kleinerer Muskel am unteren Ende des Bizeps und hat eine ähnliche Funktion. Der Coracobrachialis ist ein weiterer kleinerer Muskel am oberen Ende des Oberarms. Er dreht den Arm nach innen und unterstützt die Seitwärtsbewegung. Der Trizeps ist der starke Muskel an der Rückseite des Oberarms, der den Unterarm streckt. Die Flexor- und Extensormuskeln des Unterarms beugen und strecken die Finger und

Im Lauf der Evolution wurden die Arme des Mannes wesentlich stärker als die der Frau. Das lag an der neuen Arbeitsteilung zwischen den Geschlechtern, bei der die Männer sich mit der Jagd und allem, was dazugehörte, befaßten und kräftig schlagen und werfen können mußten. So kommt es, daß sich noch heute bei modernen Sportveranstaltungen die größten geschlechtsspezifischen Unterschiede in Leistungen zeigen, die von den Wettkämpfern viel Kraft in den Armen erfordern.

die Hand. Und die Pronations- und Supinationsmuskeln drehen den Unterarm in die Handfläche-nach-unten- beziehungsweise Handfläche-nach-oben-Haltung.

Mit der Technik des Bodybuildings können die Armmuskeln bis zu einem erstaunlichen Grad aufgepumpt werden, und die muskelstrotzenden Arme der Teilnehmer eines Mr.-Universum-Wettbewerbs vermitteln den Eindruck ungeheurer männlicher Stärke. Viele Frauen finden solche Zurschaustellungen jedoch keineswegs sexuell reizvoll. Der ganze Aufwand, der offensichtlich nötig ist, um solche Arme zu entwickeln, scheint eine gewisse Selbstbesessenheit vorauszusetzen. Der Spitzenbodybuilder hat offenbar nur an seinem eigenen Körper Interesse.

Auch wenn übermäßig entwickelte Arme das weibliche Auge vielleicht kalt lassen, übermittelt der etwas bescheidener proportionierte »starke Arm« des Mannes eindrucksvolle Geschlechtssignale. Der normale kräftige Männerarm ist ein sehr wirksames männliches Signal, da er sich auffällig von den schlanken Vordergliedmaßen der typischen Frau unterscheidet. Die Arme der Frau sind sowohl kürzer als auch schwächer, und ihre Unterarme sind im Verhältnis kürzer. Die längeren Unterarme des Mannes sollen sich infolge seiner besonderen evolutionären Rolle als zielender und werfender Jäger entwickelt haben. Dies würde auch erklären, warum Männer wesentlich bessere Speerwerfer sind als Frauen. Der Weltrekord für Männer liegt bei 96,72 m, bei Frauen bei nur 72,40 m. Dieser Unterschied ist wesentlich größer (33 Prozent) als die Unterschiede in anderen Leichtathletikdisziplinen (durchschnittlich zehn Prozent).

Einen weiteren Geschlechtsunterschied stellen wir beim Ellbogengelenk fest. Bei den Frauen befinden sich die Oberarme von Natur aus näher an den Körperseiten als bei den Männern. Die breiteren Schultern des Mannes bedeuten, daß seine Arme weiter vom Körper entfernt herabhängen. Würde ein Mann seine Arme dicht an die Körperseiten drücken und die Unterarme ausstellen, erschiene er weibisch. Der Grund dafür ist der größere Ellbogenwinkel der Frau.

Stoßen wir mit dem Ellbogen gegen einen harten Gegenstand, spüren wir manchmal ein stechendes, taubes Gefühl, begleitet von einem kurzen, heftigen Schmerz. Die Engländer nennen dies »sich

Selbst die Ellbogen weisen einen geschlechtsspezifischen Unterschied auf.

den komischen Knochen stoßen«, womit sie auf den Humerus, das Oberarmbein, anspielen. Der »komische Knochen« oder Musikantenknochen, wie wir ihn nennen, ist eigentlich nur der Höcker am unteren Ende des Oberarmbeins, wo der Ellennerv sehr dicht unter der Haut liegt. Ein Stoß gegen diesen Nerv verursacht die stechende Schmerzempfindung und macht den Arm für einen kurzen Moment untauglich.

Die Elle war früher eine Längeneinheit und entsprach ungefähr der Länge des Unterarmes vom Ellenbogengelenk bis zu den Fingerspitzen. Andere frühe Längenmaße basierten auf der ganzen Armlänge, und der englische Yard wurde angeblich nach der Armlänge von Heinrich I. festgelegt, einem englischen König des 12. Jahrhunderts. Es heißt aber auch, der Yard sei der Abstand gewesen zwischen der Nasenspitze und dem ausgestreckten Mittelfinger von King Edgar aus dem 10. Jahrhundert.

Ein weiteres Detail des Arms, das erwähnt werden sollte, ist die

Im Bereich des Armes besteht ein weiterer geschlechtsspezifischer Unterschied in der Art, wie sich der Ellenbogen beugt.

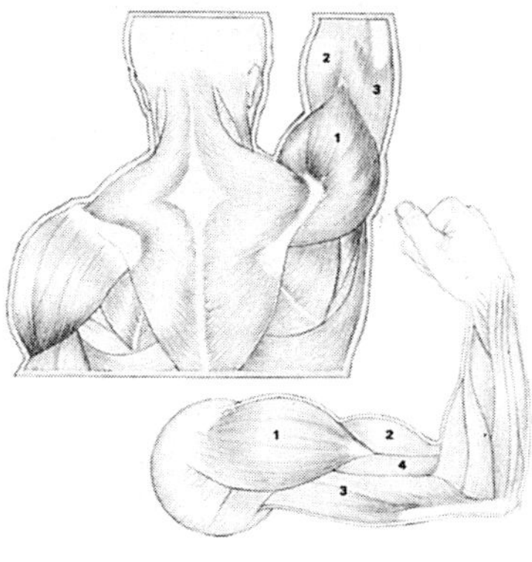

Zu den auffallendsten Armmuskeln gehören der Deltamuskel (1), der Bizeps (2), der Trizeps (3), der Brachialis (4) und die verschiedenen äußeren Streckmuskeln des Unterarms.

viel verleumdete, viel rasierte und viel besprühte Achselhöhle. Diese kleine behaarte Körperzone, die *axilla,* spielt eine wichtige Rolle als Ausgangsort eines chemischen Signals und spiegelt eine bedeutende Veränderung der Sexualgebräuche der menschlichen Spezies wider. Wenn sich unsere entfernten Verwandten mit dem auf allen vieren kauernden Weibchen paarten, waren die Achselhöhlen weit vom Gesicht des Partners entfernt. Als wir schließlich die aufrechte Gangart annahmen und bei der Paarung die Stellung Gesicht zu Gesicht bevorzugten, waren die Nasen der sich umarmenden Paare dicht an der Schulterregion des Partners. Ganz in der Nähe befanden sich die teilweise geschlossenen Achselhöhlen – eine ideale Stelle für die Entwicklung spezieller Duftdrüsen.

Die Duftdrüsen der Achselhöhlen werden apokrine Drüsen genannt, und ihr Sekret ist etwas öliger als der normale Schweiß. Sie entwickeln sich erst in der Pubertät, wenn sie von den Geschlechtshormonen aktiviert werden, die gleichzeitig das Wachstum der Achselhaare anregen. Die Achselhaare wirken als Duftfalle, indem sie das Drüsensekret in der Achselhöhle halten und dazu beitragen, seine Signalwirkung zu intensivieren.

Nach einer alten englischen Überlieferung soll sich ein junger Mann, wenn er bei einem Tanzvergnügen ein Mädchen verführen will, vor dem Tanz ein sauberes Taschentuch zwischen Hemd und Achselhöhle schieben. Später nimmt er es heraus und tut so, als fächle er sich Kühlung zu. In Wirklichkeit nebelt er das Mädchen mit seinem apokrinen Duft ein, und sie zeigt sich prompt beeindruckt. Bedenkt man, daß heute ein ganzer Industriezweig von Achselhöhlendeodorants lebt, klingt diese Geschichte ziemlich merkwürdig. Wenn die Menschen unter den Armen einen so wertvollen Sexualreiz besitzen, warum geben sie sich dann so große Mühe, diesen Reiz so schnell wieder loszuwerden? Die Antwort hat etwas mit der Kleidung zu tun. Der junge Mann aus der englischen Volkssage, frisch gewaschen und in seinem besten sauberen Hemd, produziert mit seinen Duftdrüsen *frische* apokrine Sekrete. Sein damit durchtränktes sauberes Taschentuch vermittelt tatsächlich ein starkes sexuelles Duftsignal. Hier funktioniert das urzeitliche System noch. Heute ist unser Körper lagenweise in Wäsche und Kleider eingepackt, und unsere schwitzende Haut kann leider sehr leicht zu einem Treibhaus für Millionen Bakterien werden.

Frische Ausscheidungen der Achselhöhle sind sexuelle Stimuli.

Die behaarte menschliche Achselhöhle hat in den letzten Jahren viel über sich ergehen lassen müssen; sie ist rasiert, eingesprüht und parfümiert worden, um zu verhindern, daß sie ihre biologischen Gerüche aussendet. Diese Gerüche sind jedoch nur unerfreulich, wenn sie schal werden, was heute leicht der Fall ist, da unsere moderne Kleidung in der Gegend der Achselhöhle eine unnatürliche »Treibhaus«-Atmosphäre schafft. Frisch und unabgestanden sind die Ausscheidungen der Achselhöhlen starke sexuelle Stimuli, was sich in einigen älteren Volksbräuchen widerspiegelt. Bei Tanzveranstaltungen auf dem Lande steckten sich junge Männer ein Taschentuch in eine verschwitzte Achselhöhle und schwenkten es dann unter den Nasen der Mädchen, die sie verführen wollten; vielleicht läßt sich damit das Winken mit den Taschentüchern erklären, das Bestandteil mancher wiederauflebender Formen des Volkstanzes ist.

Der Hieb von oben mit gestrecktem Arm ist die urtümliche Angriffsbewegung der menschlichen Spezies.

Im Gegensatz zum Grapschen und Beißen der Affen ist der Schlag mit erhobenem Arm die Urangriffsbewegung der menschlichen Spezies. Sie steht auch in Zusammenhang mit unseren frühen Jagdtechniken, bei denen Waffen mit erhobenem Arm geworfen wurden. Oft frischen wir dieses Vorgehen in modernen Sportarten auf. Tatsächlich ist es sogar so, daß die meisten unserer heutigen Sportarten vornehmlich aus Zielen und Laufen bestehen – den wesentlichsten Aspekten der Urformen des Jagens bei unseren Vorfahren.

Unser natürlicher Körpergeruch wird in dieser unnatürlichen Beengtheit sauer, unsere Düfte werden zum Geruch. Dies stört uns so sehr, daß wir unsere Achselhöhlendrüsen lieber bis zum völligen Erliegen einsprühen, statt zu riskieren, daß sich unsere Achselhöhlenreize in den gesellschaftlich gefürchteten »Körpergeruch« verwandeln.

Jüngste Forschungsergebnisse zeigen, daß die Achselhöhlensekrete von Männern und Frauen chemisch verschieden sind und vermutlich Geruchsreize enthalten, die jeweils das andere Geschlecht besonders ansprechen. Die des Mannes sind angeblich moschusartiger; in seiner reinen, frischen Form ist jedoch keines der Sekrete von der menschlichen Nase ohne weiteres *bewußt* wahrzunehmen. Sie scheinen auf einer unbewußten Ebene zu wirken. Wir fühlen uns stimuliert, wissen aber nicht, warum. Den Orientalen fehlt dieses Geruchs-Signalsystem der Achselhöhlen fast völlig. Die Koreaner bilden hier die extremste Gruppe, denn mindestens die Hälfte der Bevölkerung hat überhaupt keine Achselduftdrüsen. Auch bei den Japanern sind diese Drüsen selten – stark riechende Achselhöhlen gelten in Japan als Krankheit – im Fachjargon als »osmidrosis axillae« bezeichnet. Früher wurden japanische Männer, die an dieser »Krankheit« litten, sogar vom Militärdienst befreit.

Es gibt vier Armhaltungen, auf die wir besonders eingehen sollten: herabhängende Arme, gehobene Arme, ausgebreitete Arme und vorgestreckte Arme. (Wenn die Armbewegung die Hand mit einem anderen Körperteil in Berührung bringt, zum Beispiel mit der Nase oder dem Mund, gehe ich in dem entsprechenden Kapitel darauf ein.) Das Herabhängen des Arms ist die neutrale Haltung; dabei sind die Armmuskeln am meisten entspannt und untätig. Um bei der zweibeinigen Fortbewegung das Gleichgewicht auszubalancieren, schwingen die Arme aus dieser Ruhestellung etwas heraus, aber wir wenden dafür nur wenig Kraft auf, es sei denn, wir müssen auf eine protzige militärische Weise marschieren. Selbst nach einem langen Querfeldeinspaziergang, wenn uns die Füße weh tun und unsere Beinmuskeln erschöpft sind, fühlen sich unsere locker bewegten Arme noch immer frisch und entspannt. Nur wenn wir sie richtig vom Körper wegziehen, spüren wir die Anstrengung unserer Bemühungen.

Am schwersten fällt uns, die Arme längere Zeit hochzuhalten. Dies ist die typische Triumph- und Siegesgeste, die von Politikern und Fußballern geliebt wird. Sie grüßen ihre Anhänger mit hoch nach oben gestreckten Armen und zelebrieren ihren hohen Rang mit einer »hohen« Haltung. Das Heben der Arme läßt sie größer und stärker erscheinen und macht sie auffälliger in Augenblicken, in denen sie am meisten gesehen werden wollen. Sie verharren jedoch nur einige Sekunden in dieser Stellung. Wenn sie versuchten,

Beim Signalisieren über große Entfernungen sind die Arme von unschätzbarem Wert.

Wir heben unsere Arme, um größer zu wirken, wenn wir triumphieren oder den Beifall der Menge entgegennehmen. Wir heben unsere Arme, um sie gen Himmel zu recken, wenn wir beten (eine wesentlich ältere Sitte als das Aneinanderlegen der Handflächen); und wir breiten unsere Arme aus, wenn wir die Menge vor uns umarmen wollen. Armbewegungen dieser Art sind oft global verbreitet und scheinen über jedes kulturelle Lernen hinauszugehen.

Stunden oder auch nur Minuten so zu verharren, würden sie bald Schmerzen leiden. Das gleiche widerfuhr Moses, als er von einem Hügel aus die Schlacht zwischen den Amalekitern und den Kindern Israels beobachtete. Solange er seine Arme hochhielt als Zeichen für Sieg, kämpften die Israeliten erfolgreich. Als seine Kraft allmählich nachließ und seine Arme niedersanken, gewannen die Amalekiter die Oberhand. Aaron und Hur lösten das Problem, indem sie sich neben Moses stellten und seine Arme bis zum Sonnenuntergang hochhielten, als die Amalekiter endlich geschlagen waren. Die Haltung der erhobenen Arme hatte eine »magische« Kraft und stärkte den Kampfgeist jener, die sie sahen.

Völlig anders ist die Bedeutung, wenn ein Mann mit einer Schußwaffe befiehlt: »Hände hoch!« Auch hier werden die Arme gehoben, aber zum Zeichen der Niederlage. Es gibt eben einen feinen Unterschied. Bei der Siegerpose werden die Arme gewöhnlich gestreckt oder, wenn sie angewinkelt sind, leicht nach vorne geneigt gehalten. Bei der bedrohten Haltung werden die Arme auf typische Weise leicht angewinkelt, aber in vertikaler Stellung gehalten und nicht nach vorn geneigt.

Die Haltung der ausgebreiteten Arme ist die zur Umarmung einladende Geste auf größere Entfernung. Wenn jemand einen alten Freund begrüßt, der noch ein paar Schritte von ihm entfernt ist, wird er seine Arme ausbreiten und in dieser Stellung halten, bis er sie in einer gefühlvollen Umarmung um die Schultern des Freundes legen kann. Die gleiche Geste sehen wir bei einem Zirkuskünstler, nachdem er einen schwierigen Trick vorgeführt hat. Er breitet die Arme weit aus, und die Zuschauer antworten sofort mit Applaus. Der Ausführende hat zu einer Umarmung eingeladen, und die Zuschauer kommen der Einladung nach mit der einzigen Geste, die ihnen auf ihren Plätzen im Zuschauerraum möglich ist. Ihr Klatschen mit den Händen ist im Ursprung eine stark modifizierte Form der »leeren Umarmung«, bei der das Gefühl des Umarmtwerdens in das *Geräusch* einer symbolischen Umarmung umgewandelt wurde. Die Haltung der vorgestreckten Arme ist komplizierter. Sie kann etwa Ablehnung signalisieren, wenn die Handteller nach vorne gestoßen werden, Aggression, wenn die Fäuste geballt werden, oder eine Bitte, wenn die Handteller nach oben gehalten werden. Sie kann aber auch, je nachdem wie die Hände eingesetzt werden, eine Einladung zur Umarmung sein sowie eine Fülle anderer Signale übermitteln.

Zu den besonderen Armsignalen gehören auch die verschiedenen Formen des Winkens, Lockens und Grüßens, die alle ihre eigenen Besonderheiten haben. Wenn eine führende Persönlichkeit von einem Balkon herabwinkt, sind ihre Armbewegungen auf große Entfernung zu sehen. Die Art, wie die Arme gehalten und bewegt werden, sagt etwas über die Stimmung dieser Person aus. Das Winken der königlichen Familie mit bescheiden gehobenem Arm ist die ziemlich kraftlose Geste der passiven Macht. Der Gruß mit der geballten Faust des kommunistischen Führers ist das grimmige Zeichen der aktiven revolutionären Macht. Der römische Gruß und das »Heil« der Nazis sind die steifen, mit der flachen Hand ausgeführten Grußgesten der unerschütterlich Getreuen. Der militärische Gruß – angewinkelter Ellbogen, Hand an die Kopfbedeckung – ist die Stilisierung einer beabsichtigten Bewegung – das Visier öffnen oder den Helm abnehmen –, eine Beschwichtigungsgeste, die das feindselige Signal, das die Erscheinung des Grüßenden andernfalls übermitteln würde, aufhebt. Das Winken des Papstes ist eine väterliche Geste, mit der er die zu ihm aufblickenden Gotteskinder in seinen Armen aufnehmen will. Wir benutzen unsere Arme, um über größere Entfernung Signale zu geben, die von unseren Fingern oder unserem Gesichtsausdruck nicht mehr übermittelt werden könnten. In dieser Rolle sind unsere Arme unschätzbare Körper-Flaggen.

Beim Kontakt von Mensch zu Mensch ist der Arm oft im Mittelpunkt freundlicher nichtsexueller Handlungen. Wenn wir einem fremden älteren Menschen über die Straße helfen, fassen wir ihn am Arm, um ihn zu stützen. Wenn wir jemanden durch eine Tür geleiten, lenken wir ihn sanft am Ellbogen. Wenn wir die Aufmerksamkeit eines Fremden auf uns lenken wollen, klopfen wir ihm leicht auf den Arm. Würden wir in einem dieser Zusammenhänge die Taille, die Brust oder den Kopf berühren, wären unsere Handlungen sofort verdächtig. Die Arme sind in dieser Hinsicht der neutralste Körperteil. Freunde können sich unterhaken, ungeachtet ihres Geschlechts. Käme es dabei jedoch zu irgendeiner anderen Art von Körperkontakt, wäre dies sofort ein Signal für eine Intimität besonderer Art.

Die Arme wurden häufig tätowiert, aber die üblichste Form der Verzierung war immer das Armband. Frauen trugen fast immer Armbänder, und man vermutet, daß dieser Brauch auf eine bewußte Betonung des Geschlechtssignals des schlanken weiblichen Arms zurückzuführen ist. Das hübsche Armband betont den schmalen Arm darin. Eine andere Deutung geht dahin, daß es für Männer reizvoll sein könnte, Armbänder als symbolische Handschellen zu betrachten, die an die Versklavung der Frauen durch ihre Männer erinnern.

Die Hände

Das Erfolgsgeheimnis der menschlichen Hände ist die Entwicklung der Gegenüberstellbarkeit des Daumens. Von der Aufgabe der Fortbewegung sowohl auf dem Boden als auch in den Bäumen befreit, konnten sich die Hände zum erstenmal ausschließlich zum Zwecke manipulatorischer Fertigkeit entwickeln. Dies war einer der bedeutendsten Schritte in der gesamten Evolution unserer Spezies. Das menschliche Wesen wurde manuell geschickt und überschritt damit eine gewaltige Schwelle in eine Welt, wo nichts mehr vor dem Zugriff seiner Hände sicher war.

Männer können wesentlich fester zupacken als Frauen. Die durchschnittliche Männerhand ist ungefähr doppelt so stark wie die durchschnittliche Frauenhand. Dies ist einer jener wesentlichen Geschlechtsunterschiede, die uns daran erinnern, wie ungeheuer wichtig starke Hände für den urzeitlichen Jäger waren. Der typische Mann kann mit seiner Hand eine Kraft von ungefähr 90 Pfund ausüben; mit besonderem Training schafft er sogar 120 Pfund und mehr. Ein schraubstockähnlicher Griff war besonders für die Herstellung von Waffen und anderen frühen Geräten nützlich, ebenso für das kraftvolle Schleudern von Gegenständen sowie für andere Tätigkeiten wie Hämmern, Drehen, Ziehen, Festhalten und Tragen. Selbst heute noch werden Arbeiten, bei denen große, kräftige Hände von Vorteil sind, überwiegend von Männern ausgeführt. Weibliche Zimmerleute gibt es nur wenige.

Der kräftige Griff ist jedoch nur die eine Hälfte der Erfolgsstory der Hand. Die andere Hälfte handelt vom genauso wichtigen präzisen Greifen. Die Hand erreicht ihre Kraft, indem sich der ganze Daumen allen anderen Fingern gegenüberstellen läßt. Ihre Präzision erreicht sie, indem sich der Daumen nur den Fingerspitzen gegenüberstellt. Hier ist die Frau dem Mann überlegen. Die großen fleischigen Männerhände, die im Vergleich zu den Händen anderer Arten mit nur kurzem Daumen zwar immer noch zu großer Präzision fähig sind, können es bei kniffligen Aufgaben nicht mit den zarten, behenden, feinknochigen Frauenhänden aufnehmen. Beim Nähen, Stricken, Weben und allen feineren dekorativen Arbeiten waren Frauen seit jeher besser. Vor der Erfindung der Töpferscheibe waren sie auch in der wichtigen alten Keramikkunst überlegen, die für das Formen und Verzieren der Gefäße geschickte Finger verlangte. Da die Töpferei die bedeutendste Kunstform der prähistorischen Periode darstellte, müssen in jener langen Phase der menschlichen Geschichte vor allem die Frauen – nicht die Männer – die kreativen Künstler gewesen sein; eine Tatsache, die von den Archäologen und Kunsthistorikern gewöhnlich übersehen wird.

Diese unterschiedliche Fähigkeit zu manueller Feinarbeit kommt nicht nur daher, daß die Finger der Frauen leichter und schmaler sind. Die weiblichen Fingergelenke sind auch flexibler, und man führt das auf den Einfluß hormoneller Faktoren zurück. Es wurde auch behauptet, dieses Merkmal sei die Folge einer speziellen Anpassung an die urzeitliche, speziell weibliche Tätigkeit des Nahrungsammelns im Gegensatz zur Jagd. Die Frauen gruben Wurzeln aus, pflückten Samen, Nüsse und Beeren und sortierten Früchte aus, und ihre geschickten flinken Finger konnten das besser als die »Pratzen« des muskulösen Mannes. Dies sind keine sexistischen Thesen, sondern Phänomene, die sich durch die körperliche Arbeitsteilung während unserer Entwicklung ergaben, die Männer und Frauen weniger gleich machte – dafür jeden auf seine Weise besser. Außerdem ging der Spezialisierungsprozeß natürlich nie zu weit. Die Hände der Frauen blieben ziemlich kräftig, und die Hände der Männer blieben durchaus für Feinarbeiten geeignet. Die kräftigsten Frauen konnten stets ein Stück Fleisch auseinanderreißen oder einen eigensinnigen Flaschenverschluß besser öffnen als die schwächsten Männer in einer Gruppe; und die Seeleute konnten immer recht gut mit Nadel und Faden umgehen.

Von allen Teilen des menschlichen Körpers sind die Hände vielleicht am aktivsten, und dennoch hören wir selten, daß jemand über »müde Hände« klagt. Es sind hervorragende, hochkomplizierte Werkzeuge. Man hat geschätzt, daß sich die Finger im Lauf eines Lebens mindestens 25 Millionen Mal biegen und strecken. Sogar Neugeborene haben eine bemerkenswerte Kraft in ihren Fingerchen, und ihre Hände halten kaum jemals still. Wenn sie in ihrem Bettchen liegen, zucken und biegen sich ihre Finger, als freuten sie sich schon darauf, etwas mit den Händen machen zu können. Und was kann man später nicht alles mit den Händen tun! Auf der Schreibmaschine 100 Worte in einer Minute schreiben, in halsbrecherischem Tempo Konzerte spielen, komplizierte Maschinen bedienen, eine Gehirnoperation durchführen, Meisterwerke ma-

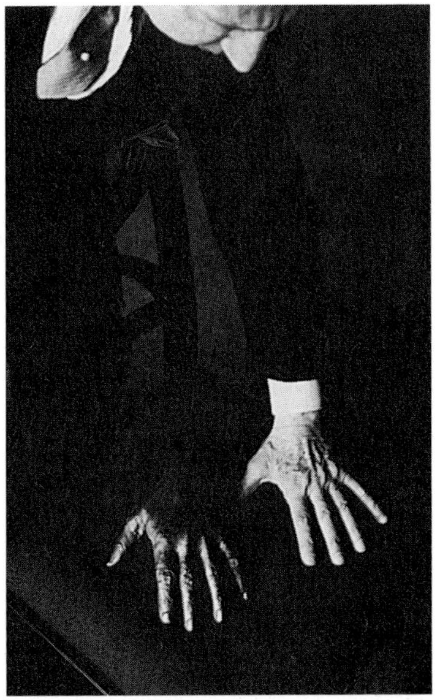

Von allen Körperteilen des Menschen sind die Hände wohl die aktivsten, und doch hören wir selten, daß jemand über »müde Hände« klagt. Man schätzt, daß sich die Finger bei einer durchschnittlichen Lebensdauer mindestens 25 Millionen Male beugen und strecken.

len, mit den Fingerspitzen Blindenschrift lesen und mit Hilfe der Zeichensprache der Taubstummen sogar Gedichte aufsagen. Vergleicht man die menschliche Hand mit einem Rolls-Royce, haben die anderen Arten nicht einmal ein Fahrrad.

Ein menschliches Händepaar enthält nicht weniger als 54 Knochen. In jeder Hand gibt es 14 Fingerknochen, fünf Mittelhandknochen und acht Handwurzelknochen. Wärme-, Schmerz- und Berührungsempfindlichkeit sind sehr fein; in jedem Quadratzoll liegen buchstäblich Tausende von Nervenenden. Die Muskelkraft der Hände und Finger kommt nicht nur von der Handmuskulatur selbst, sondern auch von den etwas weiter weg gelegenen Muskeln im Unterarm.

Auf der Handinnenfläche gibt es drei Arten von Linien: die Beugefurchen, die Spannfalten und die Hautleisten der Fingerbeeren. Die Beugefurchen oder »Hautscharniere« spiegeln die Bewegungen der Hand wider. Sie sind von Mensch zu Mensch leicht unterschiedlich, eine Tatsache, die Handlesekünstlern seit Jahr-

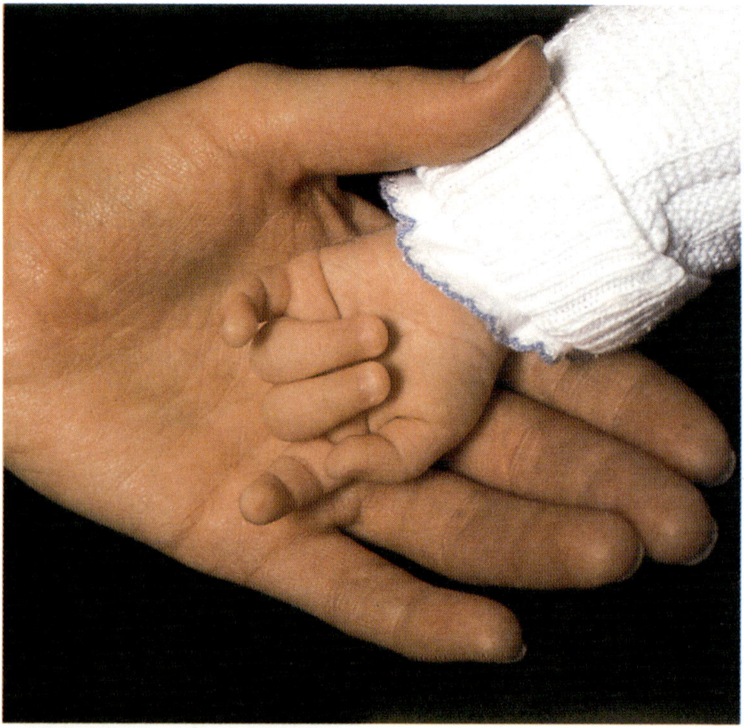

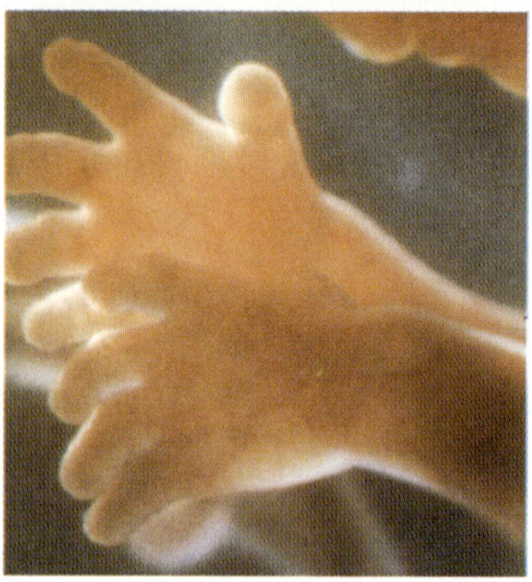

Mit ihrem gegenüberstellbaren Daumen und ihrer Befreiung von den Anforderungen der Fortbewegung hat sich die menschliche Hand zu einem Körperteil entwickelt, der buchstäblich das Angesicht der Erde verändert hat. Die Entwicklung setzt bereits früh ein, wie dieser fünf Monate alte Embryo zeigt, und im Lauf des ersten Lebensjahres außerhalb des Mutterleibes befingert das Baby mit seinen kleinen Händen bereits eifrig die Welt um sich herum, obwohl die Knochenbildung noch nicht abgeschlossen ist.

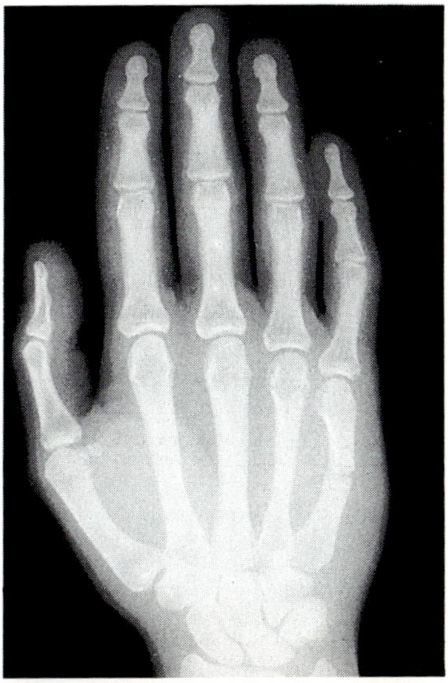

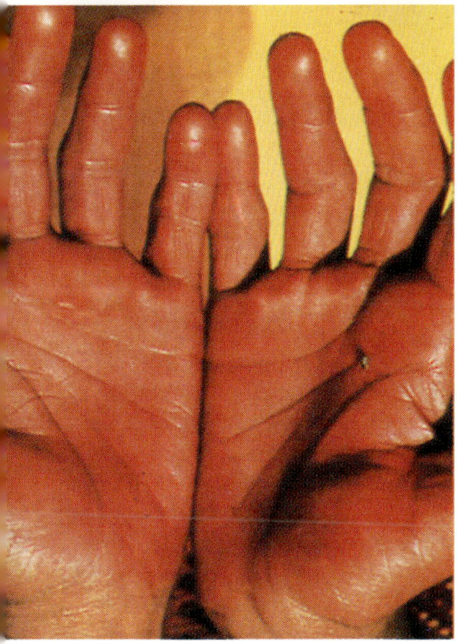

Die menschliche Hand ist eine brillante Pionierleistung und so komplex, daß kein Roboter jemals all ihre verzwickten Bewegungen nachahmen können wird. Im 18. Jahrhundert bezeichnete Kant die Hand als »den sichtbaren Teil des Gehirns«, und im 20. Jahrhundert verwendete Bronowski ein ähnliches Bild, als er sagte: »Die Hand ist die Schneide des Geistes.«

Im Vergleich zu der Hand des Mannes bleibt die der Frau dem kindlichen Zustand näher. Sie ist zarter und weniger kräftig. Zudem ist sie auch kleiner; die durchschnittliche Frauenhand ist etwa eineinhalb Zentimeter kürzer und mehr als einen Zentimeter schmaler als die des Mannes.

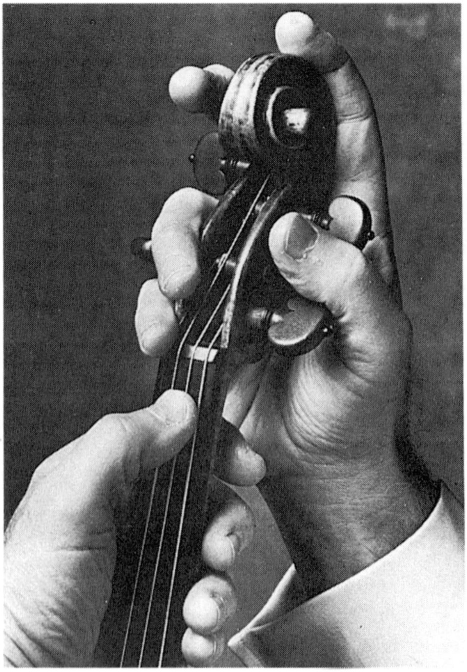

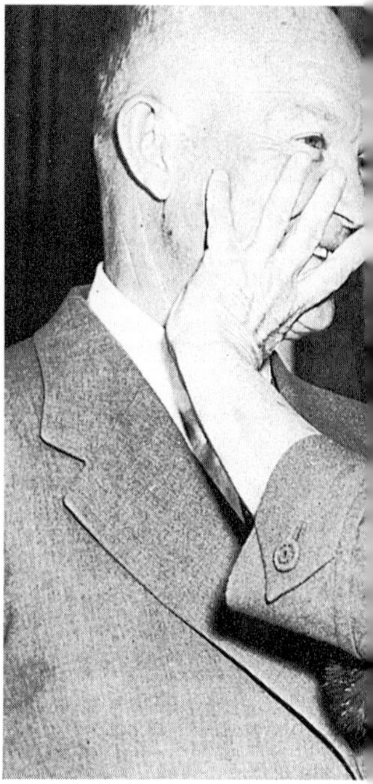

Zu was für Glanzleistungen an Geschicklichkeit die menschliche Hand in der Lage ist, kann man bei virtuosen Darbietungen großer Pianisten und Geiger beobachten. Allein das Halten eines Geigenbogens ist eines der besten Beispiele für den Präzisionsgriff, bei dem die Spitze des Daumens den Fingern gegenüberliegt. Es gibt noch zwei weitere Formen des Festhaltens, den Hakengriff und den Scherengriff. Den Hakengriff gebrauchen wir beispielsweise, wenn wir einen Koffer tragen und nur die Finger beugen. Der Scherengriff ist typisch für einen Zigarettenraucher, der sich die Zigarette zwischen den Zeigefinger und den Mittelfinger klemmt, ohne die Finger zu biegen.

Infolge einer Krankheit als Kind war Helen Keller, die wir hier beim »Lesen« des Gesichtes von Ex-Präsident Eisenhower sehen, lebenslänglich blind und taubstumm. Trotz dieser körperlichen Behinderungen focht sie einen heroischen Kampf aus, um mit ihren Fingern zu kommunizieren, und gewann. Sie schrieb elf Bücher, reiste um die Welt und hielt Vorträge, um den Makel, mit dem die Gesellschaft die Blindheit behaftet, auszuräumen. Ihre Hände wurden so

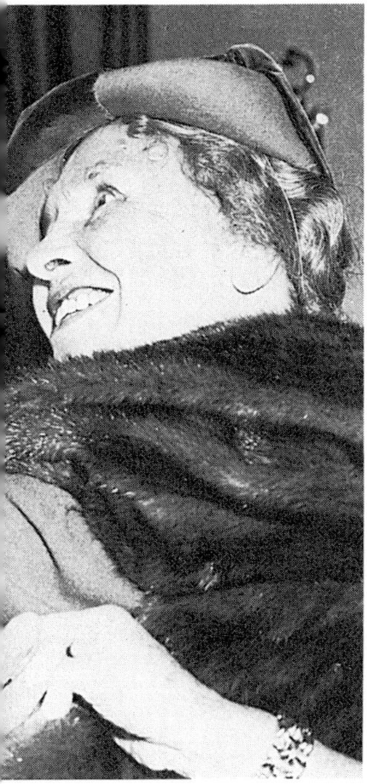

empfindsam, daß sie sogar Musik mit ihnen »hören« konnte. Das tat sie, indem sie ihre Fingerspitzen auf die Membrane eines Radiolautsprechers legte; sie konnte, wie sie selbst sagte, »genau den Unterschied zwischen den Bläsern und dem Wirbel der Trommel, dem tiefen Klang der Cellos und dem Singen der Geigen« wahrnehmen.

Ganz das Gegenteil zu den sensiblen Fingerspitzen Helen Kellers ist die massive Faust des ehemaligen Boxweltmeisters Mohammed Ali. Diese Hand, eineinhalbmal so groß wie eine durchschnittliche Männerfaust, wurde zur brutalsten Waffe in der Geschichte des unbewaffneten Kampfes.

hunderten ein festes Einkommen gesichert hat. Wie die Phrenologie und die Astrologie hat auch diese Art der Bauernfängerei im 20. Jahrhundert sehr an Boden verloren. Chiromantie ist heute nur noch ein Rummelplatzvergnügen, und mehr zu sein verdient sie auch nicht. Ihr einziges brauchbares Vermächtnis sind die Namen der verschiedenen Handlinien, die man sich auf diese Weise leicht merken kann. Die vier wichtigsten Linien sind die »Kopflinie« und die »Herzlinie«, die quer über den Handteller verlaufen, sowie die »Lebenslinie« und die »Schicksalslinie«, die um den Daumengrund verlaufen. Bei den Menschenaffen bilden Kopf- und Herzlinie eine einzige Falte; bei den Menschen verfügt der Zeigefinger jedoch über so viel Unabhängigkeit, daß er diese Furche aufspaltet. Manche Menschen – ungefähr einer von 25 – haben noch diese alte Form der Handlinie, die Vierfinger- oder Affenfurche, die quer über den Handteller verläuft. Die Spannfalten sind die kleinen Runzeln, die mit zunehmendem Alter stärker und permanent werden, weil die Haut ihre Elastizität verliert. Die winzigen Hautleisten auf den Fingerbeeren sind unsere »Greif«-Linien; und mit ihnen hinterlassen wir unsere Fingerabdrücke. Der Schweiß läßt diese kleinen Erhebungen anschwellen und stärker hervortreten, damit wir Gegenstände besser in der Hand halten können.

Das Schwitzen der Hände ist im Grunde ungewöhnlich. Wenn wir schlafen, stellen die Schweißdrüsen der Handinnenfläche ihre Tätigkeit ein, egal wie warm es im Bett ist. Sie reagieren auf zunehmende Wärme nicht wie andere Schweißdrüsen, sondern reagieren nur auf erhöhten Streß. Wenn Ihre Handinnenfläche knochentrocken ist, sind Sie entspannt. Je ängstlicher Sie werden, um so feuchter werden die Hände, weil sie sich auf eine körperliche Aktion vorbereiten, die Ihr Nervensystem vorausahnt. Leider entwickelte der Körper diese Reaktion zu einer Zeit, als der meiste Streß körperlicher Natur war. Unsere heutigen Anspannungen sind jedoch eher psychologischer Art, so daß wir zwar feuchte, klebrige Hände haben, aber nichts, wonach wir greifen könnten. Das Schwitzen der Handinnenflächen ist ein Überbleibsel aus unserer alten Jägervergangenheit, auf das die meisten Städter heute verzichten könnten.

Während der berühmten Kubakrise, als die westliche Welt aus Furcht vor einem Atomkrieg den Atem anhielt, mußten alle Laborversuche, bei denen die Schweißabsonderungen der Handinnenflächen gemessen wurden, abgebrochen werden, weil der allgemeine Streßzuwachs die Quote derart ansteigen ließ, daß von keiner Testperson eine »entspannte« Hand zu bekommen war. So sensibel ist die menschliche Hand.

Das Hautleistennetz der Fingerbeeren besteht aus drei grundlegenden Formen: aus Schlaufen, die sehr häufig sind; aus Wirbeln, die mäßig häufig sind, und aus Wellen, die ziemlich selten vorkommen. Man hat bis heute noch nie zwei menschliche Finger mit identischen Fingerabdrücken gefunden. Entgegen der allgemeinen Auffassung haben sogar eineiige Zwillinge unterschiedliche Fingerabdrücke. Die Nutzung der Fingerabdrücke zur Personenfeststellung ist bereits sehr alt. Vor über 2200 Jahren markierten chinesische Geschäftsleute ihr Siegel mit ihrem Fingerabdruck. Da Unterschriften so leicht gefälscht werden können, erstaunt es, daß wir den alten chinesischen Brauch nicht übernommen haben. Die Nutzung von Fingerabdrücken in der modernen Kriminalistik wurde außerordentlich verfeinert durch die Technik des »Leistenzählens« und die Beachtung winziger Liniendetails, die Bezeichnungen haben wie »Seen«, »Inseln«, »Sporn«, »Kreuzungen« und »Gabelungen«. Kein Verbrecher kann diese Identifizierungsart ausschalten, auch wenn er versuchte, seine Fingerkuppen zu verändern. Selbst wenn er sich in einer schmerzhaften Prozedur die Hautleisten unkenntlich machen ließe, wüchsen sie bald wieder nach, und auch im Alter verändern sie sich nicht.

Die rassischen Unterschiede bei den Fingerabdrücken sind nur gering. Die Europiden haben zum Beispiel weniger Wirbel als die Orientalen, dafür aber mehr Schlaufen; dies sind aber nur statistische Unterschiede.

Interessant sind auch drei besondere Farbeigenschaften der menschlichen Hand. Wenn Weiße von der Sonne gebräunt werden, nehmen auch ihre Handrücken eine dunklere Farbe an, nicht aber ihre Handinnenflächen. Dieses besondere Merkmal der menschlichen Handinnenfläche hat sich angeblich entwickelt, weil die Handgesten besonders auffällig bleiben sollten. Selbst dunkelhäutige Rassen haben helle Handinnenflächen.

Jeder, der einmal bei einer Schneeballschlacht mitgemacht hat, wird entdeckt haben, daß seine Hände hinterher hellrot anlaufen. Diese besondere Reaktion scheint ein Mechanismus zu sein, der verhindert, daß die empfindliche Haut der Handinnenfläche durch die Kälte beschädigt wird. Länger anhaltende Kälte verursacht eine dramatische Steigerung des Blutzuflusses, der die Hände erwärmt. Dies ist eine bemerkenswerte und komplexe Reaktion.

Die nach vorn gekehrten Handflächen sind ein symbolischer Akt der Zurückweisung.

Die Handhaltungen beim Gestikulieren spiegeln die Stimmung einer Person wider. Nach oben gekehrte Handflächen drücken eine flehentliche Haltung aus, Handflächen nach innen eine umarmende Haltung, Handflächen nach unten eine beruhigende Haltung und so weiter. Hier wird eine Form der Handhaltung in verschiedenen Zusammenhängen gezeigt, aber die Botschaft ist im Prinzip immer gleich: »Halte dich zurück, oder bleibe mir fern.« Die nach vorn gekehrte Handfläche ist ein universelles Signal der Zurückweisung, da sie symbolisch darstellt, wie man jemanden von sich stößt.

Zunächst reagieren die Hände auf den kalten Schnee mit Gefäßverengung, die die Blutzufuhr an die Oberfläche verringert. Dies ist die übliche Reaktion des ganzen Körpers. Sie verhindert, daß das Blut die lebenswichtige Körperwärme vergeudet. Diese Reaktion behält der Körper bei, gleichgültig wie lange er der Kälte ausgesetzt bleibt, aber die Hände funktionieren unabhängig davon auf besondere Weise. Nach ungefähr fünf Minuten schalten sie von der starken Gefäßverengung auf das genaue Gegenteil um – auf starke Gefäßerweiterung. Die Blutgefäße des Handtellers und der Finger erweitern sich plötzlich, und die Hand wird rot. Nach wiederum fünf Minuten kehrt sich der Vorgang erneut um. Würde jemand eine Stunde lang ohne Handschuhe Schneebälle machen, könnte er beobachten, wie seine Hände alle fünf Minuten einmal blau und einmal rot anlaufen. Bei diesem Vorgang handelt es sich um ein Schutzsystem, das wir wahrscheinlich in der Eiszeit entwickelt haben, als erfrorene Hände leicht eine Katastrophe be-

Fingerspitzen mit Schlaufen sind die sensibelsten.

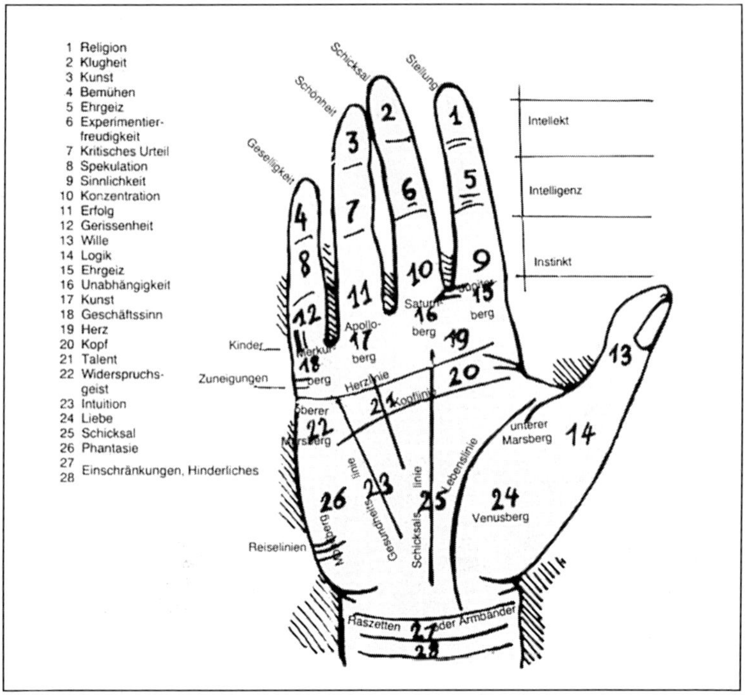

Das Handlesen – das Vorhersagen der Zukunft aus den Linien der Hand – wurde früher sehr ernst genommen, aber heute ist es eher ein Witz. Wegen der erfundenen detaillierten Voraussagen von Handlesern wurde das gesamte Thema von der wissenschaftlichen Welt als Kirmeshokuspokus abgetan und verdammt. Forschungen der letzten Zeit haben ergeben, daß diese absolute und verallgemeinernde Ablehnung zu voreilig gewesen sein könnte; denn jetzt stellt sich heraus, daß es doch Beziehungen zwischen gewissen Merkmalen der Handflächen und körperlichen Eigenheiten gibt. So weisen beispielsweise Personen, die am Down-Syndrom (Mongolismus) leiden, eine zusätzliche Falte auf, die am unteren Ansatz der Handfläche verläuft; und bei krebsgefährdeten Personen beobachtete man eine Neigung zu ganz bestimmten Handflächenmerkmalen.

Es gibt Bezüge zwischen gewissen Handmustern und einigen körperlichen Merkmalen.

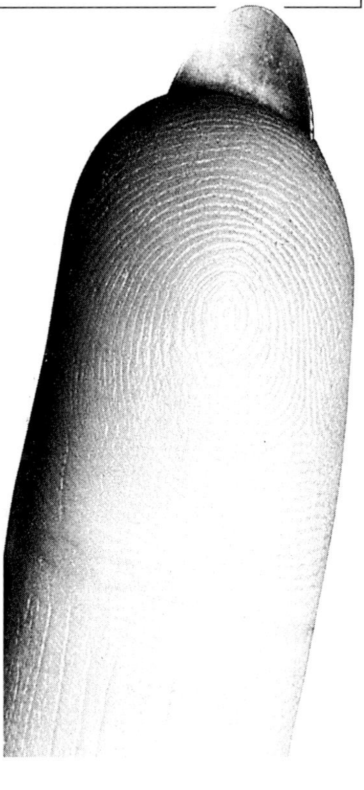

Bei den Fingerabdrücken gibt es drei verschiedene Grundmuster: die Welle, die Schlaufe und den Wirbel. Am üblichsten sind die Schlaufen, am unüblichsten die Wellen. Studien haben in jüngster Zeit gezeigt, daß Menschen, bei denen die Schlaufenmuster vorherrschen, die größte taktile Empfindsamkeit besitzen. Die Fingerabdrücke selbst sind die positiven Abdrücke, die von unserem Hautleistennetz hinterlassen werden, wenn wir eine glatte oder weiche Oberfläche berühren, und man hat bisher nie zwei vollkommen identische Fingerabdrücke gefunden. Auch bei eineiigen Zwillingen nicht. Und Verbrecher, die versuchen, ihre Fingerabdrücke zu verändern, tun dies ohne Erfolg, da die Fingerbeeren bald wieder ihr ursprüngliches Muster annehmen.

deuten konnten. Durch die wiederholte fünfminütige Erwärmung der Handoberflächen wird eine längere Unterkühlung verhindert, die Schaden anrichten könnte. Und während der fünfminütigen Abkühlungspausen wird kostbare Körperwärme gespart.

Eines der ungewöhnlichsten, im Bereich der Sage liegenden Phänomene der menschlichen Hand ist das *Stigma.* Manche sehr fromme Menschen behaupteten, daß sich bei ihnen ganz plötzlich an den Handtellern Wunden bildeten, die den Leidensmalen Jesu glichen. Bei den meisten der bis heute bekannt gewordenen 330 Fälle, in denen Stigmata auftraten, handelte es sich um Personen aus dem katholischen Klerus – Priester, Mönche oder Nonnen –, und der Kirche war dabei nie ganz wohl. Nicht die Wunden an sich erschienen ihr zweifelhaft, wohl aber, daß sie durch ein Wunder verursacht wurden. In typischen Fällen begannen die Wunden an den Handinnenflächen plötzlich zu bluten, verheilten und bluteten wieder. Der erste geschichtlich belegte Fall ist Franz von Assisi, der zwei Päpste als Zeugen hatte; der letzte war der italienische Priester Padre Pio, der 1968 starb, nachdem er von seinen beeindruckten Anhängern sieben Millionen Pfund Sterling für den Bau eines Krankenhauses gesammelt hatte.

Die Ursache für solche Stigma-Wunden, vorausgesetzt es handelt sich um keine Selbstverstümmelung, sind örtlich beschränkte Virusinfektionen. Kinder, die öffentliche Schwimmbäder benutzen, bekommen oft Warzen – kleine Viruswarzen, die chirurgisch entfernt werden müssen. Ähnliche Warzen können auch an den Handinnenflächen auftreten. Bilden sie sich an dieser Stelle, wird häufig daran gekratzt, und dann fangen sie an zu bluten. Der Betroffene kann sich vielleicht nicht einmal erinnern, sie überhaupt berührt zu haben. Nach einer Weile heilen sie, aber der Heilvorgang vollzieht sich viel langsamer als bei einem gewöhnlichen Schnitt. Der Virus verhindert die vollständige Heilung, und früher oder später bluten sie wieder. Sie können nur chirurgisch für immer entfernt werden. Begreiflicherweise konnte eine solche Kleinigkeit die Phantasie eines frommen Christen entfachen, und so wurde daraus eine wunderbare Wiederholung der Wundmale Christi.

Die Finger der Hand haben alle einen eigenen Namen, eine eigene symbolische Bedeutung und eigene Gesten.

Der Daumen. Er ist zweifellos der wichtigste der fünf Finger, weil die Hand durch ihn zur Greifhand wird. Was für eine bedeutende Rolle er spielt, wurde bereits im Mittelalter erkannt, als man den Verlust eines Daumens um mehr als das Vierfache höher einschätzte als den eines kleinen Fingers. Wenn heute jemand einen Daumen verliert, können die Chirurgen den Zeigefinger so einrichten, daß er dessen Rolle einnimmt und die Greifhand bis zu einem gewissen Grad wiederhergestellt wird.

Daumen heißt auf lateinisch *pollex.* In der Antike war der Daumen vermutlich wegen seiner phallischen Bedeutung der Venus gewidmet. Im Islam ist er Mohammed gewidmet.

Drei Daumengesten haben Schlüsselbedeutung: Der Daumen zeigt die Richtung an; er übermittelt eine phallische Beleidigung, und er zeigt an, daß alles in Ordnung ist. Im allgemeinen wird er weniger als »Zeiger« gebraucht als der eigentliche Zeigefinger. Die Daumenzeigegeste wirkt gewöhnlich etwas muffig, allerdings nicht, wenn man sie an der Straße sieht. Im Zeitalter des Autos wurde sie zum Zeichen der Anhalter, mit dem sie die Richtung angeben, in die sie mitgenommen werden wollen. In den römischen Amphitheatern besiegelte der nach unten weisende Daumen das Schicksal eines besiegten Gladiators. Mit dem auf das Opfer niederstoßenden Daumen brachten die Zuschauer zum Ausdruck, daß man ihn töten solle. Wünschten sie, daß er verschont blieb, versteckten sie den Daumen in der Hand. Dieses »Verstecken« wurde später falsch übersetzt mit »nach oben richten«, und daraus wurde in jüngerer Zeit das OK-Zeichen mit dem nach oben gestellten Daumen. In Ländern, in denen dieser Fehler nicht unterlief, hat sich bis heute die ältere Bedeutung des aufwärts gerichteten Daumens, der »Setz dich drauf!« besagt, gehalten und unter Touristen und Reisenden schon beträchtliche Verwirrung gestiftet. Touristen, die in bestimmten Mittelmeerländern per Anhalter reisten, verblüffte der Zorn, den sie sich zuzogen, wenn sie einheimische Fahrer mit dem Daumen zum Anhalten zu bewegen versuchten, denn sie wußten nicht, daß sie in deren Augen eine obszöne Geste ausführten.

Zu den Ländern, in denen die obszöne phallische Geste noch allgemein bekannt ist, gehören Sardinien, Griechenland, Libanon, Syrien und Saudi-Arabien. Man begegnet ihr auch in Australien,

Ebenso wie die Fußsohlen werden auch die Handflächen durch Sonnenstrahlen nicht gebräunt; selbst bei den dunkelhäutigsten Rassen bleiben sie hell.

Gewöhnlich stellen wir uns mit dem Daumen ausgeführte Gesten als schlichte Gegensätze vor – rauf heißt gut, und runter heißt schlecht, aber ganz so einfach ist es nicht. In manchen Ländern bedeutet der nach oben gerissene Daumen eine Obszönität, die »Setz dich drauf« besagt, aber leicht mit dem gewöhnlichen Zeichen des nach oben gerichteten Daumens verwechselt werden kann, das Zustimmung ausdrückt. Auch der nach oben und nach unten gerichtete Daumen bei den römischen

Gesten mit dem Daumen oder Zeigefinger sind schon häufig eine Frage von Leben und Tod gewesen.

Spielen wurde fehlgedeutet. Die ursprünglichen Signale waren: Daumen nach oben für Tod – eine Imitation der Geste des Zustoßens mit der Waffe – und ein verdeckter Daumen für »Verschont den Gladiator«.

In der Gestensprache ist der Zeigefinger der emsigste. Der Mensch deutet (»zeigt«) mit ihm. Von aggressiven oder hochtrabenden Rednern wird er zudem als eine kleine symbolische Keule benutzt, die sie ihren Gegnern über den Kopf »schlagen«, wenn sie bei einem erzürnten Wortwechsel einen steifen, ausgestreckten Zeigefinger vor dem Gegenüber durch die Luft schwenken. Für Sportler ist dieser Finger als der erste Finger der Hand zum Symbol für die Vorstellung geworden, die »Number one« zu sein, und bei größeren Sportveranstaltungen sieht man inzwischen häufiger einen triumphierenden Sportler in einem glücklichen Salut an die Menge seinen Zeigefinger in die Luft strecken. Manche religiösen Gruppen benutzen diese Geste, um auszusagen, daß es nur einen Gott gibt.

wo auch die OK-Daumengeste beliebt ist. Da es hier also zwei Gesten mit nach oben gerichtetem Daumen gibt, könnte das auch für Verwirrung sorgen, was jedoch meist unterbleibt, da man bei der obszönen Geste die phallischen, nach oben stoßenden Bewegungen betont.

Der Zeigefinger. Er ist der unabhängigste und wichtigste der vier Finger und wird mit dem gegenüberstellbaren Daumen am häufigsten für feine Präzisionsarbeiten gebraucht. Er ist der Finger, der eine Schußwaffe abdrückt, der die Richtung weist, der die Telefonnummer wählt, der heranwinkt, um Aufmerksamkeit bittet, den Gegner in die Rippen stößt und auf den Knopf drückt.

Die Menschen gaben ihm zahlreiche Namen. Weil er den Weg weist, nannte man ihn Zeigefinger oder den Zeiger. Weil er eine Schußwaffe abdrückt, hieß er Schußfinger. Verschiedentlich nannte man ihn auch den napoleonischen Finger, den Finger des Ehrgeizes, den Bergführer, den Vorarbeiter und den Weltfinger. Seine merkwürdigste Bezeichnung ist »Giftfinger«. Früher durfte man diesen Finger auf keinen Fall für eine medizinische Behandlung gebrauchen, weil man glaubte, er sei giftig. Vermutlich geht dies auf das aggressive Zeigen und Stoßen mit dem Zeigefinger zurück, was ihm die symbolische Rolle einer Stichwaffe verleiht – von etwas Gefährlichem, das wie die spitzen Zähne einer Schlange verletzen kann.

Bei den Katholiken ist der Zeigefinger dem Heiligen Geist gewidmet, im Islam der Dame Fatima. In der Handlesekunst wurde er Jupiter gewidmet.

Meistens ist der Zeigefinger nur der drittlängste der vier Finger. Bei 22 Prozent der Männer und 45 Prozent der Frauen ist er jedoch der zweitlängste Finger und verweist den Ringfinger auf den dritten Platz. Warum es hier einen Geschlechtsunterschied gibt, ist unbekannt.

Abgesehen von den oben erwähnten Zeigefingergesten, gebrauchen wir diesen Finger auch bei einigen obszönen Gebärden. Am bekanntesten ist die »Pistola«, wobei der Zeigefinger durch die Finger der anderen Hand oder durch einen Ring aus Daumen und Zeigefinger gestoßen wird wie ein Penis, der in eine Vagina eindringt. Diese Nachahmung ist so offensichtlich, daß sie fast auf der ganzen Welt verstanden wird, und in mindestens einem Fall hat sie zum Tode geführt. Dieser Fall ist insofern bemerkenswert, als er mit der Herstellung der einzigen obszönen Banknote, die es je gab, zu tun hatte. Als die Japaner kurz vor dem Zweiten Weltkrieg in China einmarschierten, errichteten sie in einigen chinesischen Städten Zweigstellen japanischer Banken. Mit der Herstellung neuer Banknoten wurden chinesische Graveure beauftragt. Einer dieser Graveure war über diese Aufgabe so empört, daß er ein kleines Detail hineinarbeitete, das zunächst unbemerkt durchging. Der auf der Banknote abgebildete ältere Gelehrte, dessen Hände eine förmliche ehrerbietige Haltung einnehmen sollten, formten statt dessen die obszöne Zeigefingergeste. Die japanischen Behörden machten den aufmüpfigen Graveur schließlich ausfindig und ließen ihn öffentlich enthaupten.

Bei den Arabern gibt es eine weitere obszöne Zeigefingergeste, die ebenfalls schnell zu einer Vergeltungsaktion führen kann, wenn sie unklug gebraucht wird. Sie besteht nur darin, mit dem Zeigefinger die Fingerkuppen der anderen Hand zu berühren. In diesem Fall wird der Zeigefinger nicht als phallisches Symbol gebraucht, sondern als Symbol für die Mutter der Person, auf die die Geste gemünzt ist. Die fünf Finger der anderen Hand symbolisieren Männer, mit denen die Mutter geschlafen haben soll; die Geste bedeutet also: »Du hast fünf Väter!«

Andere Zeigefingergesten sind weniger provokativ. Der aufrecht gehaltene Zeigefinger ist häufig zu beobachten, und obwohl er verschiedene Bedeutungen hat, ist keine davon obszön. Abgesehen davon, daß er aufmerksam machen will, kann er auch ein Zeichen sein für: »Ich möchte nur ein Stück«, »Ich bin die Nummer eins« oder »Es gibt nur einen Gott«. Das zweite dieser Signale wurde in jüngster Zeit bei den Sportlern beliebt, wenn sie die Tatsache feiern wollen, daß sie im Augenblick die »Numero uno« sind. Das dritte Signal wurde gern von gewissen Gruppen der »Born again«-Christen gebraucht, die ein neues Gestensymbol haben wollten.

Der Mittelfinger. Dieser, unser längster Finger, erhielt in der Antike eine ganze Reihe von Namen. Er war der Medicus, Famosus, Impudicus, Infamis und Obscenus. Die meisten dieser Namen erhielt er, weil ihn die Römer für ihre berühmteste unverschämte Geste benutzten. Bei dieser Geste werden die übrigen Finger gekrümmt, und der steil aufgerichtete Mittelfinger stößt kräftig nach

LONDON

In Großbritannien ist die unanständigste Geste das V-Zeichen, bei dem die Handfläche dem Gestikulierenden zugewandt ist. In anderen Ländern bedeutet das ganz einfach »zwei« oder »Sieg«, aber auf den Britischen Inseln besagt das V-Zeichen das nur, wenn dabei die Handfläche nach außen gekehrt wird. Ausländische Besucher verwirrt das oft.

Dem Mittelfinger haftet seit über 2000 Jahren schon etwas Unanständiges an. Die Römer nannten ihn *digitus obscenus* und setzten ihn bei einer phallischen Geste ein, die als höchst beleidigend galt. Wenn der berüchtigte Kaiser Caligula seinen Untergebenen anstelle des Handrückens den Mittelfinger zum Kuß darbot, waren sie (und das entsprach seiner Absicht) zutiefst gekränkt. In neueren Zeiten wurde diese Geste von Amerikanern ganz einfach als »der Finger« bezeichnet, doch 1976 war Nelson Rockefeller so unbesonnen, diese Geste in Gegenwart eines Kameramanns auszuführen, der für die Nachrichten filmte, und von da an setzte sich der Ausdruck »die Rockefeller-Geste« durch. Im absoluten Gegensatz dazu sieht man den Ringfinger als unschuldigen Finger an und benutzt ihn seinem Namen gemäß als Symbol der Liebe und der Ehe; der gekrümmte oder abgespreizte kleine Finger dagegen, ursprünglich ein Zeichen für sexuelle Unabhängigkeit, gilt heute als affektiert.

oben. Die gekrümmten Finger zu beiden Seiten symbolisieren die Hoden, der Mittelfinger den aktiven Phallus. Diese Geste hat sich über zwei Jahrtausende lang gehalten, seit sie in den Straßen des alten Rom entstanden ist, und im heutigen Amerika heißt sie schlicht »der Finger«, in jüngster Zeit auch »Rockefellergeste«, nachdem sich ein weltweit bekannter Repräsentant dieses Namens vor der versammelten amerikanischen Nation im Fernsehen dazu hat hinreißen lassen, diese obszöne Geste vorzuführen. Einen weiteren Grund, warum dieser Finger sexuell vorbelastet ist, erwähnte ein Autor, der vor einigen Jahrhunderten schrieb: »Mit ihm werden die Geschlechtsteile berührt ...«

In der vergeistigteren Sphäre der Religion und des Aberglaubens ist der Mittelfinger mit ganz anderen Assoziationen verbunden. Im Katholizismus ist er Christus und der Erlösung gewidmet, im Islam Ali, dem Gatten von Fatima, und in der Handlesekunst dem Saturn, dem römischen Gott des Säens.

Der Ringfinger. Dieser Finger wurde seit über 2000 Jahren bei Heilungszeremonien gebraucht. In alten ägäischen Ritualen wurde er in einen Fingerling aus magnetischem Eisen gesteckt und als »Zaubermedizin« verwendet. Die Römer übernahmen diese Vorstellung später und nannten ihn den *digitus medicus,* den medizinischen Finger. Sie glaubten, ein Nerv verbinde den Ringfinger direkt mit dem Herzen. Sie benützten *stets nur* diesen Finger zum Umrühren, weil nichts Giftiges diesen Finger berühren konnte, ohne daß eine entsprechende Warnung an das Herz ging. Dieser Aberglaube hielt sich jahrhundertelang, wobei aus dem Nerv manchmal eine Vene und manchmal eine Arterie wurde. Die Apotheker des Mittelalters rührten immer noch gläubig ihre Arzneien mit diesem Finger an, und sie bestanden darauf, daß alle Salben nur mit diesem Finger eingerieben wurden. Der Zeigefinger durfte auf gar keinen Fall dazu benutzt werden. Manchmal genügte es schon, mit dem Ringfinger über eine Wunde zu streichen, um sie durch die Einwirkung von dessen magischer Kraft zu heilen, und so nannte man ihn schließlich den heilenden oder den Blutegel-Finger. In manchen Gegenden Europas ist er noch heute der einzige Finger, mit dem man sich kratzen zu dürfen glaubt.

Die praktische Grundlage dieser seit der griechischen Frühgeschichte verbreiteten abergläubischen Ansichten besteht vielleicht darin, daß der Ringfinger der am wenigsten benutzte und deshalb vermutlich der sauberste Finger ist. Daß er im Vergleich zu den anderen Fingern ziemlich wenig aktiv wird, liegt an seiner unterentwickelten Muskulatur. Wenn Sie Ihre Hand zur Faust ballen und dann versuchen, jeden einzelnen Finger nacheinander zu strecken und zu beugen, läßt sich nur der Ringfinger nicht ganz ausstrecken oder nur unter großen Schwierigkeiten. Wenn die Finger zu beiden Seiten ebenfalls gestreckt werden, ist das Strecken des Ringfingers kein Problem, aber allein fühlt er sich für diese Bewegung zu schwach. Das bedeutete, daß er im früheren Volksglauben am wenigsten Gefahr lief, etwas Schädliches zu berühren, und deshalb war er für medizinische Zwecke am besten geeignet. Es muß aber auch bedeutet haben, daß es schwierig war, mit diesem Finger umzurühren, und daß der Daumen die anderen Finger dabei aus dem Weg halten mußte.

Aufgrund dieser mangelnden Selbständigkeit wurde dieser Finger zum Ringfinger. Der alte Brauch, den Ehering an den dritten Finger der linken Hand zu stecken, beruhte auf der Vorstellung, daß die Ehefrau einwilligte, den allergrößten Teil ihrer jugendlichen Freiheit und Unabhängigkeit aufzugeben, und deshalb galt der Ringfinger als besonders geeignet, diesen Zustand der Gebundenheit symbolisch darzustellen. Die linke Hand galt als die schwächere, unterlegene Hand und entsprach der untergeordneten Rolle der Frau.

Wegen seiner Rolle als Ringfinger nannten ihn die Römer auch *digitus annularis.* In der Chiromantie war er der Sonne gewidmet, in der Handlesekunst Apoll, dem Gott des Lichts. Im Islam wurde er Hassan zugedacht, und für die Christen war er der Amen-Finger, weil die Bekreuzigungsgeste mit dem Daumen (im Namen des Vaters), mit dem Zeigefinger (des Sohnes), dem Mittelfinger (und des Heiligen Geistes) und dem Ringfinger (Amen) ausgeführt wurde.

Der kleine Finger. Sein lateinischer Name ist *minimus* oder *auricularis,* weil er der kleinste Finger ist und weil man ihn mit dem Ohr in Verbindung brachte. Gewöhnlich wird behauptet, seine Bezeichnung als »Ohrfinger« beruhe auf der Tatsache, daß er klein genug ist, um zum Reinigen des Ohrs benützt zu werden, aber dies ist vermutlich eine neuzeitliche Vorstellung. Früher glaubte man,

Manche Handbewegungen sind äußerst kunstvoll.

Da die Hände so öffentlich sichtbar und beweglich sind, werden sie besonders gerne geschmückt. Tänzerinnen wie dieses Mädchen aus Thailand mit ihrem verblüffend langen Fingerschmuck oder diese Inderin aus Madras, die mit auffälligen roten Fingerspitzen auftritt, verstärken damit auf dramatische Weise die Wirkung ihrer Handbewegungen.

Die kunstvoll bemalte Hand auf der gegenüberliegenden Seite stammt ebenfalls aus Indien, doch in dem Fall handelt es sich nicht um die einer Tänzerin, sondern um die einer werdenden Braut. Ihre Hände, die mit einem Gemisch aus Henna und Ton bemalt sind, werden dieses zarte Netzwerk etliche Wochen lang behalten, ehe es auszubleichen und zu verschwinden beginnt.

Die Symbolkraft der Hände wird oft durch Verzierungen verstärkt.

Das Schmücken der Finger mit Ringen ist schon seit prähistorischen Zeiten beliebt. Für manche versprachen Ringe Schutz, für andere waren sie ausschließlich Symbole großen Reichtums. Der Brauch, einen Ehering an den »Ringfinger« zu stecken, rührt angeblich daher, daß dieser Finger am wenigsten Bewegungsfreiheit besitzt und sich daher am ehesten dazu eignet, an ihm ein Symbol für den Verlust der Unabhängigkeit anzubringen, den die Ehe mit sich bringt.

wenn man sich die Ohren mit dem kleinen Finger zuhielte, könnte man seine Chancen für ein übersinnliches Erlebnis – eine prophetische Vision oder irgendein anderes übernatürliches Ereignis – verbessern. Jeder, der einmal an einer Séance teilgenommen hat, huldigte diesem Aberglauben, als sich die Hände der Anwesenden zu einem Kreis schlossen. Gewöhnlich besteht das Medium darauf, daß der Kontakt mit dem Nachbarn mit der Spitze des kleinen Fingers aufgenommen wird, weil nach diesem alten Brauch eine übersinnliche Verbindung hergestellt wird.

In Amerika heißt dieser Finger im allgemeinen *pinkie.* Dieser Ausdruck wurde zunächst von New Yorker Kindern benutzt. Angeblich stammt er aus Schottland, wo die Kinder alles, was klein ist, *pinkie* nennen; schottische Siedler sollen ihn in die Neue Welt gebracht haben. New York war jedoch ursprünglich eine holländische Siedlung und hieß am Anfang Neu-Amsterdam; der Ausdruck kann also ebensogut auf die Holländer zurückgehen, bei denen der kleine Finger *pinkie* heißt. Die Kinder gebrauchten das Wort häufig in einem besonderen Lied, das sie sangen, wenn sie etwas feierlich untereinander ausgemacht hatten. Sie verschränkten ihre kleinen Finger und besiegelten damit ihre Abmachung. Auch hier lebt die Rolle des kleinen Fingers als übersinnliches Verbindungsglied weiter. Wenn in einigen europäischen Ländern zwei Menschen gleichzeitig dasselbe sagen, rufen sie »Schnapp« und verschränken ihre kleinen Finger. Dabei dürfen sich beide heimlich etwas wünschen, das aber nur dann eintreffen wird, wenn nichts gesprochen wird, bis sich ihre Finger wieder lösen. Auch in diesem Brauch taucht der alte Glaube an die übersinnliche Kraft des kleinen Fingers und an seine Fähigkeit, übernatürliche Kräfte zu übertragen, wieder auf. Auch das »Schnapp« hat mit den Fingern zu tun, denn es ist der verbale Ersatz für die Handlung des Fingerschnalzens, das ebenfalls abergläubische Ursprünge hat. Früher glaubte man, daß das laute Geräusch, das entsteht, wenn man den Zeigefinger gegen den Daumen schnalzen läßt, die bösen Geister vertreiben würde (deshalb ist es unverschämt, durch Fingerschnalzen auf sich aufmerksam zu machen), und man hielt dies für notwendig, wenn zwei Menschen gleichzeitig dasselbe Wort sagten.

In einem völlig diesseitigen Zusammenhang galt der gekrümmte abgespreizte kleine Finger beim Trinken aus einer Tasse oder einem Glas lange Zeit als Gipfel der Affektiertheit, und auch heute sieht man noch gelegentlich vornehm tuende Damen ihren Tee oder Kaffee in dieser inzwischen völlig antiquierten Handhaltung zum Mund zu führen. Der Ursprung dieser Geste liegt aber ganz woanders. Auf frühen religiösen Gemälden wird der kleine Finger häufig so dargestellt, daß er sich von den anderen Fingern abspreizt, auch wenn die dargestellte weibliche Figur nichts trinkt. Es wird behauptet, der Maler habe damit andeuten wollen, daß das Modell für die religiöse Gestalt ein Mädchen von ungewöhnlicher sexueller Unabhängigkeit war. Aus diesem Glauben, daß ein »unabhängiger« kleiner Finger sexuelle Freiheit und außergewöhnli-

Bei entsprechender Sorgfalt wachsen ungeschnittene Fingernägel zu einer außerordentlichen Länge heran.

che Leidenschaftlichkeit symbolisiere, entstand eine neue Mode, die von den auf Gleichberechtigung und sexuelle Unabhängigkeit bedachten Mitgliedern der Frauenbewegung Ende des letzten Jahrhunderts kreiert wurde. Sie spreizten beim Trinken absichtlich ihren kleinen Finger ab, um ihre Befürwortung der Idee der sexuellen Gleichberechtigung zu demonstrieren. Allmählich wurde daraus eine modische Fingerhaltung, und die Geste verlor ihre ursprüngliche Bedeutung; man spreizte eben in Gesellschaft den kleinen Finger ab. Von da an befand sich diese Geste auf dem Weg zur artigen Vornehmtuerei und endete bei einer ihrem Ursprung fast völlig zuwiderlaufenden Bedeutung.

Regional verbreitete Gebärden, bei denen ein gestreckter kleiner Finger mitspielt, haben ganz unterschiedliche Bedeutungen. In Europa kann er anzeigen, daß jemand sehr dünn oder krank ist – so dürr und unterernährt wie ein kleiner Finger. Im Mittelmeerraum deutet er in obszönen Anspielungen an, daß jemand einen

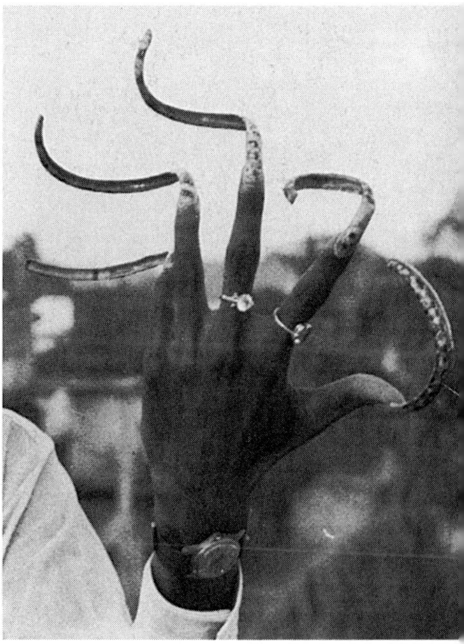

In manchen Kulturen hat man die Fingernägel zu einer erstaunlichen Länge heranwachsen lassen, um zu demonstrieren, daß man keine körperlichen Arbeiten verrichten muß. In anderen Gegenden hat übermäßiges Nagelwachstum eine religiöse Bedeutung gehabt, aber heute scheint das Hauptmotiv darin zu bestehen, es zu einem Eintrag ins Guinness-Buch der Rekorde zu bringen. Um dennoch ein annähernd normales Dasein führen zu können, konzentrieren sich diese Rekordbrecher nur auf die linke Hand und schneiden die Nägel der rechten für den Alltagsgebrauch.

sehr kleinen Penis hat – ungefähr von der Größe eines kleinen Fingers. Auf der anderen Seite der Welt, in Bali, bedeutet diese Geste, daß etwas schlecht ist. Dort bedeutet der gehobene Daumen, daß etwas gut ist – genau wie unsere OK-Geste –, aber um das Gegenteil auszudrücken, halten die Balinesen nicht den Daumen nach unten, sondern machen dieses »Gegenteil« durch den aufgerichteten kleinen Finger deutlich.

Bis hierher haben wir die Bewegungen der einzelnen Finger getrennt betrachtet. Werden sie in verschiedenen Kombinationen gebraucht, ergibt sich eine ganze Reihe neuer Gebärden und Signale. Manche werden allgemein gebraucht und in bestimmten Situationen unbewußt ausgeführt. Wir formen unsere Hand zu einer packenden Klaue, zu einer schlagkräftigen Kante, zur geballten Faust oder zu einem ausgebreiteten Fächer, entsprechend den Gefühlen, von denen wir gerade beherrscht werden. Wir merken jedoch in der üblichen Hektik unseres Alltagslebens meist gar nicht, daß wir gestikulieren, und können uns hinterher meist nur schwer genau daran erinnern, mit welchem Gestenreichtum wir unseren Mitmenschen Informationen über uns zufließen lassen; trotzdem kommt die Botschaft unserer Handbewegungen bei unseren Mitmenschen an.

Schließlich sind noch die Fingernägel zu erwähnen. Sie sind totes Gewebe, das aus der lebendigen Nagelwurzel hervorwächst – und zwar etwa einen Millimeter in zehn Tagen. Diese Wachstumsrate bedeutet, daß unsere Nägel in 100 Tagen ungefähr 1 cm wachsen. In verschiedenen Epochen und Kulturen ließen sich viele Frauen die Fingernägel wachsen zum Zeichen, daß sie keine Handarbeit verrichten mußten. Dieses Statussymbol wurde noch verstärkt, indem sich die Frauen ihre Nägel auffallend färbten, damit auch jeder sehen konnte, daß *diese* Hände nicht arbeiten mußten. Im alten China ließen sich sowohl Männer als auch Frauen die Nägel wachsen und bemalten sie golden. Da diese Mode sie stark in ihren Handbewegungen und in ihren unvermeidlichen alltäglichen Verrichtungen behinderte, beschränkten sie ihr Imponiergehabe später auf den kleinen Finger und schnitten die Nägel der übrigen Finger kurz. Eine andere Lösung dieses Problems waren kürzere Nägel für alle Tage und künstlich befestigte, stark übertriebene falsche Nägel für besondere Anlässe. In Europa finden sich heute

Es gibt buchstäblich Hunderte regional verschiedene Gesten mit den Händen, die zum Teil eine ganz eigene ortsgebundene Bedeutung haben. Das kann sich als äußerst verwirrend erweisen, wenn wir um die Welt reisen, und bisher hat noch niemand ein globales Wörterbuch der Zeichensprache mit Händen zusammengestellt, das dem Reisenden helfen könnte. Zum Glück sind viele dieser Gesten leicht verständlich wie die »Tigerkrallen« dieses kleinen Jungen auf einer Straße in Paris.

beide Praktiken. Viele Frauen benutzen falsche Fingernägel, die sie sich vor dem Ausgehen ankleben und zum Arbeiten wieder abnehmen. In einigen Mittelmeerländern lassen junge Männer noch immer den Nagel des kleinen Fingers stehen, um zu beweisen, daß sie sich ihren Lebensunterhalt nicht mit schwerer manueller Arbeit verdienen müssen. Und manchmal, wenn sie einem Mädchen den Hof machen oder auch beim Liebesakt, zwicken sie mit diesen langen Nägeln, was angeblich erotisch wirken soll, leider aber ziemlich schmerzhaft ist, wie manch eine Mittelmeertouristin zu ihrem Leidwesen erfahren mußte.

In einigen Kulturen durften die Fingernägel – die ungefähr viermal so schnell wachsen wie die Fußnägel – zu einer erstaunlichen Länge heranwachsen. Den Weltrekord hält ein Inder aus Poona, Shridhar Chillal, dessen Fingernägel der linken Hand zusammengerechnet eine Gesamtlänge von 289 cm erreichten und der es zu einer Daumennagellänge von nicht weniger als 73 cm brachte. Für dieses außergewöhnliche Ergebnis pflegte und schonte er 30 Jahre lang seine linke Hand, während er mit der rechten die alltäglichen Arbeiten verrichtete.

Die breite, flache und manchmal behaarte Brust des Mannes unterscheidet sich auffallend von der der Frau. Dieser Unterschied ist der Arbeitsteilung zwischen den Geschlechtern zuzuschreiben, zu der es während unserer langen Entwicklungsphase als eine Spezies von Jägern kam. Die Männer mußten athletischer werden und brauchten einen »längeren Atem«. Größere Lungen wiederum erforderten eine breitere, schwerere Brust. Das erklärt, warum einem Mann »vor Stolz die Brust schwillt«. Dadurch unterstreicht er ein körperliches Merkmal seiner Männlichkeit.

Die Brust

Als sich unsere Vorfahren auf die Jagd umstellten, um überleben zu können, bedeutete dies für den menschlichen Körper neue Belastungen. Die jagenden Männer mußten eine bessere Atmung entwickeln, denn wenn ihnen die Luft ausging, war auch die Beute fort. Sie mußten breitbrüstiger werden, als es im Vergleich zu ihnen Affen und Menschenaffen waren. Der Knochenkäfig, den Wirbelsäule, Rippen und Brustbein bilden, mußte sich für die größere Lunge faßförmig wölben und länger und breiter werden. Die männliche Brust wurde die Brust eines Athleten.

Die Frauen entwickelten sich auf andere Weise. Schwangerschaft und kleine Kinder hinderten sie, ebenso mobil zu sein wie die Männer. Ihre Brust vergrößerte sich nicht wie bei den Männern, sondern entwickelte sich in eine andere Richtung. Der Brustkorb blieb klein, aber die Brüste schwollen zu einem Paar weicher Halbkugeln an. Diese vergrößerten Brüste hatten zwei biologische Funktionen, eine elterliche und eine geschlechtliche. In ihrer Elternfunktion wirken sie wie zwei riesige Schweißdrüsen, die den modifizierten Schweiß produzieren, den wir Muttermilch nennen. Während der Schwangerschaft vergrößern sich die Milchdrüsenkörper, so daß die Brüste etwas größer werden als sonst. Die Blutgefäße, die dieses Gewebe versorgen, treten deutlicher auf der Brustoberfläche hervor. Sobald sich Milch bildet, läuft sie durch Gänge in besondere Vorratskammern, die Sinuses oder Fistelgänge. Diese befinden sich in der Brustmitte hinter den dunkelbraunen Brustwarzenhöfen, die die Brustwarzen umgeben. Von den Sinuses führen an die 15 bis 20 Milchgänge zur Brustwarze.

Wenn ein Säugling an der Brust trinkt, nimmt er den ganzen Warzenhof und die Brustwarze in den Mund, drückt mit dem Gaumen die braune Haut zusammen, und dann spritzt die Milch aus der Brustwarze. Nimmt das Kind nur die Brustwarze, hat es Probleme, weil das Zusammenpressen der Brustwarze allein nicht die gewünschte Milch hervorbringt. Auf diese Enttäuschung hin beginnt es, an der Brustwarze zu kauen, was weder der Mutter noch ihrem Sprößling besonders bekommt. Eine unerfahrene Mutter findet aber bald heraus, daß sie diese Schmerzen, die ihr das hungrige Kind zufügt, vermeiden kann, indem sie ihm mehr von ihrer Brust in den Mund schiebt.

Die Brustwarzenringe, die die Brustwarzen umgeben, sind ein

Der Sex-Appeal, den weibliche Brüste auf Männer ausüben, ist nicht kindlichen Ursprungs.

Das Trinken an der Brust ist für ein Affenbaby leichter als für einen menschlichen Säugling: Die Affenmutter hat ein Fell auf der Brust, an dem sich der kleine Affe festklammern kann, und lange Brustwarzen an einer flachen Brust, was sehr praktisch für das Baby ist. Die Brust der Menschenmutter mit den kurzen Brustwarzen ist so stark gerundet, daß sie manchmal das hungrige Gesicht zu ersticken droht.

Die Brust der erwachsenen Frau ist etwas Ungewöhnliches, weil sich der Busen auch vorwölbt, wenn nicht gestillt wird. Das ist einzigartig unter den Primaten. Es läßt darauf schließen, daß die halbkugelige Form der Brust etwas mit der sexuellen Ausstrahlung und nicht mit dem mütterlichen Stillen zu tun hat. Wenn eine Frau zu stillen beginnt und die Milch ihre Brüste schwer macht, nimmt deren Größe um etwa ein Drittel zu.

Aufgrund ihrer eher sexuell als mütterlich bedingten Form werden die weiblichen Brüste häufig bei erotischen Tänzen entblößt. Die Vermutung, die Reaktion der männlichen Zuschauer sei infantil, ist einer der zahlreichen Irrtümer der Psychoanalyse.

Die männliche Brustmuskulatur ist wesentlich schwerer und kräftiger als die der Frau. Und wenn Männer kriegerisch ihre Brust zeigen, wobei sie ihre Lungen aufblasen und manchmal wie Gorillas mit den Fäusten auf ihren herausgereckten Brustkasten trommeln, wird die Aufmerksamkeit auf diesen entscheidenden Unterschied gelenkt.

faszinierendes anatomisches Detail der menschlichen Spezies. Bei jungfräulichen Frauen und denen, die noch nicht Mutter geworden sind, haben sie eine rosige Farbe. Während der Schwangerschaft verändern sie sich jedoch. Ungefähr zwei Monate nach der Empfängnis beginnen sie, größer und dunkler zu werden. Sobald die Milchbildung einsetzt, sind sie gewöhnlich dunkelbraun, und später, wenn das Baby entwöhnt ist, nehmen sie nie wieder ganz das ursprüngliche jungfräuliche Rosa an. Die Warzenhöfe scheinen eine schützende Funktion auszuüben. Sie enthalten zahlreiche besondere Drüsen, die ein eigenartiges talgiges Sekret absondern. Für das bloße Auge sehen diese Drüsen wie eine »Gänsehaut« auf der pigmentierten Haut aus. Während der Stillzeit werden sie wesentlich größer. Ihre Absonderungen schützen die Haut der Warze und die sie umgebende Haut – sie sind eine Art biologisches Pflegemittel, das die übermäßig beanspruchte Oberfläche der Brustwarzenregion sehr nötig braucht.

Die Muttermilch enthält Proteine, Kohlehydrate, Fette, Cholesterin, Kalzium, Phosphor, Kalium, Natrium, Magnesium, Eisen und Vitamine; außerdem mehrere verschiedene Antikörper, die den Säugling gegen Erkrankungen schützen. Ein geeigneter Muttermilchersatz ist die Kuhmilch; allerdings hat sie einen ziemlich hohen Phosphorgehalt, der eine angemessene Versorgung des Kindes mit Kalzium und Magnesium beeinträchtigen kann. Manche Kinder reagieren auf das Rindereiweiß allergisch. Vernünftigerweise stillen heute wieder mehr Mütter ihre Kinder. Als zusätzlicher Vorteil des Stillens kommt noch hinzu, daß sich zwischen Mutter und Kind ein noch innigeres Verhältnis entwickelt.

Obgleich die Muttermilch die ideale Ernährung für ein Kleinkind ist, muß gesagt werden, daß die Form der weiblichen Brust für das Stillen keineswegs besonders geeignet ist. Der Sauger auf einer Milchflasche hat eine wesentlich günstigere Form, um ein Kind mit Milch zu stillen, als die mütterliche Brustwarze. Wenn wir hier eine evolutionäre Fehlentwicklung vermuten, sollten wir uns daran erinnern, daß die weibliche Brust eine Doppelrolle übernommen hat – eine elterliche und eine sexuelle –, und der sexuelle Faktor ist die Ursache des Problems. Um dies zu verstehen, sollten wir rasch einen Blick auf die Brüste unserer nahen Verwandten, der Affen und Menschenaffen, werfen.

Bei allen anderen Primatenarten sind die Weibchen flachbrüstig, wenn sie nicht gerade Milch produzieren. Wenn sie ein Junges säugen, schwillt die Region um die Brustwarzen durch die Milch etwas an, aber selbst dann nähert sich die Form ihrer Brüste nur ganz selten der Halbkugelform der menschlichen weiblichen Brust. In den wenigen Fällen, in denen bei besonders starker Milchbildung eine ähnliche Form wie beim Menschen auftritt, verschwindet die Schwellung nach dem Säugen vollständig. Die »Brüste« von Affen und Menschenaffen haben eine rein elterliche Funktion.

Die Brüste der Menschen-Frau sind anders. Zwar werden auch sie bei der Milchbildung etwas größer, sind aber hervorstehend und fest geformt während des gesamten jungen Erwachsenenalters, ob die Frauen Mutter sind oder nicht. Auch Nonnen haben vorstehende Brüste, obwohl sie diese wohl ihr ganzes Leben lang nicht brauchen.

Wenn wir uns mit der Anatomie der Brust befassen, so sehen wir, daß sie zum größten Teil aus Fettgewebe besteht und daß der Milchdrüsenkörper nur einen kleinen Teil darstellt. Die Halbkugelform der Brüste ist keine elterliche Entwicklung. Sie dient einem sexuellen Signal. Das bedeutet, daß es irrig ist zu unterstellen, das Interesse der Männer an Frauenbrüsten sei »infantil« oder »regressiv«. Der Mann, der auf die vorstehenden Brüste einer Jungfrau oder einer nicht stillenden Frau reagiert, antwortet auf ein urzeitliches Geschlechtssignal der menschlichen Spezies.

Nach dem Vorbild der paarigen Halbkugeln des menschlichen weiblichen Sexualsignals braucht man nicht lange zu forschen. Die Weibchen aller anderen Primaten bewegen sich auf vier Beinen und stellen ihre Geschlechtssignale am rückwärtigen Ende des Rumpfes zur Schau. Die Schwellungen dort sind Schlüsselreize, die ihre Männchen erregen. Die Hinterteilsignale einer menschlichen Frau bestehen aus paarigen Halbkugeln, den Gesäßbacken. Sie können, von hinten gesehen, als starkes erotisches Signal wirken, aber die Frau geht nicht auf allen vieren wie andere Arten, und ihre Vorderseite liegt nicht im Verborgenen. Sie steht aufrecht, und in den meisten sozialen Zusammenhängen wird ihr von vorne begegnet. Wenn sie einem Mann gegenübersteht, sind ihre Hinterteilsignale für ihn nicht sichtbar, aber durch die Entstehung eines Paars nachgeahmter Gesäßbacken auf ihrer Brust kann sie das ur-

Die verblüffende Ähnlichkeit zwischen den Brüsten und dem Hinterteil der Frau ist schon so manches Mal von Studiofotografen ausgebeutet worden. Das Echo der Zwillingshalbkugeln, das sie hervorrufen, ist tatsächlich nicht ein Produkt der lebhaften Phantasie eines Künstlers, sondern einer langwierigen evolutionären Entwicklung, die die Vorderseite der Frau mit einem äußerst wirksamen Sexualsignal ausgestattet hat.

Indem sie die Form der Pobacken imitieren, sind die weiblichen Brüste ein Echo des ursprünglichen Signals.

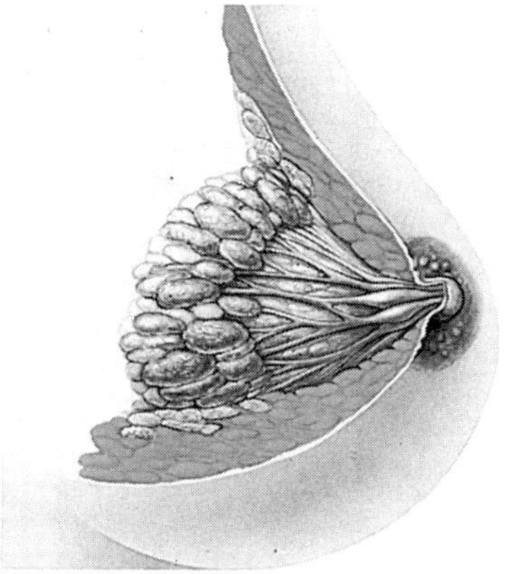

Der größere Teil der weiblichen Brust besteht aus Fettgewebe, das nicht der Milchversorgung dient, sondern den Brüsten ihre runde Form gibt. Frauen mit stark entwickelten Brüsten an einer ansonsten schlanken Figur strahlen extrem viel Sex-Appeal aus, der das Triebhafte im Mann anspricht; es ist auch darauf hingewiesen worden, daß ein nicht von engen, modernen Kleidungsstücken eingezwängter oder gestützter Busen bei der Fortbewegung eine Beweglichkeit zur Schau stellt, die der des Hinterns ähnelt und somit dazu beiträgt, dessen sexuelles Echo zu verstärken.

Die Diana – oder Artemis von Ephesos – früherer Zeiten ist fast immer als »vielbrüstige Erdgöttin« beschrieben worden, aber das zeigt nur, mit welcher Bereitwilligkeit Männer in sphäroiden Formen Brustsymbole sehen. In Wirklichkeit war sie, wie man inzwischen weiß, eine jungfräuliche Mutter, die wegen ihrer mystisch-symbolischen Befruchtung rituell mit den Hoden kastrierter Bullen geschmückt wurde.

zeitliche Sexualsignal weiterhin übermitteln, ohne ihrem Partner den Rücken zu kehren.

Dieses sexuelle Element war bei der Entwicklung der Brust so wichtig, daß es tatsächlich mit der primären elterlichen Funktion zu kollidieren drohte. Die Brüste rundeten sich bei ihren Bemühungen, das Gesäß nachzuahmen, so stark, daß es für ein Baby schwierig wurde, die Brustwarzen zu fassen. Bei anderen Arten sind die weiblichen Brustwarzen länglich, und die kleinen Affen oder Menschenaffen haben keinerlei Probleme, den länglichen Sauger ins Maul zu nehmen und den Milchvorrat zu leeren. Aber der menschliche Säugling einer Mutter mit üppigen Rundungen kann von der großen fleischigen Halbkugel, die den ziemlich bescheidenen menschlichen Sauger umgibt, fast erstickt werden. Solche Mütter müssen Vorkehrungen treffen, die bei anderen Arten nie nötig wären. Dr. Spock rät: »Manchmal müssen Sie einen Finger auf die Brust legen und für die Nase des Kindes Platz schaffen, damit es atmen kann.« In einem anderen Säuglingsbuch heißt es: »Es überrascht Sie vielleicht, daß es auch den braunen Bereich rings um die Warze in den Mund nimmt. Sie müssen jedoch nur darauf achten, daß es atmen kann. In seinem Eifer kann es seine Nasenlöcher mit dem Brustgewebe oder mit seiner eigenen Oberlippe versperren.«

Frauen mit kleinen Brüsten machen sich häufig Sorgen, sie könnten ihr Kind eines Tages vielleicht nicht stillen. Ironischerweise werden sie dazu besser geeignet sein als ihre wohlgeformten Freundinnen. Sie haben weniger Fettgewebe, das den Brüsten zwar die sexuelle Halbkugelform verleiht, mit der Milchbildung jedoch wenig zu tun hat. Sobald sie schwanger werden, wird sich ihr Milchdrüsenkörper vergrößern wie bei allen werdenden Müttern, aber sie werden nicht diese ballonartigen Brüste wie ihre schwereren Geschlechtsgenossinnen haben, und ihre Kinder werden beim Stillen wesentlich leichter saugen und atmen können.

In ihrer sexuellen Funktion wirken die Brüste zunächst als visuelle und dann als taktile Reize. Sie sind normalerweise groß genug, daß die Silhouette der erwachsenen Frau von der des Mannes selbst aus größerer Entfernung zu unterscheiden ist. Aus der Nähe betrachtet, gestattet dieses Sexualsignal Rückschlüsse auf das Alter einer Frau. Die Form der Brust verändert sich zwischen Pubertät und Alter. Diese langsame Veränderung des Brustprofils läßt sich vereinfacht in den »sieben Zeitaltern der weiblichen Brust« darstellen. 1) Die kindliche Brust. In diesem vorpubertären Stadium sind nur die Brustwarzen sichtbar. 2) Die knospende Brust der Pubertät. Mit Beginn der Entwicklung zur Geschlechtsreife, wenn die Menstruation einsetzt und das Schamhaar zu wachsen beginnt, schwillt allmählich die Region rings um die Brustwarzen an. 3) Die spitzen Brüste der erwachsenen Frau. Sind die Teenagerjahre vorbei, wird der Brustumfang noch etwas größer. In diesem Stadium ragen die Brustwarzen und die Warzenhöfe über die Brust hinaus, so daß eine spitzere, konische Form entsteht. 4) Die feste Brust der jungen erwachsenen Frau. Das idealste Alter für den Körper des menschlichen Wesens ist 25. Zu dieser Zeit befindet sich der Körper auf dem Höhepunkt seiner Kondition; alle Wachstumsprozesse sind abgeschlossen. Während der Zwanzigerjahre füllen sich die weiblichen Brüste zu ihrer gerundetsten Form. Obwohl sie größer geworden sind, hängen sie trotz ihres Gewichtes nicht herab. 5) Die volle Brust der Mutterschaft. Mit der Schwangerschaft und dem plötzlich zusätzlichen Volumen des vergrößerten Drüsengewebes dehnt sich die milchgefüllte Brust aus und rutscht allmählich etwas tiefer. Der untere Rand des Busens überlappt die Brusthaut, so daß eine verborgene Falte entsteht. 6) Die hängende Brust der mittleren Jahre. Wenn sich die Fortpflanzungsphase ihrem Ende nähert, hängen die Brüste tiefer herab, obwohl sie die Fülligkeit des Milchbildungsstadiums verloren haben. 7) Die pendelnden Brüste des Alters. Im Alter führt das allgemeine Schrumpfen des Körpers zu einer Abflachung der Brüste, die dann faltig herabhängen.

Dies ist der typische Alterungsprozeß der Brüste; allerdings gibt es zahlreiche Variationen. Bei dünneren Frauen läuft dieser Prozeß langsamer ab, bei dickeren etwas schneller. Die kosmetische Chirurgie kann Brüste stützen und die Festigkeit des jungen Erwachsenenstadiums auf längere Zeit erhalten. Büstenhalter und Korsetts können denselben Eindruck erwecken, vorausgesetzt, die Brüste sind nicht direkt sichtbar. Im Lauf der Zeit haben die Frauen auf vielerlei Weise versucht, den Eindruck fester, vorstehender, halbkugelförmiger Brüste zeitlich zu verlängern, um die urzeitlichen Brustsignale der menschlichen Spezies über einen längeren Zeitraum hinweg übermitteln zu können.

Der Lebenszyklus der weiblichen Brüste.

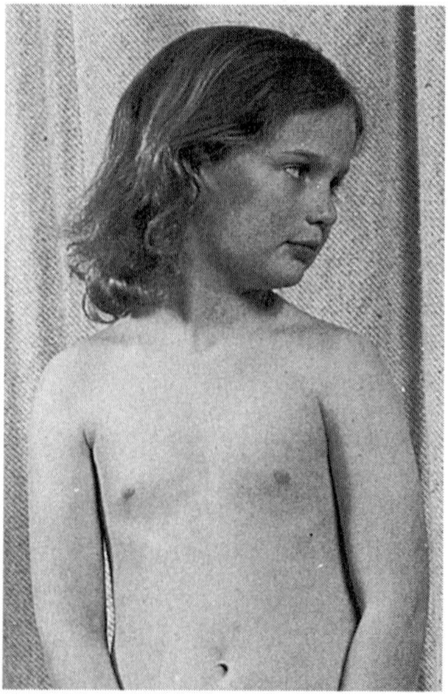

Zwei gegensätzliche Arten, die Aufmerksamkeit auf den Busen zu lenken: indem er in übertriebener, gespielter Sittsamkeit bedeckt wird – oder schamlos angehoben wird, um mit Hilfe der Hände die Halbkugelform zu betonen. In der Geschichte der Mode sind Kleidungsstücke entworfen worden, die auf einem der beiden Prinzipien beruhen – mal wurde der Spalt zwischen den Brüsten offen gezeigt, ein andermal der gesamte Torso bis hin zum Hals verhüllt, jedoch ohne daß der Umriß der Brüste, der sich durch den Stoff abzeichnete, verlorenging.

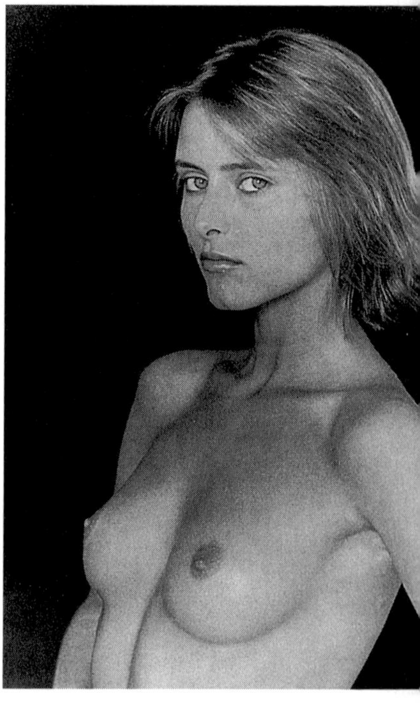

Die Brüste anderer Primaten heben und senken sich mit jedem Schwangerschaftszyklus und dem darauffolgenden Stillen. Im Gegensatz dazu vergrößert sich die Brust der Frau in der Pubertät und bleibt dann während ihres gesamten Erwachsenendaseins gerundet, bis sie in sehr hohem Alter schrumpft und einsinkt. Sie durchläuft sieben Stadien, von denen fünf hier zu sehen sind. Von links nach rechts: die Brustwarzen der Kindheit; die festen Brüste junger, erwachsener Frauen; die vollen Brüste der Mutterschaft (und, im Hintergrund, die geschrumpften Brüste des hohen Alters); die hängenden Brüste, die typisch für das mittlere Alter sind (hier jedoch an einer jungen Frau mit schwerem Körperbau zu sehen).

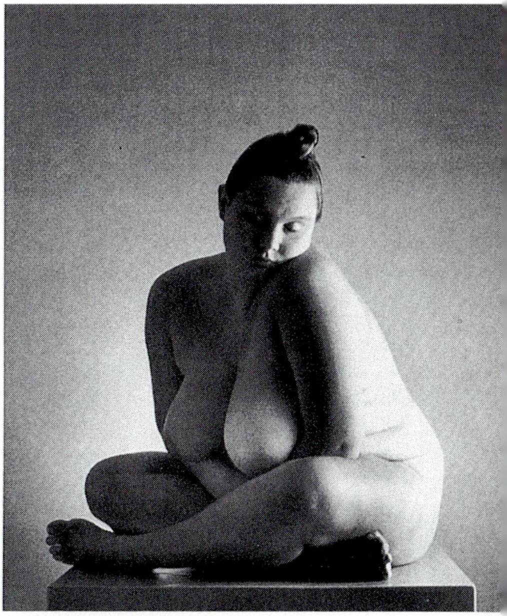

Manchmal verlangten gesellschaftliche Launen, daß die Sexualität der weiblichen Brüste unterdrückt wurde. Die Puritaner erreichten dies, indem sie junge und sogar reife erwachsene Frauen zwangen, enge Leibchen zu tragen, die ihre Brüste flachpreßten und ihnen eine unschuldige, kindhafte Linie gaben. Eine noch unwürdigere Behandlung mußten junge spanische Damen des 17. Jahrhunderts über sich ergehen lassen. Ihre schwellenden Brüste wurden mit einer Bleiplatte flachgedrückt, die fest auf ihre Brust gebunden wurde, damit sich die Natur nicht in ihrer Üppigkeit entfaltete. Solche grausamen Zumutungen unterstreichen nur die starke sexuelle Bedeutung der halbkugelförmigen Brüste. Ihre Macht muß wirklich ungeheuer groß sein, wenn die Gesellschaft zu solchen Mitteln greifen muß, um sie unwirksam zu machen.

Glücklicherweise hielten es die meisten Gesellschaften aber für bescheiden genug, wenn die Frauen ihre Brüste bedeckten. Als starker erotischer Reiz wirkte dann das bloße Entfernen dieser Bedeckung. Diese Tatsache wurde von Künstlern und Fotografen auf viele verschiedene Weise ausgenützt. Für den Künstler ist es leicht, die vollkommene Brust zu schaffen; er kann jede beliebige Brustform erfinden. Entfernt er sich dabei zu weit von der Natur, wird das urzeitliche Signal verzerrt, und die Signalwirkung geht verloren. Wenn er jedoch die grundlegende Halbkugelform noch ein wenig mehr halbkugelförmig als gewöhnlich macht, kann er eine Superbrust schaffen, die vielleicht noch stimulierender wirkt als die echte.

Der Fotograf hat es da schwerer. Da er es mit echten Brüsten zu tun hat, kann er ihre Form nur durch geschickte Beleuchtung verbessern. Er kann sich natürlich Modelle aussuchen, die sich auf dem Höhepunkt ihrer Brustentwicklung befinden. Um eine Superbrust zu fotografieren, braucht er ein Modell, dessen Erwachsenenbrüste maximal entwickelt sind, kurz bevor das zunehmende Gewicht sie herunterzieht. Er hat es hier mit einem Kräftekonflikt zu tun, weil der Zuwachs an Volumen, das die volle Halbkugelform schafft, unweigerlich auch mehr Gewicht bedeutet, das die Brüste nach unten zieht. Es gibt nur einen Punkt im Leben einer Frau, an dem ihre Brüste maximal vorstehen und minimal herabhängen, und genau in diesem Moment muß sein Kameraverschluß klicken, wenn er die erotischsten Bilder bekommen will.

Es ist interessant, daß Fotografen, die sich auf erotische Bilder für Bildmagazine spezialisiert haben, der Meinung sind, es gäbe nur eine Art von Mädchen mit diesen Superbrüsten, die sie suchen. Sie sind etwas jünger, als man erwarten würde, gerade noch Teenager, aber die Brüste haben sich etwas früher als gewöhnlich zur vollen Größe entwickelt. Sie haben die perfekte Rundung, aber auch noch die Festigkeit des sehr jungen Körpers. Diese besondere Kombination liefert die Art von Bildern, die als Faltposter und in Männermagazinen ein Vermögen einbringen.

Wenn die visuellen Signale der weiblichen Brust – und die anderen körperlichen und geistigen Reize einer Frau – einen männlichen Partner angezogen haben und der sexuelle Kontakt begonnen hat, kommen die taktilen Eigenschaften der Brüste ins Spiel. Beim Liebesspiel vor der Kopulation werden die Brüste häufig vom Mann mit Mund und Händen liebkost. Der Mann wird dadurch noch stärker erregt als die Frau, und es ist möglich, daß hier ein besonderer zusätzlicher Reiz wirkt. Ich habe bereits erwähnt, daß die braunen Hautstellen rings um die Brustwarzen Drüsen enthalten, die während der Milchbildung ein fettiges Sekret als linderndes Schmiermittel für die strapazierte Haut der Brustwarzenregion absondern, und es besteht kein Grund, dies anzuzweifeln. Aber die Tatsache, daß die Drüsen des Warzenhofs apokrine Drüsen sind, läßt vermuten, daß die Warzenzone der weiblichen Brust bei sexuellen Handlungen auch Duftsignale an die männliche Nase übermittelt. Die apokrinen Drüsen sind für die besonderen sexuellen Düfte der Achselhöhlen und des Genitalbereichs verantwortlich, und obwohl die Männer diese erotischen Düfte nicht bewußt wahrnehmen, hinterlassen diese Drüsensekrete einen starken unbewußten Eindruck, der die sexuelle Erregung unterstützt. Die Warzenhofdrüsen können durchaus zu diesem duftsignalisierenden System gehören, was erklären könnte, warum die Männer, wenn sie den Körper ihrer Partnerin erforschen, mit der Nase so lange an der Brustzone verweilen.

Bei zunehmender sexueller Erregung vollziehen sich an der weiblichen Brust einige merkliche Veränderungen. Die Warzen richten sich auf und werden dabei bis zu einem Zentimeter länger. In den Brüsten staut sich das Blut, so daß sie bis zu 25 Prozent größer werden. Dieses Anschwellen bewirkt, daß sie an ihrer ge-

Auch die taktilen Eigenschaften der Brüste sind wesentliche Stimuli.

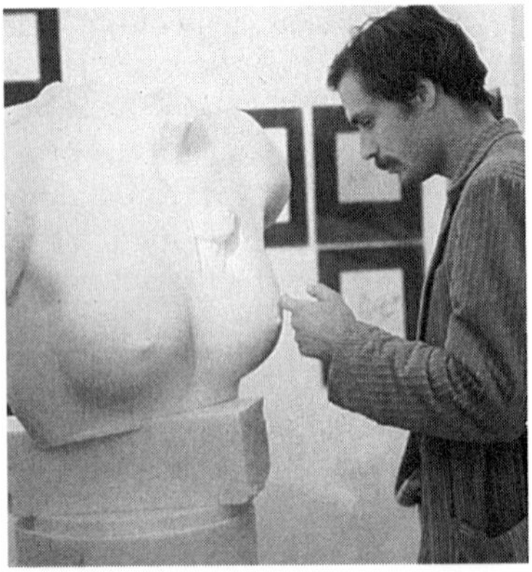

Da sie ein ganz urtümliches, primitives sexuelles Signal aussendet, hat die Form der weiblichen Brust einen unwiderstehlichen taktilen Anreiz für den Mann. In den meisten Fällen muß er den Wunsch, die Hände auszustrecken und die Rundung der Brust zu berühren, aufgrund gesellschaftlicher Zwänge unterdrücken, doch manchmal ergeben sich Gelegenheiten, diesen uralten Trieb zu befriedigen. Gelegentlich kommt es vor, daß Frauen sogar regelrecht Aufmerksamkeiten dieser Art herausfordern.

samten Oberfläche empfindlicher werden und auf die Körper-an-Körper-Umarmung bei der Paarung stärker reagieren.

Nähert sich die Frau dem Orgasmus, treten zwei weitere Veränderungen auf. Die Warzenhöfe schwellen so stark an, daß sie die Warzen allmählich verdecken, und es entsteht der falsche Eindruck, bei der stark erregten Frau würde die Warzenerektion ver-

Es kann auch ein Geruchssignal am Werk sein.

schwinden. Auf der gesamten Brustregion kommt es zu einer Rötung ähnlich wie bei Masern. Dieses »sexuelle Erröten« wurde bei 75 Prozent der Frauen beobachtet, die an einer Sex-Forschungsstudie teilnahmen. Bei den männlichen Testpersonen wurde dieses Erröten nur bei 25 Prozent beobachtet. Bei beiden Geschlechtern tritt es meistens kurz vor dem Orgasmus auf. Bei den Frauen kann die Rötung allerdings auch eine ganze Weile vorher erscheinen, während sie bei den Männern immer erst im letzten Moment auftritt. Obwohl sich diese Rötung nicht ohne starke sexuelle Erregung entwickeln kann, läßt deren Ausbleiben nicht unbedingt auf das Gegenteil schließen. Bei vielen Menschen beiderlei Geschlechts bleibt sie völlig aus, obwohl auch sie ein intensives Sexualleben voller Orgasmuserlebnisse haben. Warum es diesen Unterschied gibt, weiß man nicht. Ein wichtiger Faktor, der die Rötung begünstigt, ist eine warme Atmosphäre. In einer kälteren Umgebung bleibt das sexuelle Erröten auch bei Menschen aus, bei denen es sich sonst einstellt. Auf der anderen Seite kann es sich, wenn es sehr warm ist, weit über die Brustregion hinaus von der Stirn bis zu den Schenkeln ausdehnen.

In der Regel haben Frauen zwei Brüste, aber es gibt auch hier Ausnahmen. Ungefähr eine von 200 Frauen hat mehr als zwei Brüste. Daran ist nichts Schlimmes, und gewöhnlich funktionieren diese zusätzlichen Brüste nicht wie richtige Brüste. Manchmal sind sie nur zusätzliche Brustwarzen, manchmal kleine Brustknospen ohne Warzen. Sie sind Überbleibsel unserer frühen Vorfahren. Wie die meisten anderen Säugetierarten hatten auch unsere frühen Vorfahren mehrere Brustpaare, mit denen sie einen ganzen Wurf stillen konnten. Als sich unsere »Wurfzahl« auf nur ein Junges oder gelegentlich auch zwei verringerte, verminderte sich auch die Zahl der Brustwarzen.

Auch einige berühmte Frauen besaßen mehr als zwei Brüste. Julia, die Mutter des römischen Kaisers Alexander Severus, war mehrbrüstig und erhielt dafür den Namen Julia Mamaea. Noch überraschender ist, daß die berühmte Statue der Venus von Milo im Louvre bei genauer Betrachtung drei Brüste aufweist. Gewöhnlich übersieht man das, weil die dritte Brust keine Warze hat und nur eine kleine Brustknospe darstellt. Sie sitzt über der rechten Brust in der Nähe der Achselhöhle. Auch Ann Boleyn, eine der

Brustschmuck beschränkt sich gewöhnlich auf Bemalung oder auf das Tragen von Ketten und Anhängern.

unglücklichen Frauen des englischen Königs Heinrich VIII., besaß angeblich eine dritte Brust – eine Behauptung, die in Büchern über medizinische Abnormitäten glaubwürdig dargelegt ist. In diesem Fall kann es sich jedoch auch um eine Verleumdung wegen »Hexerei« handeln. Früher glaubte man, daß Hexen zusätzliche Brustwarzen haben, mit denen sie Vertraute säugen, und bei Frauen, die man der Hexerei bezichtigte, suchte man häufig nach verräterischen Zeichen für ihr böses Tun. Die frommen christlichen Hexenverfolger suchten gewissenhaft auch in den intimsten Spalten einer angeblichen Hexe nach einer verborgenen Brustwarze. Eine normale Warze oder ein großes Muttermal und manchmal sogar nur eine leicht vergrößerte Klitoris genügten, um die arme Person auf den Scheiterhaufen zu bringen. Gerüchte über eine dritte Brust

Das Durchstechen der Brustwarzen kommt in Stammesgesellschaften selten vor.

In Stammesgesellschaften ist die Verstümmelung der Brust selten, und das aus dem naheliegenden Grund, daß die Brüste, weil es ja keine Flaschennahrung gibt, unbedingt funktionsfähig bleiben müssen, um Säuglinge zu stillen. Brustschmuck beschränkt sich daher im allgemeinen auf das Bemalen und auf Schmuckstücke, die um und über den Brüsten hängen. Das gleiche gilt auch für die exotischeren Zurschaustellungen in den Städten zivilisierter Länder; in letzter Zeit allerdings haben bestimmte Frauen diese Regel immer wieder auf bizarre Weise durchbrochen, indem sie ihre Brustwarzen durchstechen ließen, um dort Ringe oder Kettchen anzubringen. In einigen wenigen Fällen haben sich auch Männer diesem Trend angeschlossen. In solchen immer noch relativ seltenen Beispielen spiegelt sich die Knechtschaftsthematik der Welt des Sadomasochismus wider oder kommt – wie bei den Punks in letzter Zeit – eine Form von Schicklichkeit und Anstand zum Ausdruck.
Die Verletzbarkeit solcher Personen ist offensichtlich, da man sie zwar nicht wie Bullen an der Nase herumzerren könnte, dafür aber an diesem wesentlich empfindlicheren Teil der Anatomie – sofern man den Wunsch verspüren sollte, über sie zu herrschen.
Das Tragen von Ringen in den Brustwarzen läßt daher entweder auf den Wunsch schließen, wie eine Sklavin herumgeführt zu werden, oder auf einen ostentativen Mangel an Furcht, daß jemand etwas Derartiges wagen könnte.

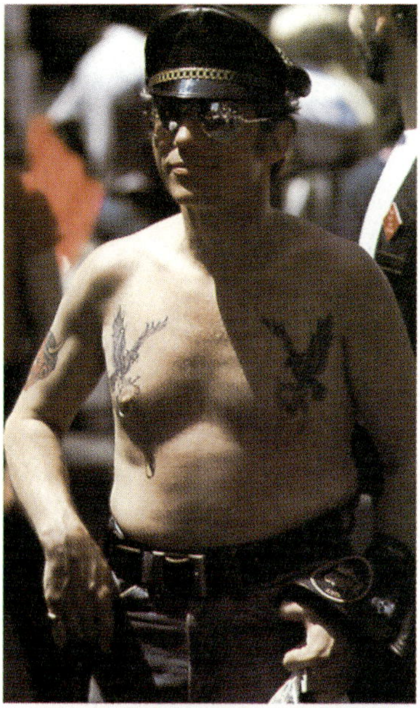

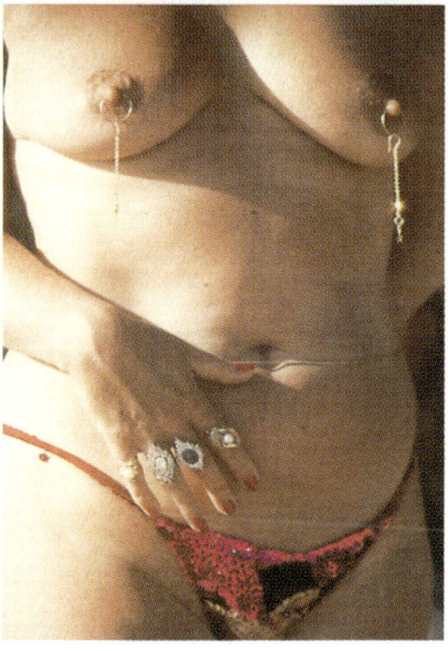

der Ann Boleyn könnten nach ihrem Tod durchaus absichtlich verbreitet worden sein, um die Leute glauben zu machen, sie sei böse gewesen und habe den Tod verdient.

Die berühmteste mehrbrüstige Gestalt in der Geschichte ist die Diana – oder Artemis – von Ephesos. Ihre üppig geformte Büste zeigt mehrere Reihen dicht nebeneinander hängender Brüste. Einige Versionen ihrer Statue haben mehr als 20 Brüste. Oder sieht es nur so aus? Bei näherem Hinsehen entdeckt man, daß keine dieser Brüste eine Warze oder einen Warzenhof hat. Es sind alles »blinde Brüste«. Vor kurzem wurde der Kult um diese alte anatolische Muttergottheit genauer untersucht, und es tauchte eine völlig neue Interpretation auf. Mehr als vorsichtig ausgedrückt, ist die Brust der Diana bei weitem kein so liebenswerter Platz, wie lange angenommen. Der Oberpriester der Göttin mußte Eunuch sein. Um ihr dienen zu dürfen, mußte er sich selbst kastrieren und seine Hoden bei ihrem Altar begraben. Aus Inschriften geht hervor, daß bei späteren Kastrationszeremonien die Priester durch Stiere ersetzt wurden. Ihre großen Hoden wurden entfernt, in duftendem Öl konserviert und dann feierlich an der Brust des Götterbilds befestigt. Die ursprüngliche Statue war aus Holz geschnitzt, die Kopien sind aus Stein und zeigen die gebündelten Stierhoden. Das Studium einer ungenauen Steinkopie führte zu dem lange währenden Irrtum, die Große Mutter sei mehrbrüstig. Man behängte die Brust der Göttin mit Stierhoden, weil man glaubte, daß die Millionen darin enthaltener Samenzellen die Göttin befruchten könnten. Sie sollte auf diese Weise Mutter werden und dennoch Jungfrau bleiben – ein Thema, das im Zusammenhang mit Christi Geburt wieder auftauchen sollte.

Ein Brustmythos völlig anderer Art umgibt das alte Volk der kriegerischen Frauen, der Amazonen. Man weiß nicht, ob es sie tatsächlich gegeben hat, aber nach den Berichten früher Schriftsteller waren sie eine furchteinflößende, nur aus Frauen bestehende Gemeinschaft. Sie kämpften mit Pfeil und Bogen und überfielen ständig ihre benachbarten Völker. Angeblich brannten sie allen Mädchen während der Pubertät die rechte Brust aus, damit sie den Bogen besser spannen konnten. Andere behaupten, die störende Brusthälfte wurde abgeschnitten. Aber auf allen alten bildlichen Darstellungen haben diese schrecklichen Frauen zwei

Der Ursprung der Geste »Hand aufs Herz«.

Die Geste, sich eine Hand auf die Brust zu legen, ist uralt und geht auf das klassische Griechenland und noch weiter zurück. Sie wurde als Zeichen der Loyalität benutzt, aber auch, wenn man einen Eid leistete. Für griechische Sklaven war es eine Geste des Gehorsams, die bedeutete, daß sie die Befehle ihres Herrn erwarteten. Heute kann man sie in den Vereinigten Staaten häufig bei Personen, die nicht dem Militär angehören, anstelle des üblichen militärischen Saluts beobachten, wenn die Nationalhymne gespielt wird. Der Ursprung dieser Geste ist offensichtlich – sie steht symbolisch für »Hand aufs Herz«, aber weniger offensichtlich ist, wofür das Herz selbst in diesem Zusammenhang steht. In modernen Zeiten stellen wir uns das Herz als Sitz der Gefühle und Empfindungen vor, aber in alten Zeiten, als diese Geste entstand, war das ganz anders. Damals wurde das Herz als die eigentliche Essenz des Menschen angesehen – als seine Intelligenz und Mittelpunkt seines Seins. Das war es, was die Alten symbolisch berührten, wenn sie mit der Hand auf dem Herzen dastanden. Das Gehirn wurde in jenen frühen Zeiten ganz schlicht als Instrument der Intelligenz des Herzens angesehen. Aufgrund dieses Ursprungs, der uns bis heute noch beeinflußt, ist es eine reichlich intime Geste, einem anderen die Hand auf die Brust zu legen, und gewöhnlich geschieht das auch nur unter Liebenden oder alten Freunden.

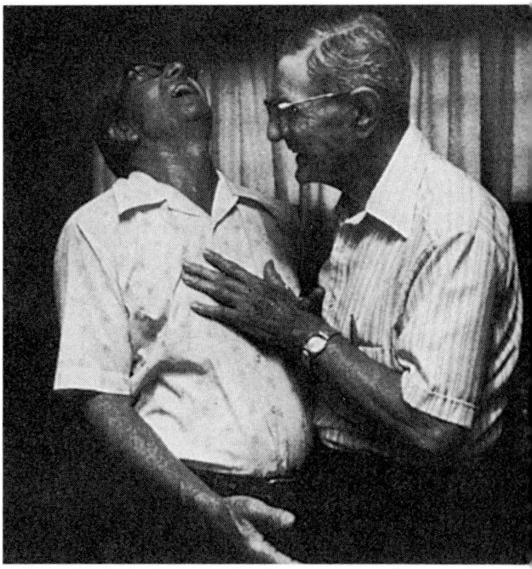

gesunde Brüste. Wenn sie überhaupt je existierten, ist es wahrscheinlicher, daß sie eine einseitige Lederweste trugen, die ihre rechte Brust während der Schlacht flachdrückte. Das Wort Amazone bedeutet »ohne Brust« (a-mazos).

Merkwürdigerweise kamen bei den Menschen der westlichen Welt in jüngster Zeit Strömungen auf, die Brüste zu erotischen und dekorativen Zwecken zu entstellen. Diese Fälle sind zwar noch selten, aber immerhin schon verbreitet genug, um die Soziologen zu beunruhigen; zumindest einer erklärte bereits, die neue Mode des »Durchstechens von Brustwarzen, Nabel und Schamlippen sowie das Einsetzen von Ketten, Edelsteinen etc.« könne womöglich verhindern, daß durch eine vernünftige gesetzliche Regelung der afrikanische Brauch der weiblichen Beschneidung verboten wird. Das Durchstechen der Brustwarzen ist heute vermutlich eine Variante der Punk-Rock-Mode, sich Sicherheitsnadeln in die Haut zu stechen und Ketten daran zu hängen. Im wesentlichen ist es ein Teil des Versklavungssyndroms aus der Welt exotischer Sexualpraktiken. Bei den Stammesgesellschaften findet man die Brustentstellung sehr selten – aus dem einleuchtenden Grund, daß sie mit dem Stillen kollidiert und dort ein ernsthaftes Hindernis darstellen würde, wo man nicht auf Flaschenernährung ausweichen kann.

Bei den Brustgesten spielen je nach Geschlecht vor allem zwei symbolische Elemente mit. Die Brustregion wird entweder als Verkörperung des »Ich« gebraucht oder (bei Frauen) als sexuelle Zone.

Will ein Redner den Begriff »ich«, »mir« oder »mich« betonen, berührt er in vielen Fällen mit den Fingern seine Brust. In Augenblicken großen Glücks kann eine die Brust umarmende Geste ausgeführt werden, wobei der Betreffende seine eigene Brust mit den Armen umschlingt.

Die Brust aufblähen oder mit den Händen und Fäusten schlagen ist eine männliche Geste, die in vielen Kulturen zu Hause ist. Sie bedeutet Selbstbewußtsein. Die Brustregion repräsentiert dabei wieder die ganze Person. Das Bedecken dieser »Selbst«-Region kann als das entgegengesetzte Signal wirken. Im Orient – also vor allem in Japan und China – sind die über der Brust gefalteten Arme ein Zeichen für Demut, das meistens von einer mehr oder weniger unterwürfigen Verbeugung begleitet wird. Im alten Griechenland zeigte ein Sklave seinen Gehorsam an, indem er die linke Hand an die Brust hielt. Und bei den Arabern ist das Berühren von Brust, Mund und Stirn eine höfliche Grußform.

Trauernde pflegten in alter Zeit ihre Brust zu entblößen oder sie aus Kummer zu schlagen. Aus alten Schriften geht hervor, daß eine Mutter ihre Brüste entblößte zum Zeichen ihres Kummers über ein scheidendes Kind und um es zu erinnern, wie sie es gehegt und gepflegt hatte.

Bei den sexuellen Brustsignalen gibt es verschiedene Formen, die Brust mit den Händen unterzufassen, sie vorstehen zu lassen, sie zu heben und zu pressen und sie mittels wiegender Tanzbewegungen zu schütteln und zu betonen. Alle diese Signale ziehen die Aufmerksamkeit auf die weibliche Brust. Das extremste Signal ist der berühmte Quastentanz, der früher in Varietés zu sehen war und bei dem die Tänzerin ihre beiden mit Quasten behängten Brüste erst in dieselbe Richtung und dann in entgegengesetzte Richtung kreisen ließ.

Ein letztes Wort soll ein Mißverständnis aufklären über alte Darstellungen, auf denen Frauen ihre Brüste mit den Händen pressen. Man hielt sie immer für Bildnisse einer Muttergottheit, die ihre Brüste betonen wollte, indem sie sie auf erotische Weise mit den Händen hochdrückte. Heute wissen wir jedoch, daß diese Statuen, die man gewöhnlich in alten Gräbern fand, trauernde Gestalten darstellen. Früher war sowohl das Schlagen als auch das Pressen der Brüste ein Teil des Klagerituals der Frauen. Dabei konnte es passieren, daß bei einer stillenden Frau durch das Pressen die Milch in weitem Bogen hervorschoß. Möglicherweise wurde dieser Nebeneffekt später in bestimmte Rituale aufgenommen. Die Anthropologen entdeckten zu ihrer Überraschung, daß in bestimmten abgelegenen Stammesgesellschaften stillende Frauen auf ähnliche Weise auf einen plötzlichen Schock reagieren, sich in Panik an die Brüste fassen und ihre Milch verspritzen.

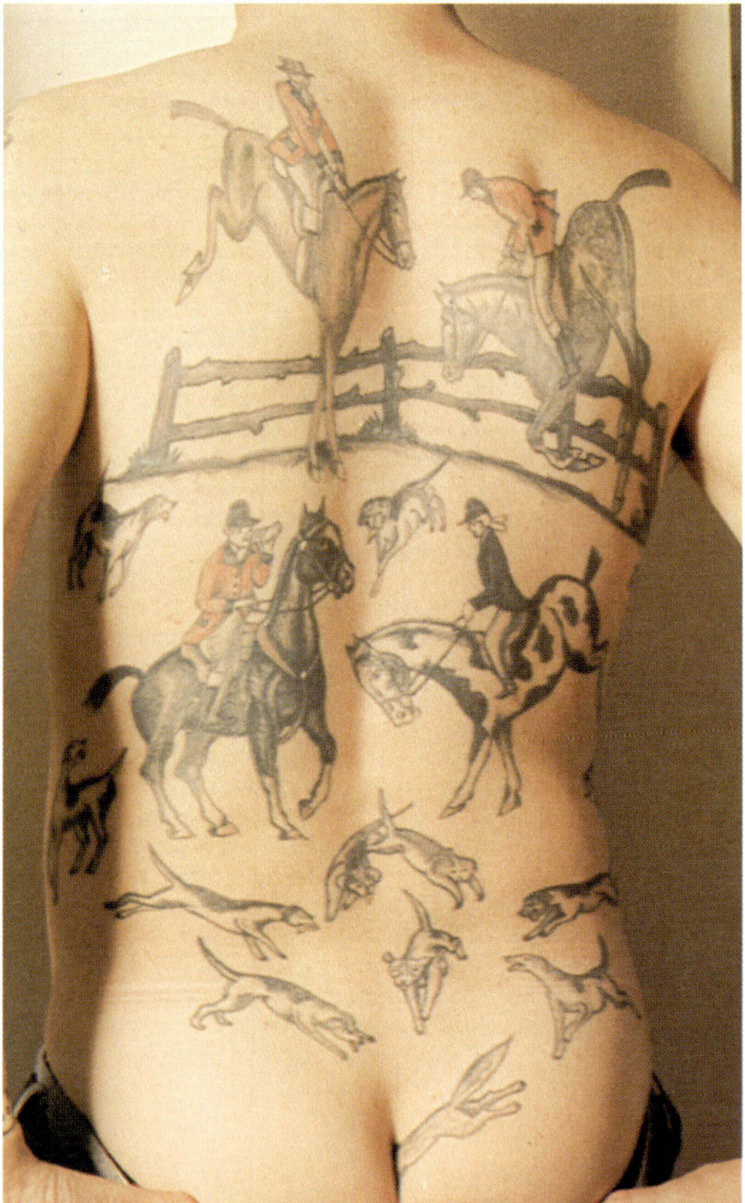

Der Rücken

Der menschliche Rücken ist die Körperregion, die am schwersten arbeitet und über die man am wenigsten weiß. Seit sich unsere fernen Vorfahren auf ihren Hinterbeinen aufrichteten, müssen unsere Muskeln Überstunden machen, und es gibt kaum einen Menschen, der nicht irgendwann im Leben unter stechenden Rückenschmerzen leidet. Erst dann fangen wir meist an, den Rücken als Körperteil für sich wahrzunehmen. In der übrigen Zeit ist der Rücken »aus den Augen, aus dem Sinn«, und nur wenige Menschen könnten uns, Rücken an Rücken in einer Reihe mit anderen aufgestellt, identifizieren.

Würden wir uns die Mühe machen, unseren schon so lange strapazierten Rücken genauer zu betrachten, fänden wir einen hervorragend angeordneten Muskel- und Knochenapparat vor mit der doppelten Funktion, den Körper zu tragen und das Rückenmark zu schützen. Das Rückenmark mit seiner Länge von ungefähr 45 cm und seinem Durchmesser von nur 1 cm braucht dringend Schutz. Wenn ihm etwas zustößt, ist es Zeit für den Rollstuhl. Der Rücken umgibt es mit einer sicheren Umhüllung: erstens mit einem aus drei Schichten bestehenden Futteral; zweitens mit einer stoßdämpfenden Flüssigkeit; und drittens mit einer harten, schlagfesten Hülle, die wir Rückgrat nennen. In Wirklichkeit gibt es so etwas wie ein Rückgrat nicht, es gibt nur 33 aneinandergereihte Knochen, die die Wirbelsäule bilden. Von diesen Wirbeln gibt es fünf verschiedene Typen. Die sieben Hals- oder Nackenwirbel sind erstaunlich beweglich; sie ermöglichen uns all die verschiedenen und lebensnotwendigen Kopfbewegungen, die wir brauchen, um uns in unserer Welt zu orientieren und um unser Gesicht zu schützen. Die zwölf Brustwirbel sind viel weniger beweglich, weil an ihnen die Rippen verankert sind. Die fünf Lendenwirbel sind die schwersten und kräftigsten und haben am meisten Körpergewicht zu tragen. An dieser Stelle treten am ehesten Rückenschmerzen auf. Dann folgen die Kreuzbein- und die Steißbeinwirbel.

Die Kreuzbein- oder Sakralwirbel (die heiligen Wirbel) sind unterhalb der Lendenregion zu dem gebogenen Kreuzbein verschmolzen. Es besteht aus fünf Wirbeln, die aber jetzt als Einheit wirken. Es erscheint vielleicht merkwürdig, daß dieser dreieckige Knochen am unteren Ende der Wirbelsäule – das Sakraldreieck – für heilig gehalten wurde. In okkulten Kreisen ist es der wichtigste

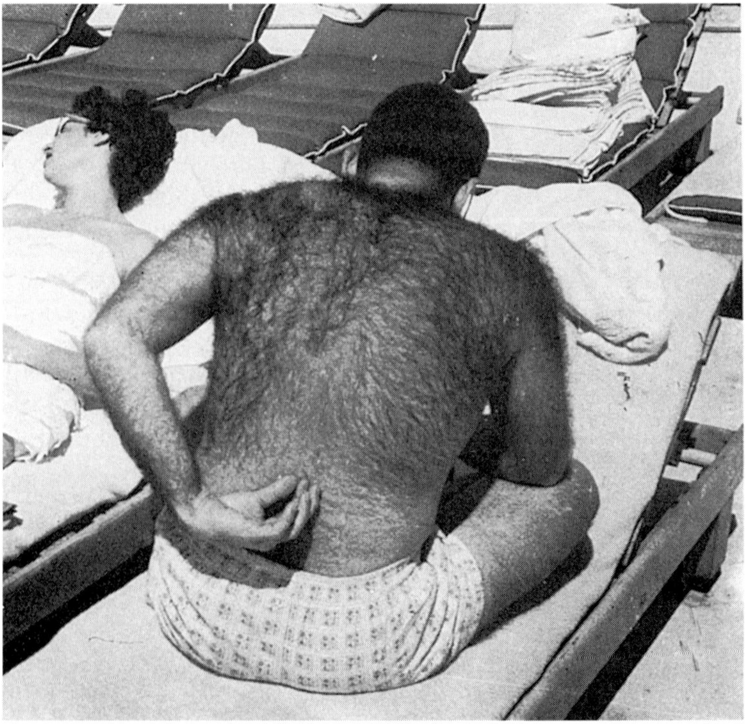

In bezug auf den Sex-Appeal eines behaarten männlichen Rückens gehen die Meinungen der Frauen auseinander. Manche Frauen finden einen behaarten Rücken erotisch, weil er eine extreme Version des von Natur aus stärker behaarten Männerkörpers ist. Unter diesem Gesichtspunkt betrachtet, wird der behaarte Rücken zu einem extrem ausgeprägten Geschlechtssignal. Andere finden ihn eher affenartig und sexuell abstoßend, weil er weniger menschlich wirkt. Sie führen auch ins Feld, daß sie lieber eine sinnlich glatte Haut berühren, wenn sie ihren Mann umarmen.

Als der Mensch seine aufrechte Haltung einnahm, stellte das große Anforderungen an die Rückenmuskulatur. Der Kapuzenmuskel (1) am oberen Rücken, der breite Rückenmuskel (2) auf mittlerer Rückenhöhe und der Gesäßmuskel (3) am unteren Rücken bereiten uns Rückenschmerzen, wenn wir ihre täglichen Aufgaben unterschätzen, uns aufrechtzuhalten und unseren Bewegungen Kraft zu geben.

Knochen des Körpers und spielt eine besondere Rolle bei Ritualen, in denen mit Hilfe »heiliger Knochen« die Zukunft geweissagt wird. Man glaubte auch, daß in diesem Knochen die unsterbliche Seele des Körpers wohne. Die meisten Menschen finden es aber etwas pervers, die »Seele« am unteren Ende des Rückens anzusiedeln. Vielleicht wurde dieses Knochendreieck auch nur deshalb zum heiligen Knochen, weil es am Hexensabbath rituell feierlich geküßt wurde.

Die Steißbeinwirbel sind die kleinsten und untersten Knochen des Rückens. Auch sie sind miteinander verschmolzen und bilden das Steißbein. Mehr blieb von unserem Primatenschwanz nicht übrig. Die lateinische Bezeichnung dieses Knochens – *os coccygis* – ist ebenfalls merkwürdig, denn das Wort »coccyx« bedeutet

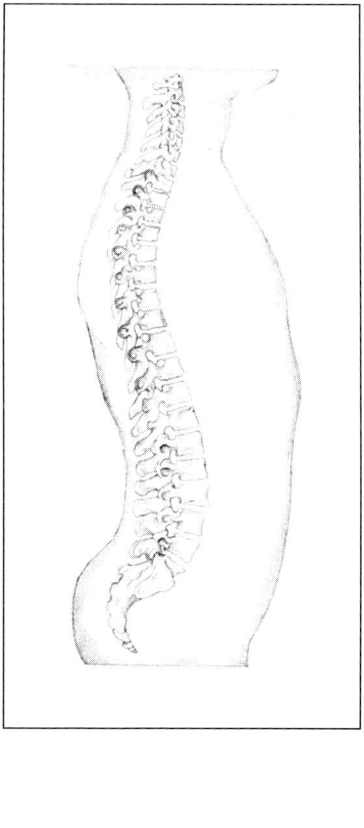

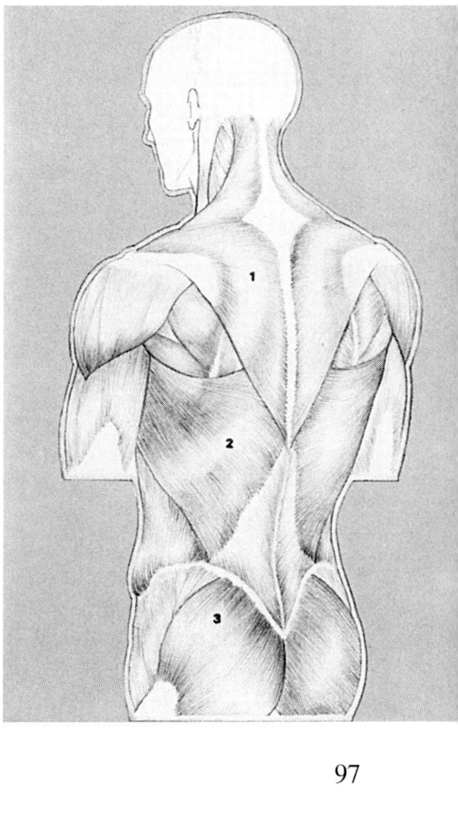

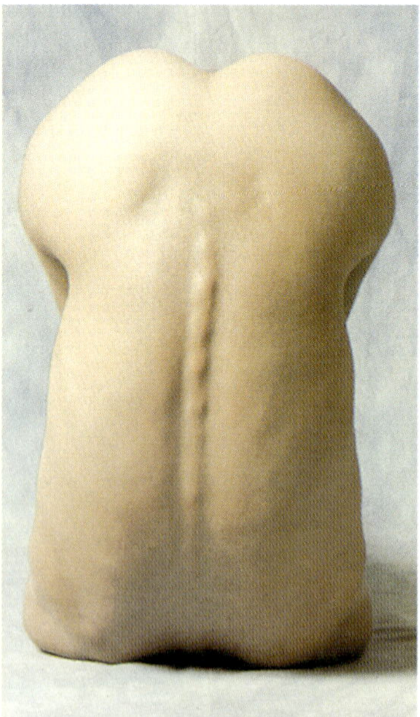

Wenn wir nicht besondere Sorgfalt auf das Training unserer Rückenmuskulatur verwenden, laufen wir ständig Gefahr, sie durch übermäßiges Heben oder Klettern zu überlasten. Wenn wir unseren Rücken der Wärme der Sonne aussetzen, trägt das dazu bei, die Blutzirkulation in den Muskeln zu verbessern, und gekonnte Massagen lindern die Muskelanspannungen, an denen heute so viele Städter leiden.

Auf einem gut gepolsterten weiblichen Rücken kann man direkt über dem Hintern zwei Kreuzbeingrübchen sehen. Auf den mageren Rücken, die heute bevorzugt werden, sind sie weniger auffällig, doch einst wurden sie als Zeichen großer Schönheit angesehen.

»Kuckuck«. Sie werden sich fragen, welche Verbindung es zwischen dem Rest unseres Schwanzskeletts und einem Vogel wie dem Kuckuck geben könnte. Die Antwort liefert die ungewöhnliche Form des Knochens, die frühe Anatomen an einen Kuckucksschnabel erinnerte. Manche unserer Körperteile sind auf köstlich verschrobene Weise zu ihren Namen gekommen.

Das Muskelsystem des Rückens ist außerordentlich komplex. Im wesentlichen besteht es aus drei Einheiten: dem Trapez- oder Kapuzenmuskel des oberen Rückens, den dorsalen Muskeln des mittleren Rückens und den Gesäßmuskeln des unteren Rückens. Die meisten Rückenschmerzen entstehen durch eine Überbeanspruchung dieser Muskeln. Wenn wir von besonderen medizinischen Problemen absehen, leiden wir vor allem aus einem Grund an Rückenschmerzen: Wir haben zu wenig Bewegung in unserer zivilisierten, urbanen Welt. Wenn wir die Rückenmuskeln durch Nichtgebrauch schwächen, werden sie leicht überbeansprucht durch schlechte Haltung, plötzliche ungewohnte Bewegungen und Anspannung.

Schlechte Haltung entsteht durch Arbeitsweisen, bei denen der Körper stundenlang eine bestimmte Pose einnehmen muß. Auch durch die immer längere Freizeit der Menschen in der westlichen Welt, wo sich in jedem Haus weiche Sitzmöbel befinden. Während der vielen Stunden, in denen wir fernsehen, plaudern oder lesen, kuscheln wir uns – ungenügend durchtrainiert, wie wir sind – in einen weichen Sessel oder in unser gemütliches Bett – wie Kinder, die die Geborgenheit des mütterlichen Körpers suchen. Diese gemütlichen weichen Möbel schaffen eine seelische Atmosphäre von Sicherheit und Ruhe, aber für den Körper stellen sie eine schwere Belastung dar, denn die Rückenmuskeln müssen ständig schwer arbeiten, um die Wirbelsäule – buchstäblich – gut in Form zu halten. Besonders strapaziös wird es für sie, wenn die zusammengesunkene, hingeräkelte oder zusammengerollte Gestalt auf der weichen Unterlage Übergewicht hat. Schwangere Frauen, die das zusätzliche Gewicht eines Kindes tragen, rechnen meist mit Rückenschmerzen; aber dickwanstige Männer, die eine ähnlich große Last in der gleichen Körperregion tragen, wundern sich häufig, wenn bei ihnen Symptome dieser Art auftreten.

Eine weitere klassische Überbelastung des menschlichen Körpers ist das Heben von besonders schweren Gegenständen, indem wir uns vorbeugen und – wenn wir uns wieder aufrichten – den Rücken wie einen Kran einsetzen. Für den prähistorischen Jäger, der sich den Körper eines frisch erlegten Wilds über die Schulter warf, barg eine solche Handlung kaum eine Gefahr, aber wenn ein nur am Schreibtisch arbeitender Pendler eine moderne Abwandlung dieses Manövers versuchte, wäre es für ihn reichlich gefährlich.

Auch durch seelische Anspannung kann der menschliche Rücken unerträglich beansprucht werden. Körperanspannungen, hervorgerufen durch Seelenqualen oder Angst, können zu einer anhaltenden Überanstrengung der Rückenmuskeln führen. Sie beginnen schließlich zu schmerzen, was größere Qualen verursacht, die wieder Anspannungen ... und so fort, bis man reif für den Arzt ist. Dieser Prozeß findet häufig zunächst fast unbemerkt statt und kann durch seelische Probleme ausgelöst werden, die das Gehirn so beschäftigen, daß Nebenwirkungen übersehen werden, bis es zu spät ist. Eine der Hauptursachen für Rückenschmerzen scheint sexuelle Frustration zu sein. Als Heilmittel wird manchmal gesteigerte sexuelle Aktivität empfohlen.

Aber der Rücken bereitet uns nicht nur Schmerzen, sondern auch Freuden. Im Reich der Erotik hat er gelegentlich einen sehr hohen Stellenwert. Besonders den Japanern erscheint diese Region sexuell sehr reizvoll. Der Kimono steht im Nacken etwas ab, und zwar unterschiedlich weit, je nach dem Stand der Trägerin.

Ist sie verheiratet, ist die verführerische Linie ihrer Wirbelsäule nur andeutungsweise zu sehen; bei einer Geisha ist der Kimono jedoch so geschnitten, daß er im Nacken ziemlich weit absteht. Wenn sie vor ihrem Gefährten niederkniet, kann er die gesamte Länge ihres Rückens sehen, den das steif abstehende Gewand aufreizend enthüllt.

Auch die westlichen Modeschöpfer haben den Rücken immer wieder erotisch betont. Bei Kleidern mit hochgeschlossenem Vorderteil ist das Interessante häufig die Kehrseite mit tief ausgeschnittenem Rückendekolleté. Ein extremes Modell dafür war das berühmte Schlupfkleid von Ungaro aus dem Jahre 1967, das den ganzen Rücken bis hinab zum oberen Ansatz der Gesäßspalte zeigte. Dieser Anblick rief ein »Echo« hervor, das einen Zusammenhang herstellte zwischen dem unteren Rücken und der oberen Brustregion. Die Trägerin konnte mit diesem Kleid außerdem ihre »sakralen« Grübchen und ihre »Michaelisraute« zeigen. Früher haben weibliche Rückendetails dieser Art Männer bis zur Raserei begeistert. Bei den heute so beliebten schlankeren Figuren sind sie weniger auffällig, doch als noch üppigere weibliche Formen en vogue waren, stellten sie ein beliebtes Gesprächsthema der »besseren« Lebemänner dar. Die zwei Grübchen, die als kleine Eindellungen rechts und links der unteren Rückenfurche direkt über der Gesäßregion zu sehen sind, treten bei Männern und Frauen auf, sind aber bei Frauen wegen ihrer Fettpolster in dieser Region wesentlich ausgeprägter. Bei den Männern sind sie so schwach entwickelt, daß sie nur in 18 bis 25 Prozent aller Fälle sichtbar sind. Das klassische Altertum war von diesen weiblichen Grübchen fasziniert; die Dichter der Antike haben sie besungen; die griechischen Bildhauer widmeten ihnen liebevolle Aufmerksamkeit. Möglicherweise verdanken die weiblichen Wangengrübchen ihren Sex-Appeal diesen anderen Grübchen in der Nähe der Gesäßbacken. Auch das Sakraldreieck, das sich bei Frauen nach oben hin rhombenförmig entwickelt zur Lenden- oder Michaelisraute, lag früher im Mittelpunkt des erotischen Interesses.

Im symbolistischen Denken früherer Zeiten spielt der Rücken, abgesehen davon, daß er die Wirbelsäule beherbergt, nur eine geringe Rolle. Die Wirbelsäule galt als Nachbildung des Weltenbaums, der bis in den Himmel des Gehirns hinaufreicht. Die Makedonier glaubten, daß sich die Wirbelsäule eines verwesenden Leichnams in eine Schlange verwandele. Andere interpretierten die menschliche Wirbelsäule als Straße, Leiter oder Rute. Im Mittelalter hielt man den Rücken »an sich« für wunderwirksam, und jeder, der mehr als üblich davon hatte, galt als vom Glück begünstigt. Deswegen glaubte man, es bringe Glück, wenn man den Höcker eines Buckligen berührte. Dieser Glaube ist in einigen Mittelmeergebieten noch lebendig, wo man kleine Talismane aus Plastik kaufen kann, die einen lächelnden Buckligen mit Frack und Zylinder darstellen.

Der Rücken gehört nicht eben zu den ausdrucksstarken Körperteilen. Wir können jedoch, je nach Laune, den Rücken beugen, wölben, recken, zusammensacken lassen oder schlängelnde Bewe-

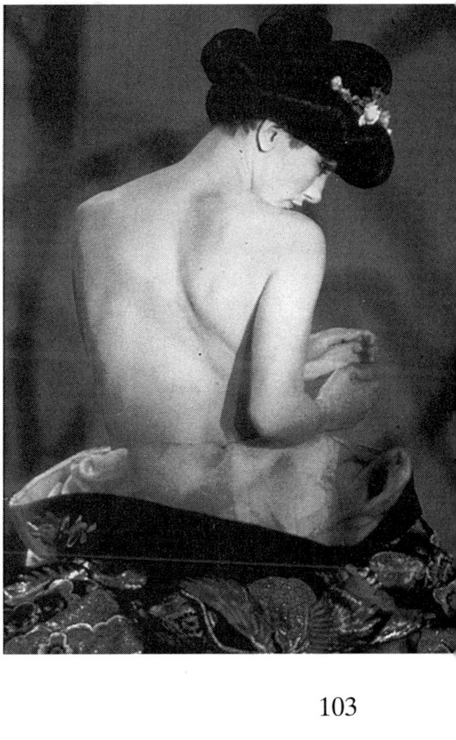

Das Entblößen der Rückengegend, während der Rest des Körpers bedeckt bleibt, wurde in der Geschichte der Mode schon oft mit Erfolg als verhaltene erotische Zurschaustellung benutzt. Der Erfolg beruht darauf, daß ein entblößter Rücken es erlaubt, viel nackte Haut zu zeigen, ohne spezifisch sexuelle Einzelheiten aufdringlich darzubieten. Vor allem in Japan ist der Rücken Gegenstand großen erotischen Interesses.

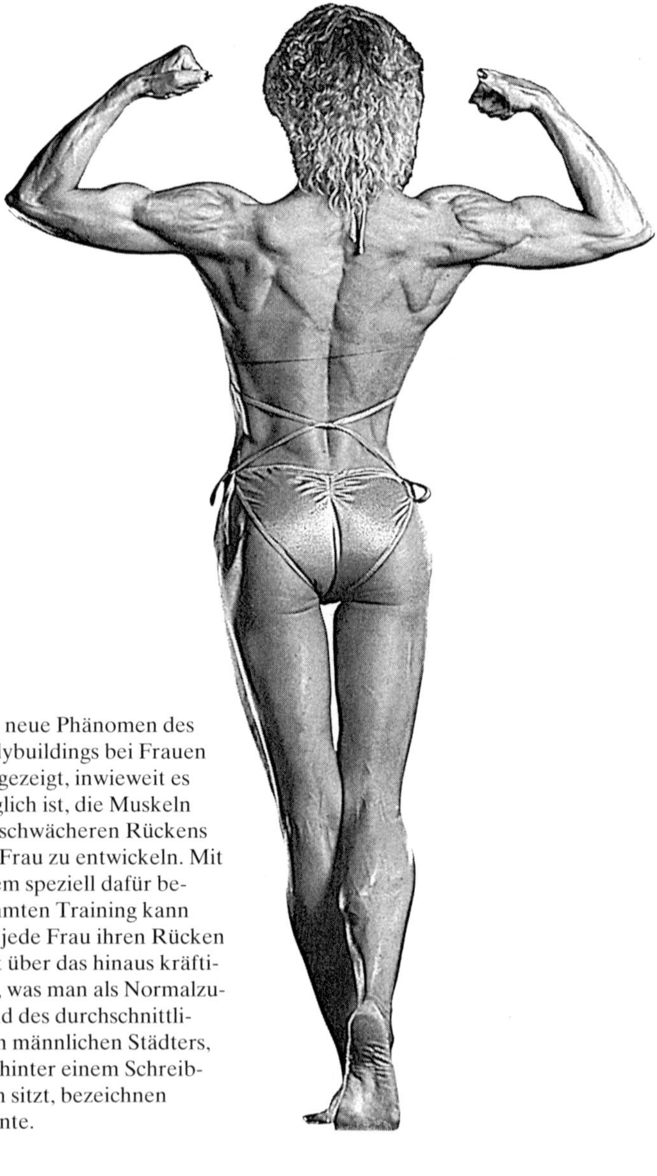

Das neue Phänomen des Bodybuildings bei Frauen hat gezeigt, inwieweit es möglich ist, die Muskeln des schwächeren Rückens der Frau zu entwickeln. Mit einem speziell dafür bestimmten Training kann fast jede Frau ihren Rücken weit über das hinaus kräftigen, was man als Normalzustand des durchschnittlichen männlichen Städters, der hinter einem Schreibtisch sitzt, bezeichnen könnte.

Aufgrund seiner breiten, flachen Ausdehnung ist der Rücken besonders beliebt für großflächige Verzierungen wie Tätowierungen. Der einzige Nachteil ist, daß die Besitzer solcher Zierden diese nur auf Fotografien oder im Spiegel mustern können. Tätowierte sehen es als großen Fehler in der Gestaltung des menschlichen Körpers an, daß die beste »Leinwand« an der ungünstigsten Stelle angebracht ist. Diese Rückentätowierungen sind als »krasses Gegenteil der traditionellen Mode« bezeichnet worden. Sie halten eine Mode-Industrie zum Narren, die für ihr wirtschaftliches Überleben auf ständigen Wandel und auf wechselnde Stile angewiesen ist.

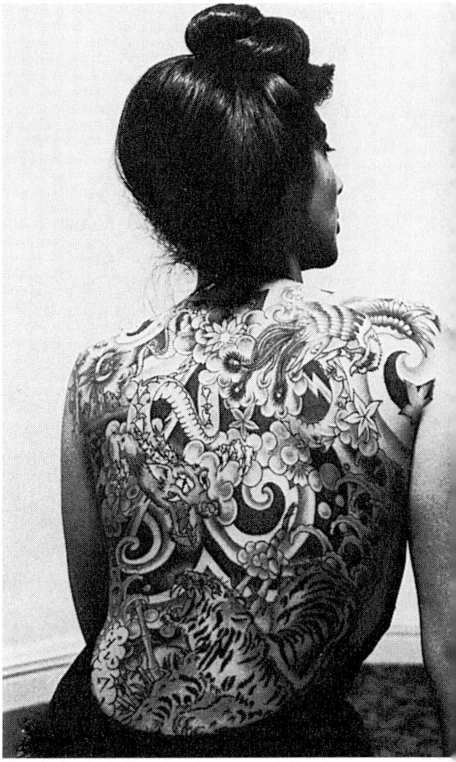

gungen mit ihm ausführen; trainierte Muskelmänner können sogar ihre Rückenmuskeln Wellen schlagen lassen.

Der nach vorn gebeugte Rücken, der bei älteren Leuten bisweilen zur chronischen Gehhaltung wird, gehört wesensmäßig zu Demutsbezeigungen wie Verbeugen, Niederknien, Kotau-Machen und Sich-in-den-Staub-Werfen. Das wesentliche Element bei all diesen Handlungen ist die Erniedrigung des Körpers, entsprechend dem niedrigeren Stand seines Besitzers. Heute neigen wir nur ein wenig den Kopf nach vorne, aber früher hatte die Bewegung so weit zu gehen, daß für die übergeordnete Person der ganze gebeugte Rücken zu sehen war. Tatsächlich durfte man ihr überhaupt nur so den Rücken zeigen. Denn einer ranghöheren Person stehend den Rücken zuzukehren, galt als unverzeihliche Unverschämtheit. Das Entscheidende an der tiefen Verbeugung war, daß sie nicht nur tiefe Ergebenheit anzeigte, sondern den Betreffenden auch völlig wehrlos und verletzlich machte; jemandem den Rücken zuwenden ist hingegen eine aktive Bewegung bei Ablehnung. Deshalb mußten sich Untergebene in Gegenwart eines Großen rückwärtsgehend aus dem Raum oder königlichen Gemach entfernen. Auch heute gibt es noch ein Relikt dieser förmlichen Prozedur, das auf Stehpartys zu beobachten ist, wo sich die Menschen drängen. Jemand wendet den Kopf und sagt zu einem Bekannten, der im Gedränge plötzlich hinter ihm steht: »Entschuldigen Sie, daß ich Ihnen den Rücken zukehre.« Und jemandem, dem man eben erst vorgestellt wurde, abrupt den Rücken zuzukehren, gilt bis heute als grobe Beleidigung.

Wird schon das Rückenzuwenden als unverschämt empfunden, weil man dadurch jemanden ignoriert, so erscheint einem das Versteifen des Rückens als bedrohlich, weil es eine körperliche Vorbereitung für eine gewalttätige Handlung vermuten läßt. Aus diesem Grund wird beim Militär besonders die stramme Haltung trainiert, damit die Soldaten, selbst wenn sie entspannt und bequem stehen, ein wenig aggressiver wirken als der Durchschnittsbürger. Das Recken des Rückens bewirkt außerdem, daß der Körper insgesamt etwas größer wird – was die Demonstration von Dominanz unterstützt. Das Zusammensacken des Rückens, das bei Depression auftritt, übermittelt Signale des Dominanzverlustes, indem es den Körper kleiner macht – fast so, als sähe man den Ansatz zu einer Demutsverbeugung.

Das Wölben und das Winden des Rückens sind eher sexuelle Bewegungen, wobei das Wölben bei den Frauen das Gesäß stärker hervortreten läßt (ihr Rücken ist von Natur aus und selbst im Ruhezustand gewölbter als der des Mannes), und das Winden trägt dazu bei, die weiblichen Kurven und Linien zu akzentuieren. Die Umrisse des Rückens sind bei Mann und Frau natürlich auffallend unterschiedlich; bei der Frau ist der untere Rücken breiter, beim Mann der obere Rücken.

Es gibt mehrere typische Gesten, mit denen wir unseren eigenen Rücken berühren. Die einfachste ist, daß wir mit auf dem Rücken verschränkten Armen stehen oder gehen. Dabei werden die

Knöchel der einen Hand mit der Handfläche der anderen Hand umfaßt. Es ist eine beliebte Haltung von hochstehenden Persönlichkeiten, besonders von Majestäten und politischen Führern bei förmlichen Anlässen, etwa wenn sie eigens für sie vorbereitete öffentliche Ehrenbezeigungen abschreiten oder entgegennehmen. Es ist eine extreme Dominanzhaltung, weil sie das Gegenteil des nervösen »Körperkreuzes« darstellt, bei dem die Arme vor dem Körper irgendwie miteinander verbunden sind als eine Art Sicherheitsschranke. Die Hände auf dem Rücken besagen, daß dieser Mensch so sehr auf seine eigene Macht vertraut, daß er auch nicht den geringsten frontalen Schutz nötig hat. Auch Lehrer nehmen diese Haltung ein, wenn sie auf dem Schulhof umherspazieren, und demonstrieren so ihre Autorität auf diesem Territorium.

Diese »Dominanz«-Interpretation wird scheinbar widerlegt da-

Das Gehen mit den Händen auf dem Rücken ist eine Haltung der Überlegenheit. Diese Haltung ist das Gegenteil der vor dem Körper verschränkten Arme, die eine defensive Barriere errichten. Wenn die Hände hinter dem Rücken liegen, ist die Vorderseite des Körpers völlig freigelegt, während die Gestalt voranschreitet, und das ist ein Zeichen von Sicherheit und Beherrschung der Lage.

durch, daß gemeine Soldaten, wenn an sie das Kommando »Rührt euch!« ergeht, im allgemeinen die Hände auf den Rücken legen. Aber damit wurde ihnen befohlen, eine verletzliche Haltung einzunehmen, und das ist etwas anderes, als wenn man diese Haltung von sich aus als Zeichen von Furchtlosigkeit einnimmt.

Zu den anderen Gründen, unseren Rücken zu berühren, gehören die heimlichen Gesten, zum Beispiel wenn ein Kind beim Lügen hinter seinem Rücken mit den Fingern ein Kreuz bildet. Das Kreuzen der Finger ist hier eine frühchristliche Handlung. Mit dem heimlich ausgeführten Zeichen des Kreuzes wird Gott um Nachsicht angefleht, während die Lüge ausgesprochen wird.

Wir kratzen uns auch den Rücken, wenn er juckt, aber wie schwer wir uns damit tun, ist am besten in der Redensart zusammengefaßt: »Kratz du mir den Rücken, und ich kratz dir deinen.« Es gibt in der Tat für uns nur sehr wenige Möglichkeiten des Eigenkontakts mit unserem Rücken, während sich anderen Menschen zahlreiche Möglichkeiten bieten, über unseren Rücken Kontakt mit uns aufzunehmen; am häufigsten geschieht dies durch das sprichwörtliche Schulterklopfen.

Das freundschaftliche Schulterklopfen ist ein fast weltweit üblicher Ausdruck für Trost, Wohlwollen, Gratulation und einfach gute Laune. Der Grund, warum diese Geste so weit verbreitet ist und überall das gleiche bedeutet, liegt darin, daß sie eine Miniaturversion des elementarsten aller zwischenmenschlichen Kontakte ist – der Umarmung. Wenn wir sehr jung sind, genießen wir die Umarmung der Mutter, die totale Geborgenheit und Liebe bedeutet, und das Gefühl, wenn sich Hände sanft auf unseren Rücken legen, wird zu einem der urtümlichsten Körpersignale für Obhut und Freundschaft. Auch noch als Erwachsene lassen wir uns gern umarmen und drücken, wenn die Situation genügend emotionsstark ist, aber in weniger leidenschaftlichen Augenblicken schalten wir auf das gefühlsschwächere Schulterklopfen um, das uns dennoch ausreichend an die größere Geste erinnert. Selbst ein kurzer sanfter Schlag auf den Rücken eines bekümmerten und mehr oder weniger niedergeschlagenen Menschen wirkt aufgrund der Erinnerungen an unsere Kindheit, die er in uns weckt, unverhältnismäßig tröstlich.

Mit einer anderen, ebenfalls häufig vorkommenden Form des

Rückenkontakts lenken wir einen Mitmenschen, indem wir ihn leicht am Rücken berühren. Diese Art des Leitens ist etwas intimer und vertraulicher als das häufigere Führen am Unterarm oder Ellbogen, weil es die beiden Körper bei der Vorwärtsbewegung näher zusammenbringt. Eine andere, verwandte Form der Rückenberührung, doch ohne Lenkungsfunktion, ist der leichte Handkontakt, um jemanden, der neben einem steht und in dieselbe Richtung schaut, spüren zu lassen, daß man da ist. Bei der intimeren Version dieser Geste stützt sich der eine beim anderen auf.

Wegen seiner Großflächigkeit gehört der Rücken zu den beliebtesten Körperregionen für großangelegte Tätowierungen. Überall auf der Welt gibt es für die Kunst des Tätowierens großartige Beispiele, die unter Schmerzen in den Rücken von Männern und Frauen gestochen wurden. Die schönsten Tätowierungen haben die japanischen Gangster – die Yakuza, bei denen oft der ganze Rücken mit wirbelnden, rhythmischen Bildern bedeckt ist. Aber auch die traditionellen Muster der europäischen Seeleute haben ihren Reiz. Ein beliebtes scherzhaftes Tätowierungsmotiv zeigt eine Jagdszene mit Pferden und Hunden über die gesamte Länge des Rückens, wobei von dem flüchtenden Fuchs gerade noch die Lunte zwischen den Gesäßbacken hervorschaut.

Der Bauch

Der menschliche Bauch wurde von Dr. Samuel Johnson (in seinem »Dictionary of the English Language«, 1755 – Anm. d. Ü.) richtig als der Körperteil beschrieben, der von der Brust bis zu den Schenkeln reicht und die Bauchorgane enthält. Obwohl die äußeren Geschlechtsorgane nicht mehr dazu gehören, reicht er sehr nah an die Fortpflanzungsorgane heran, so daß er bis zu einem gewissen Grad der Zensur unterworfen war. In der viktorianischen Zeit galt sogar das Wort Bauch als unmöglich. Weil sich der Magen im Bauch befindet und noch dazu ziemlich weit oben liegt – ein gutes Stück von den »unaussprechlichen« Genitalien entfernt –, machte die viktorianische Gesellschaft aus dem Bauch einfach einen Magen. Dieser anatomisch falsche Ausdruck hat bis heute überlebt, obwohl die viktorianische Prüderie längst passé ist. In viktorianischen Kinderzimmern war selbst das Wort Magen, »stomach«, zu anatomisch und wurde in »tummy« umgewandelt. Auch dieser Ausdruck hat sich eisern gehalten und erinnert uns, daß viktorianisches Erbe eben doch noch immer im Hintergrund unserer vermeintlich liberalen Gesellschaft lauert.

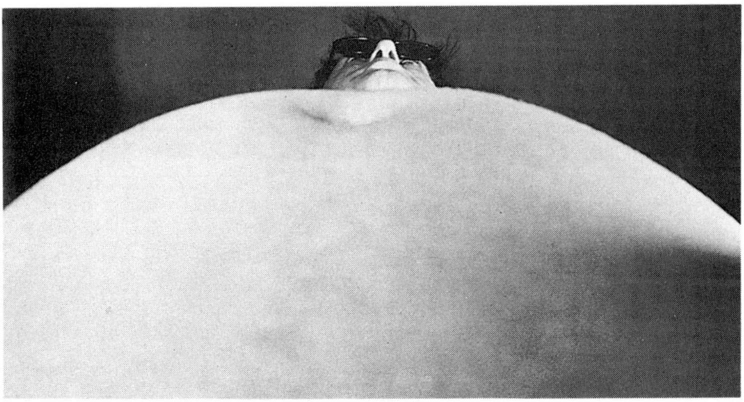

In früheren Zeiten wurde der Kugelbauch des Mannes stolz als Zeichen von Erfolg und Wohlergehen getragen; der Bauch war ein Zeichen dafür, daß man sich üppige Mahlzeiten leisten konnte. In fortschrittlichen Ländern, in denen die Angst vor dem Hungertod gebannt ist, hat der Kugelbauch heute seine Erhabenheit verloren und ist zu einem Symbol ungesunden Sichgehenlassens geworden.

Die Sumo-Ringer aus Japan züchten sich aus zwei Gründen einen gigantischen Bauch an. Sie werden dadurch schwerer, was es ihnen erleichtert, ihre Gegner aus dem Ring zu wuchten, und es verlagert auch ihren Schwerpunkt nach unten, wodurch es schwerer wird, sie umzuwerfen. Sie züchten sich systematisch ihre großen Bäuche an, indem sie täglich einen Berg eines ganz bestimmten Eintopfgerichts essen. Dieser Eintopf, der *chanko-nabe,* besteht aus Fisch, Geflügel, Fleisch, Eiern, Gemüse, Zucker und Sojasoße; dazu gibt es zwölf große Schalen Reis und sechs Krüge Bier.

Während die eine Gesellschaftsklasse den Bauch in die Magenregion hineinbeförderte, zerrte ihn eine andere Gruppe brutal zu den Genitalien herab. Hier wurde mit der gleichen Ungenauigkeit vom Bauch gesprochen, wenn man die Region unterhalb des Schamhaares meinte. Ein früher englischer Jargonausdruck für Mistress (Geliebte) war »belly-piece« (Weibsstück), der männli-

Zwei Arten, den männlichen Bauch zu kultivieren.

Im Westen werden große Bäuche weniger formvollendet gezüchtet als im Orient. Professionelle Ringer setzen ihren gewaltigen Wanst in dieser theatralisch dargebotenen Sportart eher zur psychologischen Abschreckung ein denn als Trick, ihren Schwerpunkt zu verlagern. Politiker, deren Bäuche extreme Ausmaße angenommen haben, benutzen diese bisweilen auch, um ihren Argumenten mehr Nachdruck zu verleihen.

Die Beherrschung der Bauchmuskulatur bei Bodybuildern muß man gesehen haben, um es zu glauben. Da ein flacher Bauch bei Männern zum zeitgenössischen Ideal für den puritanischen gesundheitsfanatischen, Jugendlichkeit anbetenden Städter von

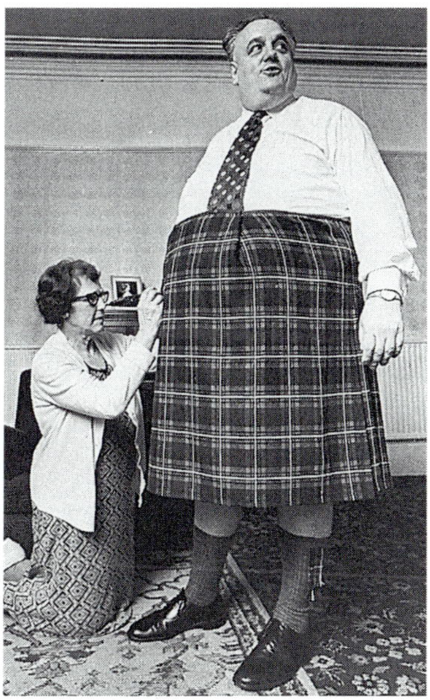

heute geworden ist, verlangt zur Schau gestellte Hyper-Männlichkeit naturgemäß übermäßige »Flachheit«. Doch in vielen Fällen wissen diese »Strategen« nicht, wann sie aufhören sollten, und übertreiben alles derart, daß sie jeden maskulinen Reiz verlieren.

che Penis war ein »belly-ruffian« (Bauch-Rohling); ein »Kitzeln im Bauch« hieß sexuelles Verlangen; »Baucharbeit« war Kopulation.

Und drittens wurde der Ausdruck »Bauch« als falsches Synonym für Gebärmutter gebraucht. Als weibliche Kriminelle noch für bestimmte Verbrechen hingerichtet wurden, gab es in England eine bekannte Strategie, um dem zu entgehen, die »belly-plea«, die darauf beruhte, daß schwangere Frauen von der Todesstrafe verschont wurden. In den meisten englischen Gefängnissen gab es daher extra »Kindermacher«, die dafür sorgten, daß die Insassinnen ihre »Bäuche geltend machen« konnten. – Wir werden den Bauch korrekt als Bauch, Unterleib oder Abdomen bezeichnen. Er bildet den unteren vorderen Teil des Leibes, unterhalb der Brust und oberhalb der Genitalien; und er enthält die Bauchorgane und, bei den Frauen, die Gebärmutter.

Diese Körperregion hat an der Oberfläche wenige Merkmale aufzuweisen. Abgesehen vom Nabel (auf den ich später eingehen werde) gibt es die *linea alba.* Bei einem typischen Erwachsenen verläuft diese leicht eingesenkte Linie senkrecht vom Nabel hinauf zum unteren Teil der Brust. Betrachtet man einen schlanken, athletischen Körper bei seitlich einfallendem Licht, erscheint die *linea alba* als eine schmale, aber deutliche Einbuchtung im Fleisch; hier verflechten sich die Muskeln der linken Körperseite mit denen der rechten. Bei jungen muskulösen Menschen ist die Linie auch unterhalb des Nabels festzustellen. Wer jedoch zu rundlich geworden ist (egal in welchem Alter), wird sich schwertun, sie ober- oder unterhalb des Nabels bei sich zu entdecken.

In der Bauchgegend gibt es einige kleine Geschlechtsunterschiede. Der weibliche Bauch ist im unteren Teil etwas rundlicher als der des Mannes, und der Abstand zwischen Nabel und Genitalien ist größer. Der typisch weibliche Nabel liegt in einer etwas tieferen Grube als der eines Mannes von ähnlicher durchschnittlicher Statur. Verallgemeinernd könnte man sagen, daß die menschliche Frau einen größeren und gerundeteren Unterleib hat als der Mann – ein Merkmal, das von Künstlern oft übertrieben dargestellt wird. Ein junger athletischer Mann dagegen hat einen kleinen, flachen unauffälligen Bauch, der eben darum Sex-Appeal hat.

Mit zunehmendem Alter wird sowohl der männliche als auch der weibliche Körper schwerer und fülliger. Wenn ein Mensch dann auch noch gern und viel ißt, so trägt er bald – kläglich oder stolz – einen großen Bauch vor sich her. In früheren Zeiten, als das Essen knapp war, konnte man stolz mit einem Bauch angeben. Die Mädchen der Stammesgesellschaften wurden für ihren Bräutigam regelrecht gemästet, und erfolgreiche Industrielle hängten über ihre stramm sitzenden Westen goldene Uhrketten. Der neue Körperpuritanismus mit seiner Sucht nach ewiger Jugend hat dies alles geändert. Heute sind bei beiden Geschlechtern flache Bäuche gefragt, gleich welchen Alters.

Dieser Umschwung in der »Bauchmode« hatte einen ungewöhnlichen Nebeneffekt. Er hat die Form des Nabels verändert. Bei dicken Menschen hat der Nabel eine fast runde Form; bei schlanken sieht er eher wie ein vertikaler Schlitz aus. Sieht man sich die üppigeren Frauengestalten in den Kunstwerken früherer Epochen an, zeigt sich, daß die große Mehrheit (92 Prozent) einen runden Nabel hat. Bei einer ähnlichen Betrachtung von heutigen Fotomodellen sinkt diese Zahl auf 54 Prozent. Die Wahrscheinlichkeit, daß die heutigen schlanken Frauen einen länglichen Nabel haben, ist sechsmal größer als bei ihren üppigeren Vorgängerinnen.

Bei dieser Nabelveränderung spielt aber nicht allein der Gewichtsverlust eine Rolle. Der schlankere Körper liefert nur die Möglichkeit für einen längeren Nabel. Ob er zur Schau gestellt wird oder nicht, hängt letztlich von der Haltung der Frau ab. Selbst die magerste Frau kann einen runden Nabel zeigen, wenn sie ihren Körper leicht vorgebeugt hält. Moderne Haltungen scheinen also bewußt oder unbewußt nach einer stärkeren Betonung des vertikalen schlitzartigen Nabels zu trachten. Der Grund dafür ist leicht herauszufinden. Weil der Nabel wie eine Körperöffnung aussieht, hat er schon immer eine gewisse Rolle als »genitales Echo« gespielt. Durch seine Grübchenform in der Mitte des Bauches erinnert er stark an die weiter unten gelegenen tatsächlichen Öffnungen. Die weibliche Genitalöffnung liegt in einem vertikalen Schlitz; ihre anale Öffnung hingegen ist eher rund. Daraus folgt, daß eine Veränderung zu einem länglichen Nabel den besonderen Genitalsymbolismus verstärkt. Auf Reklamefotos, auf denen die echte Genitalspalte verborgen bleibt, können Fotograf und Modell als Ersatz dafür mit dem länglichen Nabel den Eindruck einer Pseudo-Öffnung hervorrufen.

Die anschwellenden Konturen des mütterlichen Bauches.

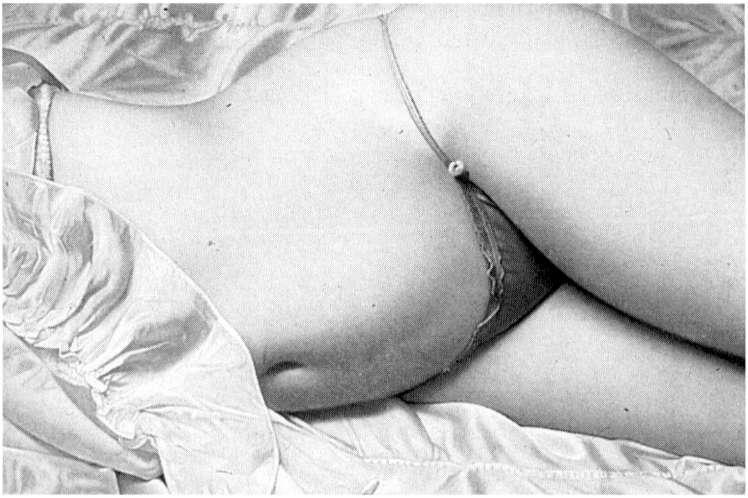

Bei Frauen ist es ungewöhnlicher als bei Männern, daß sie einen Kugelbauch bekommen. Wenn zusätzliche Fettschichten angesetzt werden, setzen sich diese eher in der Hüftengegend fest, als daß sie zu einem Vorsteh-Bauch führen. Auch wenn sich der Bauch der Frau nach vorn wölbt, zum Beispiel während der Schwangerschaft, sind seine Konturen immer noch anders als die des übergewichtigen Mannes.

Wenn man schlanke Männer und Frauen miteinander vergleicht, stellt man fest, daß der Bauch der Frau länglicher und rundlicher wirkt als der des Mannes. Der Abstand zwischen dem Nabel und den Genitalien ist bei der Frau größer. Diese Wohlgeformtheit des weiblichen Unterleibes hat ihn zu einem beliebten Thema von Künstlern und einem der wesentlichsten sexuellen Reize für den Mann gemacht. Seine erotische Wirkung wird durch seine Nähe zum Genitalbereich erhöht; aber auch der Nabel, der wie eine Öffnung wirkt, trägt seinen Teil dazu bei.

Wem dies weit hergeholt erscheint, der braucht nur anzusehen, was mit dem Nabel in den sittenstrengen Phasen des 20. Jahrhunderts geschah. Auf frühen Fotos wurde er sorgfältig wegretuschiert, um den albernen Eindruck zu vermitteln, der Bauch sei vollkommen glatt. Man tat dies, weil der Nabel angeblich viel zu zweideutig war. Zweideutig inwiefern, wurde nie gesagt.

Einige frühe Filme lösten helles Entsetzen aus, weil darin tanzende Mädchen diesen Teil der Anatomie entblößten. In einem offiziellen Brief der Filmzensur an die Hersteller des Films »The Arabian Nights« heißt es: » … wird für Erwachsene freigegeben, vorausgesetzt, daß alle Szenen, in denen der Nabel der Tänzerinnen zu sehen ist, herausgeschnitten werden.« Eine zweite Welle der Filmzensur in den 30er und 40er Jahren kehrte zu dieser Unterdrückung des Nabels zurück. Nach dem berüchtigten Hollywood-Kodex war der nackte Nabel verpönt. Wenn er nicht mit irgendeiner Bekleidung bedeckt werden konnte, mußte er mit Edelsteinen oder einer anderen exotischen Verzierung gefüllt werden. Was die Wahrer von Sitte und Anstand beim Film besonders zu empören schien, war die Tatsache, daß die Tänzerinnen ihren Nabel bewegen konnten – daß sie ihn in ihrem unbekleideten Zustand mit wiegenden Bewegungen rund machen und strecken konnten. Hier ging der Öffnungssymbolismus entschieden zu weit und mußte unbarmherzig ausgemerzt werden, um sexuelle Hysterie im Zuschauerraum zu verhindern.

Kaum hatte die westliche Welt die Zensur in bezug auf de Nabel im Film gelockert, geriet der Nabel in einer anderen Ecke der Welt in Mißkredit – im Mittleren Osten, der Heimat des Bauchtanzes. Von den neuen kulturellen und religiösen Strömungen in der arabischen Welt blieben auch die Nachtklubtänzerinnen nicht verschont, die nun ihren Bauch verhüllen müssen, wenn sie, wie es jetzt heißt, »traditionelle Folkloretänze« vorführen.

Aus diesen Restriktionen geht klar hervor, daß der Nabel erotische Signale übermittelt, auch wenn er den meisten von uns heute als ein ziemlich harmloses Detail der menschlichen Anatomie erscheint. In Sexhandbüchern wird seine Wirkung erwähnt, besonders die auf junge Liebespaare, die ihren Körper gegenseitig erforschen. Kommentare in solchen Büchern bestätigen das. Zum Beispiel: »Er ... hat eine Menge kultivierbarer Sinnlichkeit; er paßt für den Finger, die Eichel oder den großen Zeh und verdient zärtlich und aufmerksam geküßt oder berührt zu werden.« (Aus *The Joy of Sex.)* Eine beliebte Stellung in illustrierten Sexhandbüchern zeigt einen Mann, der den Nabel seiner Partnerin mit der Zunge erforscht – ein Pseudo-Penis, der in eine Pseudo-Vagina eindringt.

In religiösen Kreisen hat der Nabel ein Problem aufgeworfen. Für buchstabengetreue Anhänger der alten religiösen Texte stellt sich die heikle Frage, ob der erste Mensch einen Nabel hatte oder nicht. Wenn Adam (oder sein Pendant in anderen Religionen) eine göttliche Schöpfung ist und nicht von einer Frau geboren wurde, hing er vermutlich an keiner Nabelschnur und hatte folglich keinen Nabel. Frühe Künstler standen hier vor einem Dilemma und mußten sich entscheiden, ob sie Adam mit oder ohne Nabel darstellen sollten. Die meisten waren für den Nabel und erfanden zweifellos ihre eigenen Gründe dafür. Aber ihre Entscheidung führte zu einem noch größeren Problem. Denn wenn Gott den Menschen als sein Ebenbild geschaffen hat, mußte auch Gott einen Nabel haben. Und dies führte zu der höchst interessanten Frage: Wer hat Gott geboren?

Die Türken fanden für das Problem des ersten Nabels ihre eigene ungewöhnliche Lösung. In einer alten Legende wird berichtet, nachdem Allah den ersten Menschen erschaffen hatte, sei der Teufel so wütend geworden, daß er den Leib des Neuankömmlings anspuckte. Seine Spucke landete mitten auf dem Bauch des Mannes, und Allah entfernte geistesgegenwärtig ganz schnell die verunreinigte Stelle, damit sich die Verseuchung nicht ausbreitete. Dabei entstand ein kleines Loch, und dieses Loch war der erste Nabel.

In einer völlig anderen Symbolik ist der Nabel der Mittelpunkt des Universums, und in dieser vornehmeren Rolle dient er den buddhistischen Asketen zur Nabelschau. Diese Nabelschau wurde oft falsch interpretiert als selbstbezogene, nach innen gerichtete Form der Meditation; in Wirklichkeit ist sie genau das Gegenteil. Sie ist der Versuch, das menschliche Ego zu überwinden, indem man sich im eigenen Mittelpunkt auf das gesamte Universum konzentriert.

Wenn wir wieder zum Bauch im allgemeinen zurückkehren, bleibt noch die Frage, wie der berühmte Bauchtanz – *la danse du ventre* – entstanden ist. Wie schon erwähnt, heißt er heute ziemlich affektiert »traditioneller Folkloretanz«, aber hier haben wir es mit einer Tradition zu tun, deren Ursprünge sich nicht im Nebel der Vergangenheit verlieren, was den modernen Puritanern wahrscheinlich lieber gewesen wäre.

Beim Bauchtanz gibt es drei Haupt-Bewegungsarten: stoßende, kreisende und wellenartige Bewegungen. Bei den Stößen wird das Becken ruckartig nach vorne gedrückt; beim Kreisen führt das Becken Drehbewegungen aus, und die Wellen sind Muskelwellen der Bauchregion, die eine gekonnte Beherrschung der Muskeln verlangen. Die beiden ersten Bewegungen kann jeder ausführen,

Je länglicher der weibliche Nabel ist, desto eher wirkt er als genitales Echo.

Die Form des weiblichen Nabels hat sich in den letzten Jahren verändert und ist zunehmend vertikaler geworden. Dies ist teilweise auf die schlankeren Figuren zurückzuführen, die heute in Mode sind, teils aber auch auf die Haltungen, die eingenommen werden. Das Ergebnis ist ein schlitzförmiger Nabel, der starke Assoziationen zur weiblichen Genitalspalte hervorruft und somit ein verstärktes sexuelles Signal übermittelt.

Die frühen Kopulationsursprünge des Bauchtanzes.

Der Bauchtanz geht auf Zeiten zurück, da die Haremsdamen rittlings auf den aufgedunsenen Körpern ihrer Herren saßen und heftig mit dem Becken kreisten, um dem Vollzug ihrer sexuellen Begegnungen nachzuhelfen. Heute stellen die wellenförmigen, mahlenden und stoßenden Bewegungen des Unterleibes der Tänzerin eine stilisierte Variante der Bewegungen bei früheren Haremskopulationen dar und werden auch gewöhnlich als »herkömmlicher Volkstanz« bezeichnet. Das Kostüm dieser Tänzerin lenkt die Aufmerksamkeit auf den Nabel und mißt ihm eine besondere Bedeutung bei, indem es ihn mal verbirgt und mal wieder freilegt.

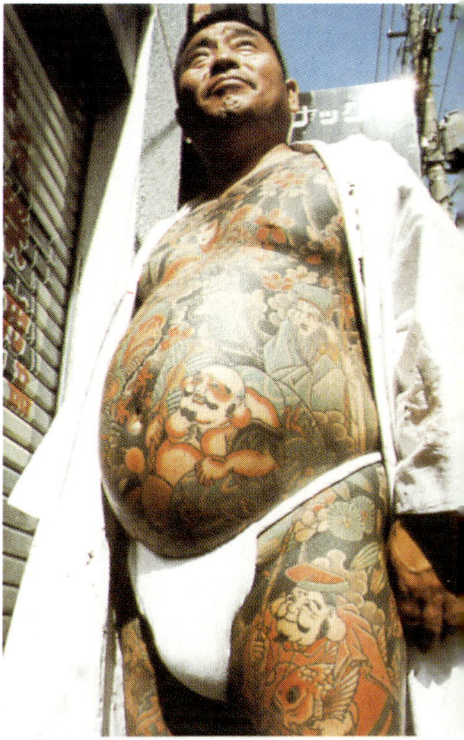

Die Bauchgegend gehört nicht zu den beliebtesten Bereichen für Tätowierungen, da sie im allgemeinen weniger »vorzeigbar« ist als die Brust, die Arme oder der Rücken. Wenn sich trotzdem jemand dazu hinreißen läßt, seinen gesamten Körper durch Tätowierungen zu schmücken, kann gerade die Bauchregion eine großartige Leinwand für die Kunst des Tätowierers abgeben. In Teilen der Welt, in denen der Bauch normalerweise entblößt ist, ist es jedoch ziemlich üblich, ihn zu schmücken und, wie hier durch die Muscheln, das genitale Echo, das der Nabel hervorruft, noch zu verstärken.

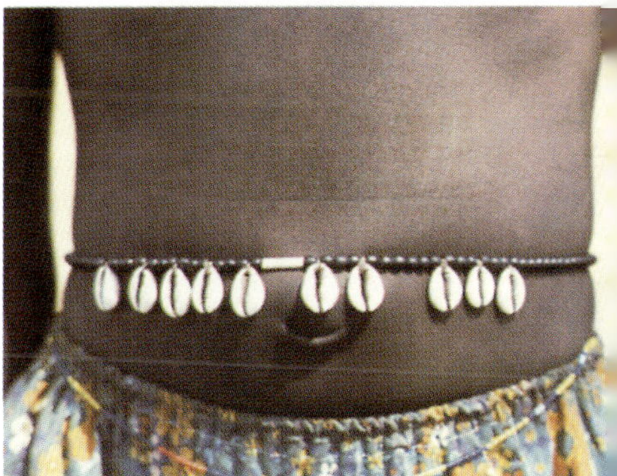

die dritte Bewegungsart jedoch können nur die besten Bauchtänzerinnen. Sämtliche Bewegungen sind aktiv sexueller Natur. Sie stammen aus dem Harem, dessen unumschränkte Herrscher gewöhnlich fett, hoffnungslos unsportlich und sexuell gelangweilt waren. Um ihren Gebieter sexuell zu erregen, hockten sich seine jungen Frauen über seinen zurückgelehnten Körper, führten den Penis ein und bewegten ihren Körper verführerisch hin und her, um ihren Gebieter zu einem Höhepunkt zu bringen. Daraus entwickelte sich eine Fertigkeit mit speziellen Beckenbewegungen und Bauchmuskelkontraktionen, um den Penis des hohen Herrn zu massieren. Diese Art der Kopulation wurde als »befruchtende Masturbation« bezeichnet.

Mit der Zeit entwickelten sich die weiblichen Beckenbewegungen zu einer voyeuristischen Zwecken dienenden Zurschaustellung, um den Haremsherrscher schon vor dem Versuch der Kopulation sexuell zu stimulieren. Befreit vom Kontakt mit seinem trägen Körper konnten die Haremsdamen ihre Bewegungen übertreiben und rhythmischer machen. Mit Musikbegleitung stilisierte sich das Ganze zum »Muskeltanz«, den wir heute als Bauchtanz bezeichnen.

Einige Quellen reden von einem zusätzlichen Element. Hier wird behauptet, daß bestimmte der vorstehend beschriebenen Bewegungen nicht die Kopulation, sondern die Geburt darstellen. Dabei wird darauf hingewiesen, daß schwangere Frauen in vielen Kulturen, bevor man sie zu Patientinnen von Ärzten machte, nicht liegend gebaren und mühsam gegen die Schwerkraft ankämpften, sondern eine hockende Stellung einnahmen und bei der Geburt die Schwerkraft ausnützten. Sie halfen aktiv bei der Geburt mit, indem sie ihren Leib kreisend bewegten und kräftig nach unten drückten. Dieses Element des Gebärens wurde angeblich im Lauf der Jahrhunderte in den Bauchtanz aufgenommen. Der Bauchtanz entwickelte sich also nicht nur als tänzerisch nachgeahmte Kopulation einer vitalen Frau mit einem trägen und meistens ziemlich behäbigen Mann, sondern auch als symbolische Darstellung von Empfängnis und Geburt.

Ob diese modifizierte Interpretation des Bauchtanzes richtig ist oder nur den Versuch darstellt, einen reinen Paarungstanz moralisch aufzuwerten und mit anderen »folkloristischen« Aktivitäten

Das Wange-an-Wange-Tanzen nimmt den Bauchkontakt des zärtlichen Liebesakts vorweg.

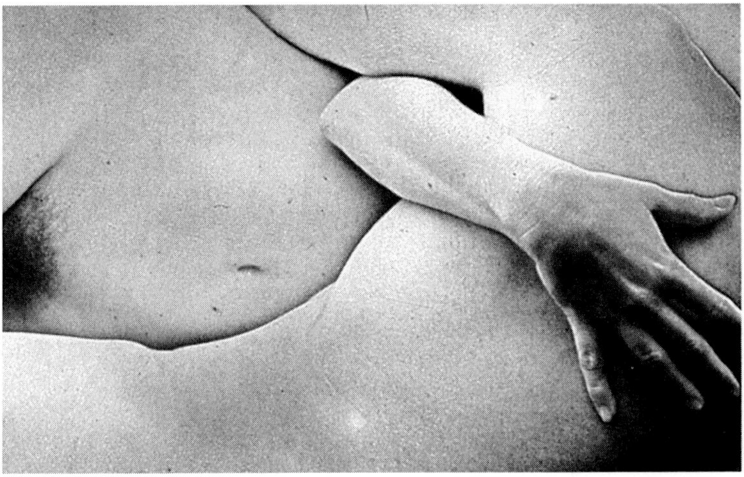

Am meisten Bauchkontakt haben Erwachsene bei der frontalen Kopulation; in abgemilderter Form vorweggenommen wird dieser Kontakt, wenn Paare Wange an Wange tanzen. An dieser Bauch-an-Bauch-Nähe lag es auch, daß der Walzer so heftig angegriffen wurde, als er aufkam. »Der Ballsaal ist entweiht worden«, empörte man sich. »Die Nähe der Partner zueinander macht ihn gottlos und vulgär ...«

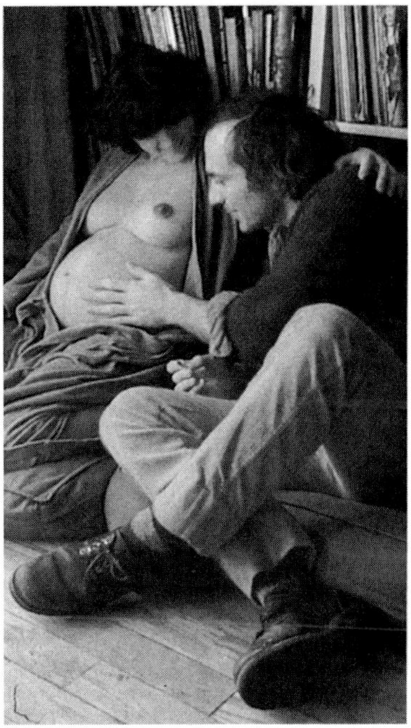

Zur zärtlichsten Form von Bauchkontakt kommt es, wenn ein Mann seine Hand verwundert und forschend auf den dicken, vorgewölbten Bauch seiner hochschwangeren Frau legt. Oft ist es diese zarte Berührung, die den Stolz der bevorstehenden Vaterschaft erst auslöst und die Behäbigkeit einer Frau mit dickem Bauch zur heiteren Rundheit einer Muttergöttin werden läßt.

in Einklang zu bringen, ist schwer zu sagen. Auf jeden Fall ist der Läuterungsprozeß in jüngster Zeit noch weiter gegangen. In einem 1980 veröffentlichten Lehrbuch für Bauchtanz heißt es in der Einführung: »In seiner neuen Rolle als gesunde körperliche Kunstform liegt die Betonung auf seinen Eigenschaften als Fitneßtraining.« Die Haremsdame wurde zur Gymnastiklehrerin.

Auch wenn der Bauchtanz heute als »ausgezeichnete Therapie bei Anspannung und Depression« angeboten wird, gehen seine erotischen Ursprünge noch deutlich aus den verschiedenen Bewegungsbezeichnungen hervor: Hüftenkreisen auf der Stelle, wanderndes Hüftenkreisen, Wellenbewegungen mit schräggestelltem Becken, der Fersen-Hüft-Stoß, der Brückenshimmy, der Hüftenhopser, der Kamel-Rock. Noch ist nicht alles verloren.

Im nichtsexuellen Bereich der Symbolik hat der Bauch wie der Nabel mehrere Rollen. Am häufigsten bringt man ihn mit der irdischen, animalischen Seite des Menschen und unserem Appetit auf Essen in Verbindung. Ein griechisches Sprichwort lautet: »Das abscheulichste Tier ist der Bauch.« Und in einer empörten Äußerung aus dem alten Griechenland heißt es: »Möge Gott mit Abscheu auf den Bauch und seine Nahrung blicken; durch sie bricht alle Keuschheit zusammen.« Und Nietzsche fügte hinzu, nur der Bauch sei der Grund, warum sich der Mensch nicht für einen Gott hält.

Diese wenig schmeichelhafte westliche Bauch-Sicht steht in völligem Gegensatz zur orientalischen Symbolik, die den Bauch als Sitz des Lebens betrachtet. In Japan gilt der Bauch als Mittelpunkt des Körpers; deshalb schlitzen sich die Japaner bei ihrem rituellen Selbstmord, dem Harakiri (die wörtliche Übersetzung ist Bauchschnitt), mit einem scharfen Messer den Bauch auf. Weil diese Methode aber so langsam und qualvoll ist, schlägt ein Sekundant dem Selbstmörder unmittelbar danach den Kopf ab, um dem Leiden rasch ein Ende zu bereiten.

Alltägliche Bauchgesten kommen im allgemeinen nur sehr vereinzelt vor. Gelegentlich umfassen oder umarmen wir unseren Bauch, wenn wir uns durch unsere Mitmenschen leicht bedroht fühlen. Die Arme wirken in solchen Situationen des Selbstschutzes wie eine Schranke vor unserem Körper. Wer diese Abwehrhaltung einnimmt, drückt damit für sich selbst meist unbewußt, für einen außenstehenden Beobachter jedoch klar erkennbar aus: »Ich muß meinen weichen Unterleib vor einem möglichen Angriff schützen.« Dies ist eine Variante des typischeren Körperkreuzes, bei dem die Arme über der Brust verschränkt werden. Alle diese schrankenbildenden Bewegungen deuten auf Verunsicherung und auf eine offenkundige Beunruhigung in Gesellschaft anderer hin, darauf, daß jemand ein leichtes Unbehagen verspürt. Das gilt jedoch nur, wenn die Person, die sich an den Bauch faßt, keine unreifen Äpfel gegessen hat. In einem solchen Fall hätte die Geste wohl eher etwas mit Bauchschmerzen zu tun als mit einem unterbewußten Bauchschutz.

Beim zwischenmenschlichen Kontakt spielt der Bauch nur in ganz besonderen Situationen und unter spezifischen Umständen eine Rolle, weil er in der Nähe des Genitalbereichs liegt. Wenn jemand den Bauch eines anderen Menschen berührt, gehören die beiden gewöhnlich einer Familie an, sind Liebende oder seit langen Jahren vertraute Freunde. Eltern klopfen ihren Kindern leicht auf den Bauch, wenn sie brav gegessen haben. Ein stolzer Gatte tätschelt zärtlich den vorstehenden Bauch seiner schwangeren Frau, um seine Freude über ihren Zustand zu zeigen. Zwei alte Kumpane klopfen sich manchmal gegenseitig auf die Bierbäuche, wenn sie auf ihre zunehmende Taillenweite anspielen. Und Liebende liegen still beieinander, wobei der eine den Kopf auf den Bauch des anderen legt. Außer diesen Handlungen und einem gelegentlichen Schlag auf den Bauch von einem Feind gibt es in dieser Kategorie nur noch einen wichtigen Kontakt von Person zu Person, und das ist der intime Bauch-an-Bauch-Kontakt bei der frontalen Kopulation. Merkwürdigerweise ist diese Stellung Gegenstand eines der ältesten überlieferten Witze. In einem alten Sumerertext aus dem 3. Jahrtausend v. Chr. wird mit bitterem Humor berichtet: »Stein auf Stein wurde dieses Haus gebaut. Bauch auf Bauch wurde es niedergerissen.«

Die Hüften

Das breite menschliche Becken bewirkt an der Stelle, wo Rumpf und Beine zusammentreffen, eine Verbreiterung des Körpers. Wir nennen diese Ausbuchtung in der Körperkontur die Hüften. Weil der weibliche Beckenring breiter und ausladender als der des Mannes ist, haben Frauen breitere Hüften, und dieser grundlegende biologische Geschlechtsunterschied hat zu zahlreichen Übertreibungen und Modifikationen geführt.

Will eine Frau dieses weibliche Körpersignal betonen, kann sie dies direkt tun, indem sie die Hüften auspolstert und dadurch verbreitert, oder sie kann es indirekt tun, indem sie die Taille enger macht und so die Rundungen ihres Unterleibs besonders hervorhebt. In beiden Fällen wird die Ausbuchtung der Hüfte betont, und es scheint mehr diese schön geschwungene Wölbung zu sein als die absolute Breite der Hüften, die dem Mann das seit Urzeiten untrüglich wirksame Geschlechtssignal übermittelt.

Heute meinen die Frauen meist, mit der natürlichen Wirkung nicht noch zusätzlich übermäßig verbreiterter Hüften auszukommen. Aber in früheren Zeiten machten sie sich selbst oft zu Sklaven von Superhüften und zu Opfern der Superhüften-Technologie, oder sie wurden dazu gemacht. Wie weit manche Fanatikerinnen dabei gingen, ist kaum zu glauben. Im 16. Jahrhundert verkauften die europäischen Bekleidungsgeschäfte riesige »Hüftkissen«, die wie ausgestopfte Autoreifen aussahen und fast ebensogroß waren. Sie wurden unter den weiten Röcken getragen, um die natürliche Beckenbreite der Frauen zu verdoppeln. Sie machten jede heftige oder athletische Bewegung unmöglich und schufen ein so beschwerliches und jeden Bewegungsfreiraum einengendes Kostüm, daß die damaligen Frauen zu körperlich anspruchsvolleren Tätigkeiten unfähig waren.

Aber es sollte noch schlimmer kommen. Im 17. Jahrhundert erreichte der Brauch des Schnürens einen solchen Höhepunkt, daß sich viele junge Damen erst dann zufriedengaben, wenn sie ihre Taille mit den Händen umfassen konnten. Thomas Bulwer schrieb 1654 entsetzt über den Schaden, der hier angerichtet wurde, und klagte, daß die Frauen, »wenn sie ihre Taillen in ein Fischbeinkorsett stecken ... der Schwindsucht und einer vernichtenden Fäulnis Tür und Tor öffnen«. Seine Worte verhallten jedoch bei seinen weiblichen Zeitgenossen völlig ungehört. Im folgenden Jahrhun-

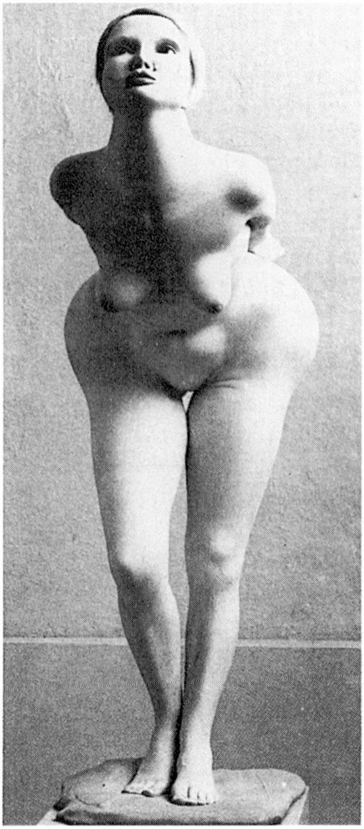

Da ein breites Becken das Gebären erleichtert, sind breite Hüften zum Symbol weiblicher Fruchtbarkeit geworden. Zudem wurden sie zu wichtigen Signalen sexueller Attraktivität, die häufig durch Auspolstern oder andere Kunstgriffe des Bekleidens überbetont werden. Bildhauer verstärken die Weiblichkeit in ihren künstlerischen Darstellungen des nackten Körpers, indem sie die Hüftgegend leicht über das natürliche Maß hinaus verbreitern, wenngleich die Gefahr besteht, daß dies bei Übertreibung nicht mehr erotisch ansprechend wirkt.

dert vermerken wir eine ständig zunehmende Bedeutung und Wohlhabenheit der Korsettmacher, die nun den gleichen gesellschaftlichen Rang einnahmen wie die Schneider und Friseure. Infolge ihrer Aufgabe, die vornehmen Damen in ihre atemberaubenden Körpergefängnisse einzuschließen, genossen sie diesen gegenüber einen Grad der Intimität, wie er nicht einmal den Liebhabern der Damen gestattet wurde.

Ende des 18. Jahrhunderts fand der Irrsinn der enggeschnürten Taille schließlich ein vorläufiges Ende, und die jungen Frauen konnten wieder richtig atmen. Aber schon ein paar Jahrzehnte später war das schwere Korsett wieder da und überdauerte fast das ganze viktorianische Zeitalter. Gegen Ende der viktorianischen Epoche mußte die Taillenweite eines »schönen« Mädchens, gemessen in Zoll, der Zahl ihrer abgeschlossenen Lebensjahre entsprechen. Um dieses Ziel zu erreichen, trugen viele junge Mädchen ihr enggeschnürtes Korsett wohl oder übel 24 Stunden am Tag. Wie sie darin schlafen konnten, ist für uns heutzutage schlichtweg ein Rätsel. In extremen Fällen ließen sich Frauen ihre unteren Rippen entfernen, um ihre Taillenweite zu verringern. (Die geringste Taillenweite, die je bei einer erwachsenen Frau normaler Größe gemessen wurde, betrug 33 cm.)

Allmählich wurde die Kritik am Korsett immer lauter, und die Gegner dieser Entstellungskunst führten alle Schäden an, die durch die »Verstümmelung« des engen Schnürens entstanden: Korsetts unterhöhlten angeblich die Lebenskraft, scheuerten am zarten Fleisch, verschoben innere Organe, deformierten den Brustkorb, beeinträchtigten die Atmung und führten zu Mißgeburten. Einige Ärzte verlangten nach einer Reform, aber viele andere waren, wenn auch ungern, bereit, der Mode zuliebe ein paar körperliche Opfer zu übersehen. Von einigen Vertretern dieses Standes muß zu ihrer Schande gesagt werden, daß sie an dem Wahnsinn sogar noch verdienten, indem sie besondere »Gesundheitskorsetts« verkauften. Am bizarrsten war Dr. Scotts elektrisches Korsett aus dem Jahr 1883. Diese Korsetts waren angeblich »nach wissenschaftlichen Grundsätzen konstruiert und«, hieß es weiter, »erzeugen einen belebenden, gesundheitsfördernden Strom im gesamten Organismus. Ihr therapeutischer Wert ist unbestritten, und sie führen auf wunderbare Weise zu einer raschen Heilung bei nervösen Erschöpfungszuständen, Rückenschmerzen, Rheumatismus, Lähmung, tauben Gliedern, Verdauungsstörungen, Leber- und Nierenleiden, schlechter Durchblutung, Verstopfung und allen Frauenleiden«. Für die elektromagnetische Kraft, die solche Wunder wirken sollte, verbürgte sich kein Geringerer als der Generalstabsarzt der Vereinigten Staaten von Amerika. Doch die traurige Wahrheit war, daß Dr. Scotts Korsetts viele dieser Leiden, die sie angeblich heilen sollten, erst eigentlich verursachten.

Bis zum Ende des 19. Jahrhundert erzielte die Korsett-Techno-

Die »Eieruhrfiguren« der Jahrhundertwende waren nicht nur deshalb so beliebt, weil sie das feminine Verhältnis zwischen Taille und Hüften besonders herausstrichen, sondern auch, weil sie ein unausgesprochenes Moment von Knechtschaft ausdrückten. Das Korsett nahm das weiche Fleisch der attraktiven jungen Frau »gefangen« und verlieh ihr einen Hauch von jemandem, der in eine Falle geraten und verletzbar geworden war, da er sich unmöglich frei und temperamentvoll bewegen konnte.

Mit der zunehmenden sexuellen Freiheit der Frau im 20. Jahrhundert ist das Einschnüren in Korsetts immer seltener geworden; doch nach dem Zweiten Weltkrieg, in den späten 40er und in den 50er Jahren, war es noch einmal populärer geworden. Kriegsmüde Veteranen waren begierig auf die Zurschaustellung von Superweiblichkeit, und die »Wespentaillen«, die die zu jener Zeit bevorzugten Kleidungsstücke hervorzauberten, quetschten das zarte Fleisch der Frau wieder in seinen früheren Zustand – erzwungene Unterordnung und Ergebenheit symbolisierend. Die Mädchen mit den Wespentaillen zwickten sich bis zu 5 cm von der Taille ab. Für manche Sexgöttinnen im Hollywood der 50er Jahre galt, daß sie noch mehr von ihrer Taille abzweigten. Und für wenige Jahre feierte diese grandiose Herausstellung der Hüften bis hin zu ihrer übertriebensten Form ihr Comeback.

Schlanke Hüften deuten jugendliche Unschuld an.

Der Zeitgeschmack der letzten Jahre bewirkte eine starke Verlagerung auf gekünstelt jugendliche Konturen hin, und erwachsene Frauen offerierten als sexuelle Attraktion den zarten Körperbau junger Schulmädchen. Durch das Weglassen der breiten, mit Kindergebären in Zusammenhang gebrachten Hüften wird eher Spaß an Sport und Sex suggeriert als die große Verantwortung des Gebärens und der Gründug einer Familie; durch die Nachahmung des zarten Körperbaus des »kleinen Mädchens« wird zudem die unterwürfige Unreife der Jugend angedeutet. Manche Sportlerinnen gehen bei ihren Schlankheitskuren zwecks schmaler Hüften sogar so weit, daß sie bereits pseudomännliche Signale aussenden. Mögen auch ihre breiten Schultern und schmalen Hüften auf eine hervorragende Gesundheit und auf Fitneß hinweisen, so verlieren ihre Körperkonturen doch stark an erotischer Ausstrahlung.

logie weitere Fortschritte. Ein Werbeplakat aus dem Jahr 1901 zeigte eine reizende junge Dame, die im Meer badete, und darüber stand zu lesen: Warners rostfreie Sommerkorsetts.

Der ursprüngliche Zweck des Schnürens, der ja darin bestand, die Frau noch weiblicher und sexuell reizvoller zu machen, ging im Lauf der Zeit auf sehr eigenartige Weise verloren. Viktorianische Frauen, die kein steifes Korsett trugen, galten als leichtfertig und verdorben, obwohl gerade sie es waren, die ihre *natürlichen* Formen ohne jegliche Hervorhebung einer bestimmten Körperzone zeigten. Sie beuteten ihre Taillen und Hüften nicht als Super-Geschlechtssignale aus; aber plötzlich kam es darauf gar nicht mehr

Groteske Extreme des Taillen-Einschnürens.

A PERFECT VIEW OF THE NEW MACHINE FOR WINDING UP THE LADIES

Für Frauen in ausgelassener Stimmung schafft die Damenmode die Konturen von Taille und Hüften ab.

an. Enge Korsetts gehörten inzwischen so sehr zur feinen Lebensart, daß ein Erscheinen »ohne« einem öffentlichen Striptease gleichkam.

Am Ende war es vielleicht diese Gleichsetzung der sexuellen Freiheit mit der Befreiung vom Korsett, die diese sprichwörtliche »Zwangsjacke« im 20. Jahrhundert allmählich verschwinden ließ.

Im Lauf des letzten Jahrhunderts erreichte das Einschnüren der Taille, um den Schwung der Hüften herauszustreichen, groteske Extreme. Besonders während der viktorianischen Epoche standen junge Frauen in ihrem Bestreben nach der idealen Figur enorme Qualen aus. So überrascht es kaum, daß in der feineren Gesellschaft Schwindelanfälle und Ohnmachten an der Tagesordnung waren. Trotz ihrer großen Beliebtheit wurde die Mode doch auch sehr scharf kritisiert. Die Frauen, die sich in solche Korsetts zwängten, wurden als »Ameisen« oder »Flaschenständer« verhöhnt.

Erst mit dem zunehmenden Freiheitsbedürfnis in den 20er Jahren wurden die ehemals schmalen Taillen und gepolsterten Hüften durch formlosere, saloppere Gewänder abgelöst. In diesem verspielten, ausgelassenen Jahrzehnt schafften die Frauen die Konturen von Taille und Hüften ab und gaben sich eher wie ungezogene kleine Kinder, die ihren Körper für Spaß und Spiel anboten und nicht für ernste Mutterschaft. Wenn ihre Gewänder Hüften andeuteten, dann gewöhnlich an der falschen Stelle, wie um zu demonstrieren, daß sie nichts weiter als ein Scheintribut an die weibliche Figur sind.

Es tauchte nur noch gelegentlich in stark vereinfachter Form auf, zum Beispiel während des New Look Ende der 1940er Jahre. Die Ära der weiblichen Torsoeinschnürung war vorbei.

Wenn wir allerdings über diese frühen Versuche, eine schlanke weibliche Taille zu schaffen, spotten, sollten wir bedenken, daß wir heute, ohne es auch nur zu merken, einen ähnlichen Masochismus betreiben. Die modernen Frauen haben zwar die verkrüppelnden Korsetts abgelegt, aber sie haben die alte Tyrannei durch eine neue, vergleichbar grausame – die strenge Diät – ersetzt. Indem sie sich auf unnatürliche Weise schlank halten, verringern sie ihr Taillenmaß auf Kosten ihrer natürlichen Fettschicht.

Wie für die viktorianischen Korsetts lautet die offizielle Begründung für die modernen Schlankheitsdiäten »mehr Gesundheit und mehr Vitalität«. In Wahrheit dreht es sich hier wie dort um den seit Urzeiten wirksamen Sexualreiz der schlanken weiblichen Taille. Hatte eine junge Frau als junges Mädchen eine Taillenweite von 55 cm, wird sie als Mutter von zwei oder drei Kindern mit einer Taillenweite von 70–75 cm rechnen müssen, was sich nur durch besondere Maßnahmen verhindern läßt. Wegen dieser Veränderung des Körperumfangs haben sehr schmale Taillen immer Jungfräulichkeit und unschuldige Jugend symbolisiert. Es ist deshalb wichtig zu erkennen, daß eine schlanke Taille nicht nur signalisiert: »Ich bin weiblich«, sondern vor allem auch »und ich bin nicht schwanger«. Anders ausgedrückt, verkündet die schlanke Taille: »Ich kann schwanger gemacht werden«, woraus in bestimmten Zusammenhängen ein »Du darfst mich schwängern« werden kann. Der runde Leib einer übergewichtigen Frau erinnert zu stark an den gewölbten Leib einer werdenden Mutter, um ein deutliches sexuelles Aufforderungssignal an potentielle Partner zu übermitteln. Aus diesem Grund übt die stark taillierte Körperform einen so mächtigen Einfluß auf den Mann aus.

Es ist jedoch wichtig, bei diesem Streben nach hagerer Eleganz nicht zu weit zu gehen. Das Fotomodell Twiggy hatte die Körpermaße 77,5 – 61 – 83 (Brust – Taille – Hüften in cm). Die Maße der durchschnittlichen britischen Frau jener 70er Jahre betrugen 94 –70 –99. Twiggy sammelte sexuelle Pluspunkte, weil ihre Taille schmaler war, verlor aber Punkte, weil der Kontrast zwischen Taille und Hüften geringer ausfiel. Sie schickte verlockende Signale einer jungfräulich schlanken Taille aus, aber die durchschnittliche Frau übermittelte genauso ansprechende Signale einer kurvenreichen Weiblichkeit.

Am besten ist es natürlich, beide Signale auszusenden, aber das ist nicht immer einfach. Nur die wirklich vollkommen gebauten Frauen, die schlank sind, ohne ihre Kurven einzubüßen, werden die höchste Punktzahl erreichen. Solche Wesen gibt es, auch ohne viktorianisches Korsett. Als die abgezehrte Twiggy das Modeideal verkörperte, gingen die »Miss World«-Bewerberinnen mit den Maßen 91 – 61 – 91 über den Laufsteg. Ihre Taillen waren so schlank wie die von Twiggy, doch ihre Hüften waren viel breiter, und der Unterschied zwischen ihren Taillen- und Hüftmaßen war größer als bei Twiggy oder bei der Durchschnittsfrau auf der Straße. Nur aufgrund ihrer Körpersilhouette waren sie eindeutig im Vorteil.

Was Hüftbewegungen und -stellungen anbelangt, ist es nicht weiter verwunderlich, daß die meisten derartigen Posen eine stark weibliche Tendenz haben. Der Gang mit auffallend wiegenden oder wackelnden Hüften ist so ausgesprochen feminin, daß er gar als karikaturistisches Element bei komisch-erotischen Theatervorstellungen gebraucht wird. Jede Frau, von Mae West bis zu Marilyn Monroe, hat schon gelegentlich aufreizend mit den Hüften gewackelt und damit die bewundernden Blicke der Männer auf sich gezogen. Männer würden ihre Hüften nur dann so bewegen, wenn sie Frauen darstellten oder schamlose »Tunten« wären.

Die seitlich ausgestellte Hüfte ist ebenfalls feminin oder weiblich. Sie ist das Haltungsäquivalent der wiegenden Hüften beim Gehen. Es ist eine leicht widersprüchliche Pose, weil sie gestellt, aber auch bequem ist. Sie übermittelt die Botschaft: »Sieh mal, wie hübsch meine Hüften sind«, aber die unausgewogene, asymmetrische Körperhaltung kann keine deutliche Stimmung signalisieren.

Bei vielen Standardtänzen werden kräftige Hüftschwünge ausgeführt. Die Hüften werden ruckartig seitlich ausgestellt, geschüttelt und kreisförmig bewegt. Und auch hier sind es gewöhnlich die Frauen, die dies tun, seltener die Männer. Bei dem berühmten Hula-Tanz betonen die jungen Hawaiianerinnen ihre Beckengegend mit Baströcken, und ihre Hüften schwingen, stoßen und kreisen rhythmisch zur Musik. Zwei in diesem Zusammenhang beson-

Hüftbewegungen und Beckenbeweglichkeit.

Eine Alternative zur »Eieruhrkontur« stellt das dynamische Hüftschwenken mit den Zuckungen der Hüften bei modernen Tänzen dar. Hier brauchen die Proportionen der Hüften im Verhältnis zur Taille keinen allzugroßen Kontrast aufzuweisen, da die Aufmerksamkeit eher durch ihre betonten Bewegungen auf die Hüften gelenkt wird. Da Tänze, bei denen die Hüften geschwenkt werden, herkömmlich eher von Frauen als von Männern aufgeführt wurden, wobei die erstaunliche Beweglichkeit der weiblichen Hüftgelenke ausgenutzt wurde, löste es einen gewissen Schock beim Publikum aus, als Rock'n' Roll-Musiker begannen, beim Singen ihr Becken kreisen zu lassen. Sie begegneten jedoch etwaigen Anschuldigungen bezüglich Weibischkeit und Verweichlichung mit dem simplen Argument, daß ihr Rucken mit den Hüften den starken Widerhall des männlichen Zustoßens mit dem Becken bei der Kopulation ausdrücke.

ders wichtige Tanzbewegungen sind hier das *Ami* und das *Rings-um-die-Insel.* Beim *Ami* kreisen die Hüften. Eine Hand ist erhoben, die andere ruht auf der Hüfte. Die Hüften kreisen erst im Uhrzeigersinn und dann entgegen dem Uhrzeigersinn. Das *Rings-um-die-Insel* ist eine ähnliche Bewegung, aber der Körper beschreibt bei jeder Hüftbewegung eine Vierteldrehung und »umkreist die Insel« im Viervierteltakt.

Typischerweise vermeiden männliche Tänzer solche Bewegungen, aber es gab auch Ausnahmen. Elvis Presley verursachte bei seinen ersten öffentlichen Auftritten mit seinen elastischen Hüftbewegungen einen Skandal. Er übertrieb seine wiegenden und ruckartigen Hüftbewegungen derart, daß er sehr schnell den Spitznamen Elvis Pelvis (pelvis = Becken) weghatte, und bei seinen frühen TV-Auftritten waren die Hüften nicht auf dem Bildschirm zu sehen. Seine Bewegungen waren zu aggressiv maskulin, als daß sie anstößig pseudoweiblich wirkten, aber man interpretierte sie als Nachahmungen der Beckenstöße beim Koitus, und es dauerte einige Jahre, bis er sein ganzes Können auf den Bildschirmen zeigen durfte. Presley hatte bewiesen, daß rhythmische Hüftbewegungen keineswegs nur eine Domäne der Frauen sind. Wurde dieses Hüftenschaukeln zum Beispiel beim Hula-Tanz übertrieben und stilisiert, dachte kein Mensch an männliche Kopulationsbewegungen. Presley änderte das und rief eine Sensation hervor. Er profitierte davon, daß es vor ihm keiner gewagt hatte, diese als feminin abgestempelten Hüftbewegungen auf die Bühne zu bringen.

Bei den wenigen regional bedeutsamen Hüftengesten gibt es eine mit stark kopulativem Charakter, die im Mittleren Osten und in Südamerika zu Hause ist. Dabei liegen die Ellbogen oberhalb der Hüften am Körper an, und die Unterarme weisen nach vorn. Die Fäuste sind geballt. Die Hüften werden nach vorne gestoßen. Bei der südamerikanischen Version zucken die Arme während der Vorwärtsbewegung der Hüften nach hinten. Im Mittleren Osten halten die Arme still, während die Hüften schnell vor und zurück zucken. Es hat den Anschein, als hätten sich diese beiden Kopulationssignale unabhängig voneinander entwickelt; ihre Ähnlichkeit beruht auf der Tatsache, daß sie beide das Stoßen des männlichen Beckens nachahmen.

Die in die Seite gestemmten Arme stellen vielleicht die wichtig-

Die abweisende Haltung der in die Hüften gestemmten Hände.

Die Körperhaltung, bei der die Hände auf die Hüften gestemmt werden, ist ein unbewußtes Körpersignal, das auf der ganzen Welt benutzt wird. Es ist ein ungeselliges Zeichen, das besagt: »Halte dich fern.« Wenn ein Mensch allein in dieser Haltung dasteht, drückt sie ein Abweisen aller aus. Wenn jemand, der in ein Gespräch mit einem anderen vertieft ist, diese Haltung einnimmt, dann kann sie als ein Signal verstanden werden, das uns mitteilt, daß wir von diesem Gespräch ausgeschlossen sind. Der Ellbogen ragt seitlich aus dem Körper wie eine Pfeilspitze heraus, die in die Richtung weist, die wir einschlagen sollen.

ste Hüftengeste dar. Im allgemeinen drückt sie Autorität, Widerstand oder eine sehr entschlossene Stimmung aus, aber sie ist eigentlich noch komplexer. Im Grunde ist sie ein Zeichen von Ablehnung und Verschlossenheit. Sie ist das Gegenteil der zu einer Umarmung einladenden ausgestreckten Arme. Es ist in der Tat schwierig, jemanden zu umarmen, der mit in die Seiten gestemmten Armen dasteht. Wenn die Hände fest auf die vorspringenden Hüften gelegt werden, stechen die Ellbogen wie Pfeilspitzen seitlich vom Körper ab, als wollten sie sagen: »Bleib mir vom Leib, oder ich steche dich.« Diese Geste wird überall auf der Welt ganz in Gedanken und automatisch in einer solchen Stimmung ausgeführt.

Die Geste der in die Seiten gestemmten Arme ist charakteristisch für Widerstand. Die Wache steht vor der Tür, hat die Arme in die Seiten gestemmt und drückt damit stillschweigend aus: »Bleib weg. Niemand soll es wagen, mir zu nahe zu kommen.« Insofern beinhaltet die Haltung auch Autorität. Die Person, die Autorität besitzt und sie zu zeigen wünscht, muß sich von den anderen abheben und darf weder den Platz noch die Haltung mit ihnen teilen. Die Geste der in die Seiten gestemmten Arme befiehlt den andern, Abstand zu halten.

Die in die Seiten gestemmten Arme sind auch bei Personen zu beobachten, die gerade einen Rückschlag erlitten haben. Sie beherrschen dann vielleicht nicht die Situation, aber sie suchen bestimmt nicht Trost bei Mitmenschen. Der Torwart, der eben einen Ball nicht gehalten hat, nimmt sofort diese Haltung an, gewöhnlich mit leicht gesenktem Kopf, der seine Enttäuschung ausdrückt. Die Botschaft lautet: »Bleib mir vom Leib. Ich ärgere mich so, daß ich keinen in meiner Nähe haben will.«

Möchte sich jemand von einer Gruppe absondern, die sich zum Beispiel zu seiner Linken befindet, wird er nur den linken Arm gegen die Hüften stemmen. Fühlt er sich mit der Gruppe zu seiner Rechten verbunden, bleibt der Arm auf dieser Seite unten. Diese »halbe« Geste, die oft auf Partys oder bei anderen gesellschaftlichen Zusammenkünften zu sehen ist, enthüllt die innere Einstellung eines Menschen zu anderen.

Obwohl diese Geste weltweit Anwendung findet, hat sie eigenartigerweise in den meisten Sprachen keinen eigenen Namen. Sie wird beschrieben als »Arme in die Seiten stemmen«, »Fäuste auf den Hüften« oder »Topf mit zwei Henkeln«, aber abgesehen von der englischen Bezeichnung »Akimbo«-Haltung gibt es in keiner anderen europäischen Sprache eine gleichbedeutende, nur aus einem Wort bestehende Bezeichnung dafür. Daran sieht man, wie selbstverständlich diese Haltung für die allermeisten Menschen ist. Sie gehört zu den allgemeinen menschlichen Verhaltensmustern, die wir täglich sehen und auf die wir unterschwellig reagieren, ohne jemals das Körpersignal, das wir empfangen, zu analysieren. Wäre sie eine bewußtere Geste wie ein Gruß oder ein Winken, gäbe es in jeder Sprache ein Wort dafür.

Schließlich gibt es den zwischenmenschlichen Kontakt der Hüften- oder Taillenumarmung. Häufig sieht man junge Liebespaare dicht aneinandergeschmiegt weite Entfernungen zurücklegen. Ihre Seiten berühren sich, und mit den Armen umschlingen sie gegenseitig ihre Taille. Ihre Hände ruhen dabei auf der Hüfte des Partners. Es sieht so aus, als versuchten sie, sich voll zu umarmen und gleichzeitig zu gehen – die Kompromißlösung ist die Umarmung der Hüften. Diese doppelte Handlung ist nicht leicht auszuführen und behindert die Vorwärtsbewegung; aber in diesem Fall ist die Mobilität des Paares weniger wichtig als die Zurschaustellung ihrer Intimität – sich selbst und den anderen gegenüber. Sie wirkt als eine stark ausschließende Geste gegenüber anderen Begleitern oder Beobachtern.

Als Verbundenheitszeichen übermittelt diese Art der Umarmung eine stärkere Botschaft als die ebensohäufige Schulterumarmung. Zwei Männer können sich stehend oder gehend gegenseitig den Arm um die Schultern legen. Das ist zwar eine freundschaftliche, aber keineswegs so intime Geste, daß sie auf eine sexuelle Verbindung schließen läßt. Die Umarmung der Taille hingegen bringt die umarmende Hand der primären Geschlechtszone wesentlich näher und wird dadurch intimer. Deshalb umarmen Männer auf diese Weise normalerweise nur Frauen, es sei denn, sie legen Wert darauf, ihre Homosexualität öffentlich zur Schau zu stellen.

Taillen- und Hüftenumarmungen wurden auf Geschlechtsunterschiede untersucht, und man stellte fest, daß in den meisten Fällen jeweils nur ein Partner aktiv umarmte, während der andere die Umarmung zuließ, aber nicht erwiderte. In 77 Prozent der Fälle umarmte ein Mann eine Frau; in 14 Prozent umarmte eine Frau einen Mann und in neun Prozent der Fälle umarmte eine Frau eine andere Frau. (Eltern, die ihre kleinen Kinder umarmen, waren von dieser Untersuchung ausgeschlossen.) Wie erwartet, gab es keine Männer, die Männer umarmten, aber es hat den Anschein, daß das Tabu der gleichgeschlechtlichen Taillenumarmung bei Frauen weniger streng ist als bei Männern – ebenso wie bei Begrüßungsküssen und im öffentlichen Umgang miteinander.

Der große Unterschied in bezug auf die Häufigkeit, mit der Männer Frauen umarmen beziehungsweise Frauen Männer, macht die Einstellung der Erwachsenen gegenüber der Taillen- und Hüftenregion des Körpers deutlich. Die Männer sind offensichtlich wesentlich mehr daran interessiert, Frauen an der Taille zu umarmen als umgekehrt. Das bedeutet in gesellschaftlicher Hinsicht, daß Taille und Hüften im wesentlichen weibliche Attribute sind. Aufgrund des breiten, zum Gebären geeigneten Beckens, das die Hüften zu einem so ausgeprägten Merkmal der weiblichen Form macht, sind sie fast ebenso mit Weiblichkeit befrachtet wie die weiblichen Brüste. Nur wenn der Mann seine triebhaften Beckenstöße ausführt, nehmen sie einen mehr maskulinen Charakter an.

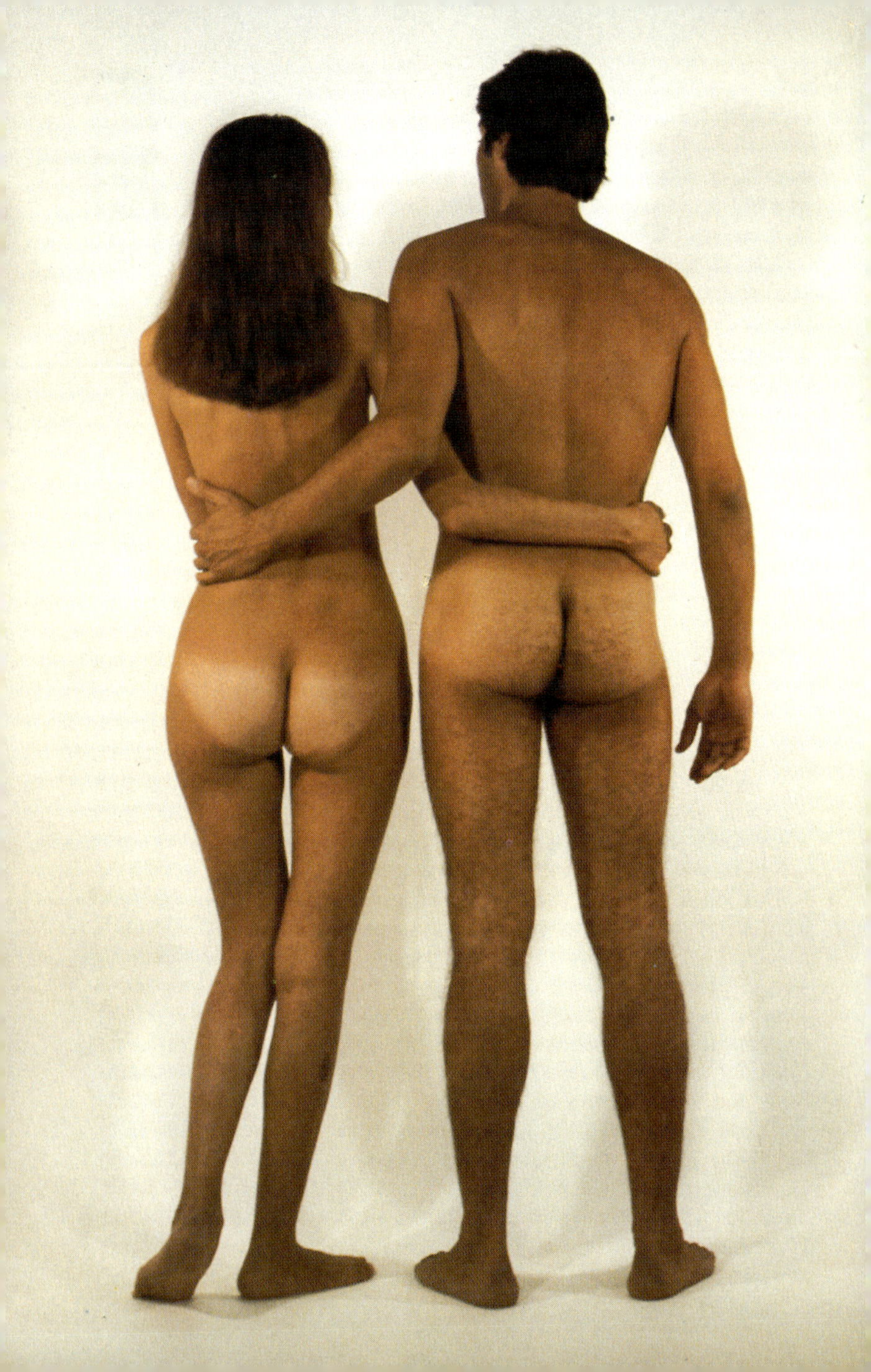

Das Gesäß

Das Gesäß ist eigentlich zu Unrecht die »Witz«-Region des menschlichen Körpers. Die Hinterbacken bringen die Leute zum Lachen; sie sind ein beliebter Gegenstand schmutziger Witze. Der Hintern, das Hinterteil, die Kehrseite, der Popo, die vier Buchstaben, der Allerwerteste, der Arsch – welche Namen man diesem Körperteil auch gibt, er gilt entweder als lächerlich oder als obszön. Selbst in seiner Eigenschaft als erotische Zone wird er öfter gezwickt und geschlagen als zärtlich liebkost.

Diese negative Einstellung hält sich trotz der Tatsache, daß die menschlichen Hinterbacken etwas ganz Besonderes und Einzigartiges sind. Wir erwarben sie, als wir den wahrhaft gewaltigen Schritt taten und uns auf unseren Hinterbeinen aufrichteten. Die kräftigen, sich vorwölbenden Gesäßmuskeln vergrößerten sich daraufhin dramatisch und ermöglichten unserem Körper eine bleibende aufrechte Haltung; und ihnen verdanken wir die paarigen Halbkugeln am unteren Rumpfende, die wir undankbarerweise so lächerlich finden.

Wie es dazu kam, ist nicht schwer zu begreifen. Zwischen den Gesäßbacken versteckt liegt der After, durch den wir Tag für Tag unsere unverdaulichen Nahrungsreste und gelegentlich die noch berüchtigteren Gase ausscheiden. Wenn wir uns bücken, sind die Genitalien, umrahmt von den Zwillingsbögen der Gesäßbacken, zu sehen. Assoziationen mit Exkrementen und Sex sind unvermeidlich.

Daraus folgt, daß die Zurschaustellung des Gesäßes entweder als grobe Beleidigung ausgelegt wird – symbolischer Akt der Darmentleerung auf einen Feind – oder als grobe Obszönität – schamloses Herzeigen der Geschlechtsorgane. In der modernen Gesellschaft kann das Zeigen eines nackten Hinterteils verschiedene Reaktionen hervorrufen, von peinlich berührtem Gelächter bis zu ernsthaften Beschwerden, Empörung und sogar strafrechtlicher Verfolgung. Erst vor kurzem beschäftigte sich das schweizerische Oberste Bundesgericht mit der schwierigen Frage, ob eine besondere Gesäßzurschaustellung »beleidigend« oder »anstößig« war. Von diesem feinen Unterschied hing ein Urteilsspruch ab. Eine Schweizerin hatte bei einem heftigen Streit mit ihren Nachbarn plötzlich »ihr nacktes Hinterteil gezeigt«. Weil Kinder zugegen waren, wurde sie wegen Erregung öffentlichen Ärgernisses einge-

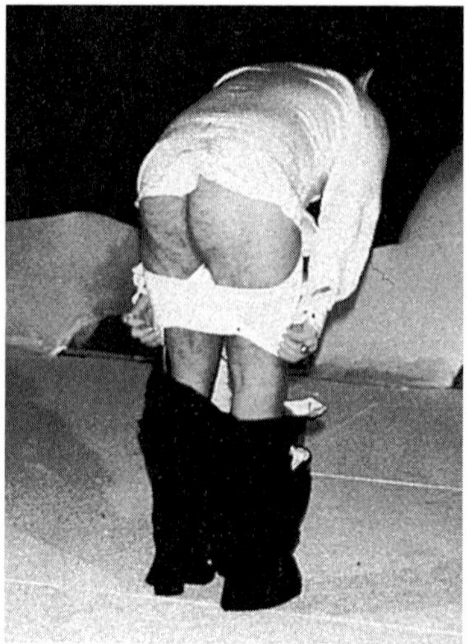

sperrt und von einem Gericht für schuldig befunden. Das Oberste Bundesgericht hob jedoch nach reiflicher Überlegung die Verurteilung wieder auf und erstattete der Frau sogar die Kosten des Verfahrens. Man war zu dem Schluß gekommen, daß »die Gebärde wohl ein beleidigendes Verhalten darstellte und als solches strafbar sei, aber sie konnte nicht als anstößig angesehen werden, da keine Fortpflanzungsorgane beteiligt waren«. Wahrscheinlich hätte man die erste Verurteilung aufrechterhalten, wenn sich die Frau bei ihrer verächtlichen Geste noch weiter nach vorne gebeugt hätte.

Solche extremen Reaktionen auf ein nacktes Gesäß sind heute im Westen selten. Blitzer, die bei Sportereignissen die Hosen fallen lassen oder die Röcke heben, rufen gewöhnlich nur Gelächter hervor; das gleiche gilt für die Mooners in Amerika, die aus den Schlafsaalfenstern der Colleges ihr blankes Hinterteil herausstrecken. Als Mittel des Protests ist Nacktheit auch nicht mehr das, was sie mal war.

In Verbindung mit dem bekannten Götz-von-Berlichingen-Zitat wird das Zeigen des nackten Hinterteils noch beleidigender, weil damit zu einem demütigenden Akt der Unterordnung aufge-

Das vorsätzliche Entblößen des Gesäßes wird gelegentlich in der Welt der Popmusik, des Films und des Sports von mutigen Stars als scherzhafte Beleidigung eingesetzt. Zuschauer, die über solche Darbietungen lachen, wissen wohl selten etwas über deren historischen Ursprung.

Unter den 193 Arten heute noch existierender Primaten hat nur eine, die menschliche Spezies, ständig abstehende, halbrunde Hinterbacken. Dabei handelt es sich um ein einzigartiges anatomisches Merkmal, das sich herausgebildet hat, als unsere Vorfahren erstmals dazu übergingen, in einer aufrechten Haltung auf ihren Hinterbeinen herumzulaufen. Im Vergleich zum Menschen ist der Schimpanse als »der Affe mit dem schmächtigen Hintern« beschrieben worden.

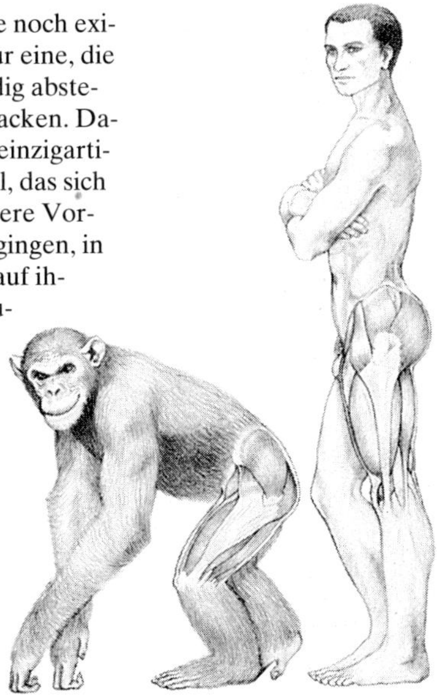

Die erotische Schönheit des weiblichen Gesäßes war in klassischen Zeiten von so großer Bedeutung, daß die Griechen ein eigenes Wort dafür kannten: *kallipygia.* Sie erbauten sogar einen Tempel für die »Göttin mit dem schönen Gesäß«, der sie den Namen Aphrodite Kallipygos gaben, und als Statue, die ihr Gewand hebt, um ihre Reize zu zeigen (siehe eingefügtes Foto), kann man sie heute im Nationalmuseum von Neapel sehen. Seit jenen Zeiten ist es Künstlern immer wieder ein Genuß, ihre Modelle so in Pose zu setzen, daß dieser Teil der Anatomie betont wird. Dadurch, daß in der Spalte zwischen den Pobacken sorgsam alle analen oder genitalen Details verborgen bleiben, ist es ihnen gelungen, die Aufmerksamkeit mehr auf die ästhetischen Rundungen zu lenken und deren sexuelle Bedeutung eher implizit als explizit darzustellen. Doch selbst wenn der Genitalbereich verborgen bleibt, entsendet schon allein die Form des Gesäßes ein starkes erotisches Signal, das auf Zeiten zurückgeht, in denen der erregte Mann die Frau grundsätzlich von hinten bestieg.

In dem aufrichtigeren sexuellen Klima der heutigen Zeit geben Frauen inzwischen zu, daß sie das männliche Gesäß immer als erregende erotische Zone empfunden haben. Ihre Vorliebe gilt im allgemeinen dem festen, strammen männlichen Gesäß, das

Die Schönheit des Gesäßes ist sowohl für Männer als auch für Frauen von tief verwurzelter Bedeutung.

klein, aber muskulös ist. Diese Reaktion, die aus den Antworten auf wissenschaftlichen Fragebögen zu ersehen war, setzt sich aus drei Teilen zusammen. Frauen ziehen kleinere Hintern bei Männern vor, weil diese im Gegensatz zu dem breiteren Gesäß der Frau stehen. Ein schmales Männergesäß ist daher besonders maskulin. Zweitens mögen Frauen feste und muskulöse Gesäße bei Männern, weil sich darin männliche Kraft und Energie spiegelt. Und drittens gefallen Frauen muskulöse Hintern auch aus einem spezifisch sexuellen Grund, weil nämlich ein muskulöses Gesäß ein kräftiges Zustoßen des Beckens beim Geschlechtsverkehr verspricht.

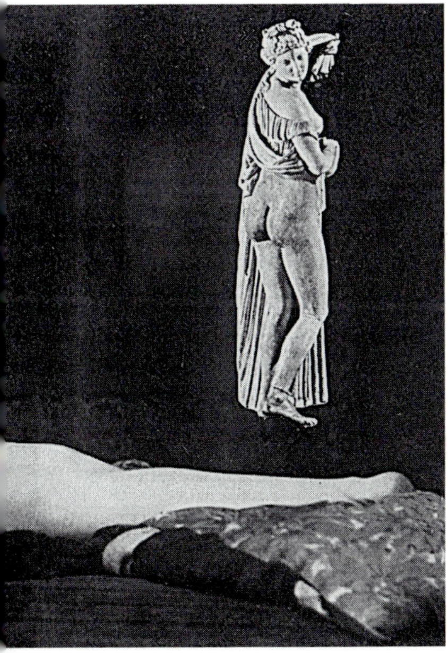

fordert wird. Obwohl vermutlich weder die beleidigende noch die beleidigte Person darum wissen, handelt es sich hier um eine moderne Version einer uralten okkulten Praxis. Um dies zu verstehen, kehren wir zunächst ins alte Griechenland zurück.

Für die alten Griechen war das Gesäß durchaus nicht komisch. Für sie war es ein ungewöhnlich schöner Teil des Körpers, teils wegen seiner gefälligen Rundung, teils weil er sich so kraß vom Tierrumpf der Affen und Menschenaffen unterschied. Die menschlichen halbkugelförmigen Gesäßbacken waren so völlig anders als die schwieligen Hautstellen auf der Sitzfläche der Affen, daß die Griechen sie sehr richtig als höchst menschlich und nichtanimalisch begriffen. Die kurvenreiche Göttin der Liebe – Aphrodite Kallipygos, die »Göttin mit den schönen Gesäßbacken« – hatte angeblich einen Po, der vom Ästhetischen her noch ansprechender war als alle ihre anderen Körperteile. Er wurde allein aus diesem Grund so sehr verehrt, daß man ihm zu Ehren sogar einen Tempel errichtete – keinem anderen menschlichen Körperteil wurde eine solche Ehre zuteil.

Die Gesäßbacken waren also etwas ganz besonders Menschliches. Aus dieser Erkenntnis entwickelte sich eine neue Idee. Wenn die gerundeten Gesäßbacken das Merkmal waren, das die Menschen von den Tieren unterschied, dann mußte dieses besondere anatomische Merkmal den Ungeheuern der Finsternis fehlen. Auf diese Weise geriet der Teufel in den Ruf, keinen Hintern zu besitzen. Die alten Europäer waren fest überzeugt, daß der Teufel, auch wenn er menschliche Gestalt annehmen konnte, die völlige Verwandlung nie ganz schaffte, weil er die runden menschlichen Gesäßbacken nicht nachbilden konnte. Die Nachahmung dieses herrlichsten, ausschließlichsten menschlichen Körpermerkmals überstieg seine teuflischen Kräfte.

Dieser Umstand mußte dem Teufel äußerst peinlich sein, und damit glaubten die Menschen, endlich eine Handhabe gegen ihn zu haben. Wollten sie ihn neidisch machen, brauchten sie ihm nur ihr blankes Hinterteil zu zeigen; wollten sie, daß er wegschaute, brauchten sie ihn bloß an seine Unzulänglichkeit zu erinnern. Die nackten Gesäßbacken schützten auch vor dem bösen Blick, und die Geste wurde weit verbreitet gebraucht, um die Kräfte des Bösen abzuwenden.

Diese besondere Art der Zurschaustellung der Gesäßbacken galt nicht als vulgär oder unsittlich. Sogar Martin Luther bediente sich dieser Methode, als ihm in der Nacht der Teufel erschien und ihn quälte. An alten Festungen und Kirchen sieht man häufig menschliche Plastiken, die ihre runden Gesäßbacken zeigen, um die bösen Geister zu vertreiben, wobei die blanken Kehrseiten immer vom Haupteingang nach draußen weisen. Im Deutschland des 17. Jahrhunderts streckten Männer und Frauen bei einem starken Unwetter ihre nackten Kehrseiten zur Haustür hinaus, in der Hoffnung, die Kräfte des Bösen abzuwenden und heil davonzukommen.

Höchstwahrscheinlich haben alle Gesäßzurschaustellungen auf diese Weise begonnen, und die heutigen Blitzer und Mooner setzen, ohne es zu ahnen, einen alten christlichen Brauch fort. Weil der Teufel heute als der große Feind ausgespielt hat, gilt diese Geste nur noch als »unzivilisiert«. Die religiöse Handlung, dem Bösen zu trotzen, verwandelte sich in eine obszöne Entblößung einer Tabuzone des Körpers.

Wie erklärt dies nun den Satz »Leck mich am Arsch«? Um dies zu verstehen, müssen wir uns alte Darstellungen des Teufels ansehen. Wenn er keine Gesäßbacken hatte, was hatte er dann? Er hatte dort, wo seine Hinterbacken sein sollten, ein zweites Gesicht. Dieses zweite Gesicht war es, was die Hexen am Hexensabbath küßten. Beschuldigte man sie, etwas so Schmutziges getan zu haben, behaupteten sie angeblich, sie hätten nur den Mund dieses zweiten Gesichts geküßt.

All dies war natürlich die Erfindung der mittelalterlichen Vorstellungswelt, aber darauf kommt es nicht an. Die Legenden und Aberglauben, die von einer Generation auf die nächste weitervererbt wurden, machten deutlich, daß das »Arschlecken« die widerliche Tat eines Dieners des Satans und als solche verabscheuungswürdig war. Als der Aberglaube verblaßte, gingen die Zusammenhänge verloren, aber wie so oft überlebte die Redensart und wurde zu einer modernen Beleidigung.

Bis hierher haben wir die Zurschaustellung der Hinterbacken als feindlichen Akt untersucht, als eine alte verächtliche und eine moderne beleidigende Geste. In einem anderen Zusammenhang übermitteln die Gesäßbacken auch starke Sex-Appealsignale.

Der Teufel »hatte keinen Hintern, sondern ein zweites Gesicht«.

Die Weibchen vieler Affen- und Menschenaffenarten haben leuchtend bunte Rumpfenden. In der Zeit vor der Ovulation schwellen ihre Kehrseiten besonders auffällig an; danach gehen die Schwellungen wieder zurück. Das bedeutet, daß ein Männchen mit einem Blick feststellen kann, ob ein Weibchen sexuell aktiv ist. Zu Paarungen kommt es gewöhnlich nur dann, wenn die Weibchen ihre stärksten sexuellen Schwellungen haben.

Bei den menschlichen Frauen ist das anders. Ihre Rumpfenden heben und senken sich nicht mit dem Menstruationszyklus. Ihre Gesäßbacken sind bleibende, vorstehende Rundungen. Entsprechend bleibt auch ihre Sexualität erhalten. Im Rahmen des Paarbindungssystems hat die menschliche Frau ihre erotische Anziehungskraft erweitert, so daß sie für den Mann immer potentiell ansprechbar ist. Sie wird sich sogar in Zeiten paaren, in denen sie unmöglich empfangen kann, weil die Funktion der menschlichen Paarung nicht mehr nur der Fortpflanzung dient. Als Belohnungssystem trägt die Paarung dazu bei, die Zuneigung zwischen Mann

Ein Gesäß, das ständig zu sehen ist, ist ein spezifisch menschliches anatomisches Merkmal.

Die Formulierung »Leck mich im Arsch« hat einen alten Ursprung, der mit der Teufelsanbetung in Zusammenhang steht. Heute ist sie nicht mehr als eine beleidigende Aufforderung zu einem Akt demütigender Unterwürfigkeit, doch in früheren Zeiten bezog sie sich darauf, daß man den Hexen unterstellte, sie würden dem Teufel, der auf seinem Steiß ohne Gesäß ein Gesicht mit einem Mund anstelle des Anus hatte, auf diese Weise ihre Ehrerbietung darbringen.

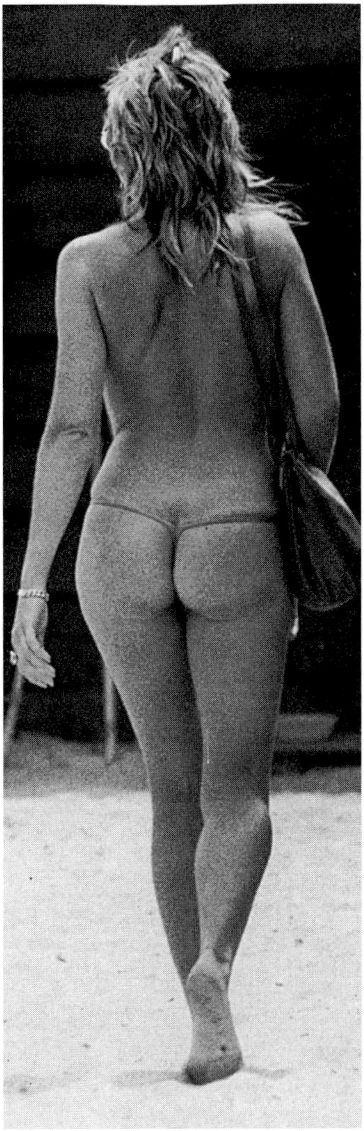

Die halbkugelige Form des Gesäßes der Frau strahlt auf den Mann ständig sexuelle Reize aus. Im Gegensatz dazu verändert sich der Steiß anderer weiblicher Primaten drastisch während des monatlichen Zyklus und sendet nur während der kurzen Zeit des Eisprungs sexuelle Signale aus. Zu diesem Zeitpunkt sind auffällige sexuelle Anschwellungen aufzufinden, die jedoch danach während des übrigen Zyklus zurückgehen, nämlich für die Zeit, in der das Weibchen nicht befruchtet werden kann. Die sexuellen »Schwellungen« der menschlichen Frau – ihr gerundeter Hintern – heben und senken sich dagegen nicht in monatlichen Zyklen. Sie nehmen während der Pubertät an Umfang zu und behalten ihre abstehende Form, bis das Schrumpfen des Körpers im Alter einsetzt. Heute ist es so, daß sich der menschliche Geschlechtsverkehr nicht mehr auf das Erzeugen von Nachkommenschaft beschränkt, sondern vor allem dem »making love« dient.

und Frau zu festigen und den Zusammenhalt der wichtigen Fortpflanzungseinheit, der Familie, zu sichern. Für die Menschen bedeutet Kopulation buchstäblich »Liebe machen«, wie es im Englischen heißt, und es ist sehr wichtig, daß der weibliche Körper jederzeit erotische Signale übermitteln kann.

Nun könnte man einwenden, daß die Frau aufgrund der aufrechten Gangart, bei der die Gesäßmuskeln eine wesentliche Rolle spielen, gar nicht anders kann, als permanent vorspringende Gesäßbacken zu zeigen. Die weiblichen Gesäßbacken gehen in ihrer Sexualität jedoch weit über die bewegungsmechanischen Anforderungen hinaus. Bezogen auf die Körpergröße sind sie größer als die des Mannes, und zwar nicht, weil sie muskulöser sind, sondern weil sie mehr Fettgewebe enthalten. Dieses zusätzliche Fett wurde als Speicher für magere Zeiten bezeichnet – ähnlich wie Kamelhöcker –, aber ob das nun zutrifft oder nicht, die Tatsache, daß das Gesäß mit dem Geschlecht zusammenhängt, macht es zu einem weiblichen Sexsignal. Zwei weitere Eigenschaften betonen das weibliche Gesäß: das nach hinten gekippte Becken und die beim Gehen zur Seite schwingenden Hüften. Die normale Frau – nicht die Athletin, deren Körper durch das besondere Training stark vermännlicht wird – hat einen stärker gewölbten Rücken als der Mann. In der normalen Ruhestellung steht ihr Gesäß ungeachtet seiner Größe stärker hervor als das des Mannes. Beim Gehen verursacht die unterschiedliche Bein- und Hüftkonstruktion des weiblichen Skeletts eine stärkere wellenförmige Bewegung der Gesäßregion. Um es ganz schlicht zu sagen: Sie wackelt beim Gehen mit dem Po.

Diese drei Eigenschaften zusammen – mehr Fett, mehr Wölbung und mehr Schwung – sind ein starkes erotisches Signal für den Mann, und dies nicht, weil die Frau absichtlich ihren Po herausstreckt oder wackeln läßt, sondern einfach, weil ihr Körper so konstruiert ist. Selbstverständlich kann sie ganz unverschämt mit dem Hintern wackeln, doch riskiert sie dabei, sich lächerlich zu machen. Aber selbst wenn sie gar nichts dazu tut, wird ihre Anatomie immer Signale zugunsten ihres Geschlechts aussenden.

Heute sehen wir von diesem weiblichen Gesäßsignal weniger als frühere Generationen. Vermutlich hatten unsere frühen weiblichen Vorfahren wesentlich umfangreichere Gesäße als ihre heuti-

Der relative Größenunterschied zwischen männlichem und weiblichem Gesäß fungiert als wichtiges Geschlechtssignal. Der menschliche Steiß hat bei beiden Geschlechtern eine abstehende halbkugelige Form, doch bei Frauen ist er breiter und stärker betont, ein Unterschied, der sich in der Pubertät herausbildet. Dies ist auf eine Ausweitung des Beckengürtels zurückzuführen, die mit den Anforderungen des Gebärens in Zusammenhang steht, aber auch auf stärkere Fettschichten, die sich auf dem weiblichen Gesäß bilden.

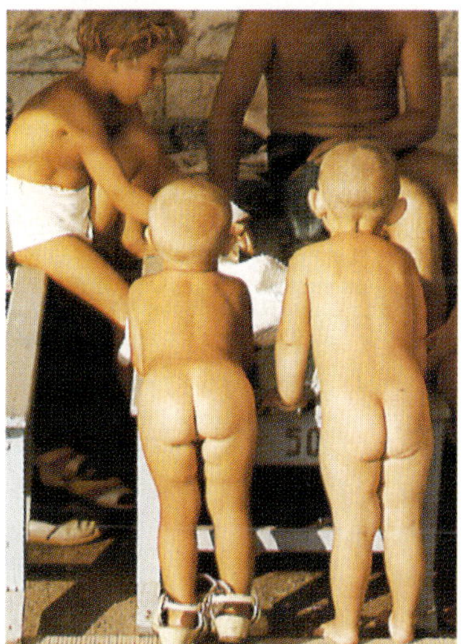

Aufgrund des Tabus unserer Kultur, das Gesäß zu entblößen, können sich manche Unterhaltungskünstler ihren Lebensunterhalt ganz einfach damit verdienen, daß sie ihn in einem erotisch-theatralischen Kontext zeigen. Viele Jahre lang war das ausschließlich Frauen vorbehalten, doch mit der gewachsenen sexuellen Offenheit der Frau ist das Interesse an männlichem Striptease gestiegen.

Wenn ein moderner Künstler das weibliche Gesäß zu einem »Superhintern« umgestaltet, dann ist dies nur die Überzeichnung eines Trends, den die Realität bestimmt. In Urzeiten waren sehr große weibliche Gesäße anscheinend das Übliche; und es kann durchaus sein, daß der moderne Mann einen Widerhall dieser Relikte aus früheren Zeiten in sich trägt, ohne sich darüber klar zu sein. Fast alle erhaltenen Figurinen aus der Steinzeit weisen eine gewisse Steatopygie (wörtlich: Fettsteiß) auf, und diesen Fettsteiß können wir noch heute bei den Buschmännern und den Hottentotten Afrikas sehen.

In viktorianischer Zeit kam es zu einem starken Wiederaufleben dieser Figuren – denn damals erregte das weibliche Gesäß ungewöhnlich großes Interesse. Außerdem wurde die Tournüre (Gesäßpolster im Kleid) eingeführt.

Wo das Gesäß ganz groß geschrieben wird.

gen Geschlechtsgenossinnen. Die alten Knochenfunde können das zwar nicht beweisen, aber wenn wir uns die Malereien und Skulpturen des Steinzeitalters ansehen, finden wir überall riesige Gesäße. Wir finden sie nach dem Steinzeitalter auch noch in der prähistorischen Kunst zahlreicher Kulturen, doch dann verschwinden sie allmählich und schrumpfen auf moderne Proportionen zusammen, die zwar noch immer verhältnismäßig größer sind als die der Männer, aber längst nicht mehr so extrem. Diese frühen »Super-Gesäßbacken« gaben zu allerhand Vermutungen Anlaß. Ein mögliches Szenario sieht folgendermaßen aus: Unsere urzeitlichen Vorfahren paarten sich von hinten wie andere Primaten auch; also kamen auch die prähumanen sexuellen Signale der Frau vom Rumpfende wie bei den anderen Arten. Als wir dann die aufrechte Haltung annahmen und unsere Rumpfmuskeln sich zu Gesäßbacken wölbten, wurde die geschwollene Form das neue menschliche Sexsignal. Frauen mit größeren Schwellungen schickten stärkere Sexsignale aus, und diese Veranlagung steigerte sich bis zu ganz gewaltigen Gesäßen. Diese Frauen hatten den Vorteil, mit ihren neuen Supergesäßen Super-Gesäßsignale übermitteln zu können; aber allmählich wurden die Gesäße so groß, daß sie beim Geschlechtsakt, zu dem sie aufforderten, störten. Die Männer lösten das Problem, indem sie zur Frontalstellung überwechselten. Als Folge dieses neuen frontalen Versuchs schwollen die Brüste an und entwickelten sich zu bleibenden Duplikaten der großen, halbkugeligen Hinterbacken. Nun konnten diese Superbrüste ebenfalls Sexsignale aussenden; sie teilten sich quasi die Arbeit mit den Gesäßbacken, die jetzt kleiner werden konnten. Diese spätere Version der menschlichen Frau war ausgewogener und agiler als das frühere, fettbeladene Modell, das nun allmählich durch den neuen Typ ersetzt wurde.

Wenn diese Vermutungen zutreffen, müßten irgendwelche Überreste als Beweise zu finden sein. Diese findet man auch in entlegenen Wüstengebieten im südwestlichen Afrika, wo die Frauen der Buschmänner noch heute Super-Gesäßbacken haben wie ihre alten Steinzeitgenossinnen. Ihre bemerkenswerten Konturen erreichen erstaunliche Proportionen und vermitteln uns heute einen recht deutlichen Eindruck, wie vor vielen Tausenden von Jahren *alle* unsere weiblichen Vorfahren ausgesehen haben.

Man hat eingewendet, der Vergleich zwischen steinzeitlichen Europäern – die vermutlich die Vorbilder für die Steinplastiken waren – und den heutigen Buschmännern aus dem südlichen Afrika sei unsinnig, aber dabei übersieht man die wahre Geschichte der Buschmänner. Sie leben nicht in ihrer abgelegenen Wüste, weil das ihre Lieblingsgegend ist, sondern weil es der letzte Winkel auf der Erde ist, wo sie sich als ein aussterbender Zweig der menschlichen Familie noch halten können. In früheren Zeiten gehörte ihren Vorfahren ein großer Teil von ganz Afrika, und als Beweis dafür hinterließen sie ihre schönen Felszeichnungen. Aber sie repräsentieren das alte Steinzeitalter, die Periode der Sammler und Jäger. Mit Heraufkommen der Völker des neuen Steinzeitalters – den ersten Bauern – wurden sie aus fast allen ihren Territorien vertrieben, und heute gibt es vielleicht noch 50 000 von ihnen, nicht einmal genug, um eine Kleinstadt zu bevölkern. Früher jedoch gehörten sie zu den vorherrschenden Arten unserer Spezies, und es besteht kein Grund zu der Annahme, daß sehr große Gesäßbacken oder der sogenannte Fettsteiß eine obskure Wüstenrarität sind. Wahrscheinlicher ist, daß in der urzeitlichen Jagdphase der menschlichen Vorgeschichte riesige Gesäßbacken bei Frauen normal waren und daß die Statuetten der steinzeitlichen Künstler eher auf der Wirklichkeit beruhten als auf erotischer Phantasie.

Die schlanken, beweglicheren Frauengestalten verdrängten aber das alte Bild der Frau mit den großen Hinterbacken nicht ganz aus dem menschlichen Unterbewußtsein. Auf ganz unerwartete Weise taucht es von Zeit zu Zeit wieder auf. Kleidung und Tanzbewegungen heben die Gesäßbackenregion hervor. Sogar in der sittenstrengen viktorianischen Zeit wurde dem Mann mit der Einführung der Tournüre eine neue künstliche Version des Fettsteißes geboten. Reifen, Polster, Drahtgeflechte und Stahlfedern mußten die längst verlorenen fettgepolsterten Wölbungen am unteren Rumpf ersetzen. Die eleganten Damen, die ihre Tournüre in der vornehmen viktorianischen Gesellschaft trugen, wären zweifellos über eine solche Interpretation ihrer Kleidung entsetzt gewesen, aber heute scheinen wir um diesen Vergleich nicht mehr herumzukommen. Im 20. Jahrhundert diente vor allem der hochhackige Schuh zur besonderen Hervorhebung der weiblichen Gesäßbakken. Beim Gehen schiebt der hochhackige Schuh die Gesäßbacken stärker als normal nach oben und zur Seite, und die Beckenbewegungen werden zwangsläufig noch wellenförmiger.

Selbst ohne übermäßige Betonung ist das Gesäß ein wichtiger erotischer Blickfang des modernen weiblichen Körpers. Lange Kleider, die die Beine verbergen, sind häufig so geschnitten, daß die Umrisse des Gesäßes und seine Bewegungen deutlich zur Geltung kommen. Kurze Kleider wie der Minirock der 1960er Jahre zeigten das Gesäß direkter, und enge Hosen lassen keinen Zweifel an der Form der Halbkugeln aufkommen.

Anfang der 1980er Jahre kamen für kurze Zeit kunstvoll geschnittene, eng sitzende, teure Jeans in Mode, die ganz bewußt als perfekte Gesäßumhüllung und kühnes Sexsignal für die emanzipierte Frau gedacht waren. In einer damals veröffentlichten Broschüre, *Rear View,* die ausschließlich der Erotik des weiblichen Gesäßes gewidmet war, begrüßte der Autor diese neue Mode geradezu überschwenglich: »Im Jahr 1979 ging das weibliche Gesäß zum Großangriff über, als eine Fernsehsprecherin ihr wippendes, schwingendes, perfekt geformtes Hinterteil dem verblüfften Fernsehzuschauer präsentierte. Dies war der Start eines kulturellen Phänomens – der Designer-Jeans.«

Ein paar Jahre später waren die Designer-Jeans schon wieder *out* und sackartige Arbeitshosen *in,* die sich bis zu einem gewissen Grad an der Astronautenkleidung orientierten. Aber die melodramatische Sprache des Designer-Jeans-Zitats zeigt, auf welche Weise sich die Modewelt immer wieder auf die seit Urzeiten die Geschlechtslust anregende Gesäßregion als erotischen Brennpunkt zurückbesinnt. Und obwohl wir schon wer weiß wie lange nicht mehr auf allen vieren gehen, ist der sexuell stimulierende Rumpf noch immer nicht aus dem Unterbewußtsein des Mannes verschwunden. Man hat sogar behauptet, daß das allgemeine Symbol für Liebe, die stilisierte Herzform, in Wirklichkeit auf der Form der Gesäßbacken beruht. Es sieht dem echten Herzen bestimmt nicht sonderlich ähnlich, aber mit seinem Einschnitt an der Oberseite hat es eine unverkennbare Ähnlichkeit mit dem von hinten betrachteten weiblichen Gesäß.

Auch die Frauen haben inzwischen zugegeben, daß sie Gesäßbacken reizvoll finden. Umfragen haben ergeben, daß junge Frauen Form und Beschaffenheit der männlichen Gesäßbacken recht

Der weibliche Po, nicht das Herz, ist wahrscheinlich der Ursprung des ♥-Symbols.

Das traditionelle ♥-Symbol mit seinem tiefen Einschnitt hat wenig Ähnlichkeit mit dem Aussehen eines echten Herzens. Es scheint sich – unbewußt – aus der Form des nackten weiblichen Gesäßes herzuleiten, wie es ein verliebter Mann wahrnimmt, der sich von hinten nähert. Als Symbol der Liebe wäre das bei der menschlichen Spezies wesentlich sinnvoller, wenn man an die einzigartige und allzu typische Form dieses Teiles der Anatomie denkt, der so sehr im Mittelpunkt der sexuellen Aufmerksamkeit des Mannes steht.

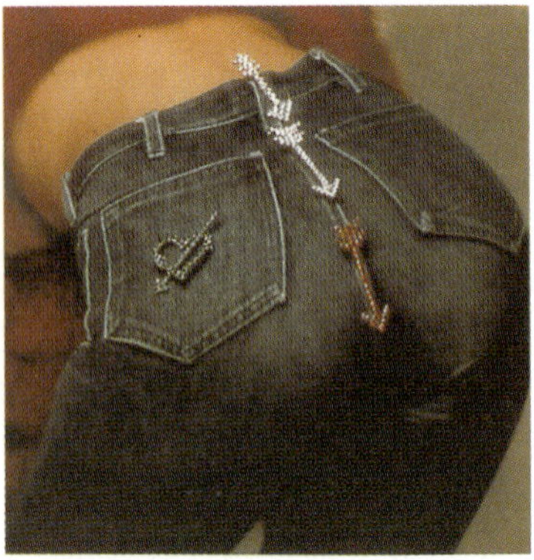

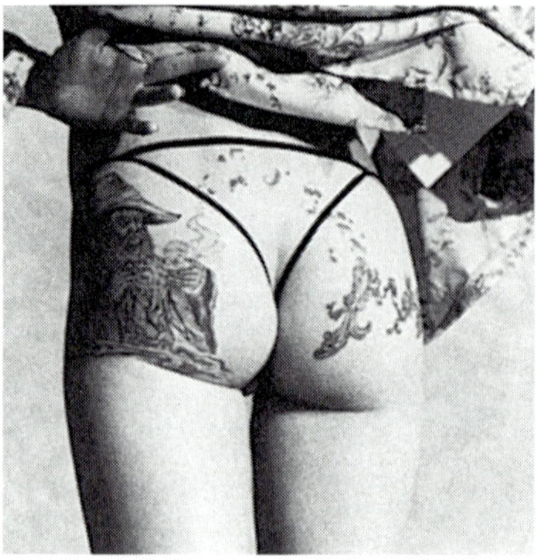

Geschmückte Pos sind selten. Wegen der Schwierigkeiten beim Sitzen können Schmuckstücke nicht angebracht werden, doch gelegentlich finden wir Tätowierungen. Selbst das ist jedoch ungewöhnlich, da der Betreffende Schwierigkeiten hat, sie selbst zu bewundern; und auch das Vorführen beschränkt sich notgedrungen auf ein kleines, intimes Publikum. In einem exotischen Rahmen ist das Tragen einer reichverzierten »G-Saite«, möglich, die sich in der Spalte zwischen den Pobacken ihren Weg bahnt. Diejenigen, die enge Jeans tragen, haben außerdem die Möglichkeit, durch suggestive Anstecker die erotischen Merkmale ihres Pos zu betonen.

hoch einschätzen, wenn sie den Sex-Appeal eines Mannes beurteilen. Erwartungsgemäß werden kleine, feste, muskulöse Hinterteile deutlich bevorzugt, weil dies typisch maskuline Merkmale dieses menschlichen Körperteils sind. Eine junge Schauspielerin widmete diesem Thema sogar ein ganzes Buch mit dem Titel »A Woman Looks at Men's Bums«. Bebildert mit zahlreichen Nahaufnahmen von männlichen Gesäßen verherrlicht das 1980 erschienene Buch die neu gewonnene sexuelle Aufrichtigkeit der modernen Frau.

Abgesehen von den beleidigenden und sexuellen Möglichkeiten des Gesäßes gibt es noch eine dritte Art der Gesäßzurschaustellung, die Demutsgebärde. Die Darbietung des Gesäßes in demütig vornübergebeugter Stellung ist schon seit Urzeiten eine Beschwichtigungsgeste. In dieser Hinsicht gibt es keinen Unterschied zwischen dem Verhalten eines unterwürfigen menschlichen Wesens und dem eines unterwürfigen Affen oder Menschenaffen. In allen Fällen signalisiert der Darbietende: »Ich biete mich in der

Durch Verzierungen und Kleidungsstücke können die erotischen Merkmale der Gesäßgegend betont werden.

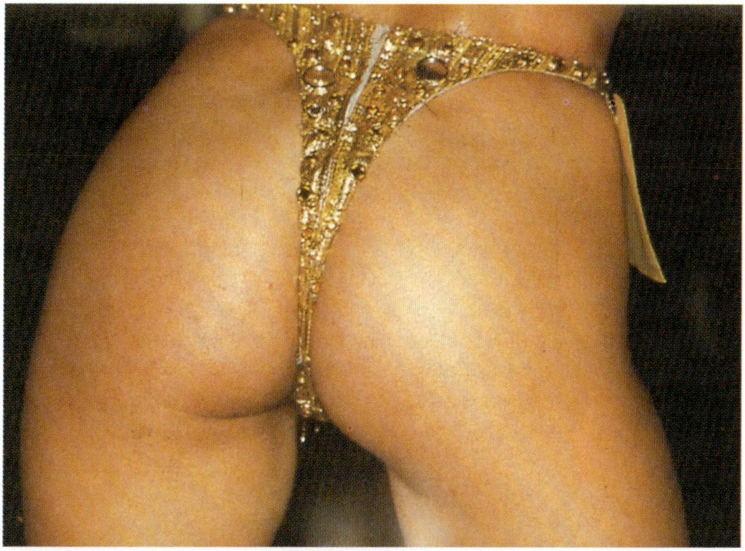

passiven weiblichen Rolle an. Bitte, zeige deine Überlegenheit, indem du bei mir aufreitest, statt mich anzugreifen.« Rangniedrigere Affen beiderlei Geschlechts präsentieren den ranghöheren Affen beiderlei Geschlechts ihr Rumpfende. Die dominanten Affen greifen einen solchen Untergeordneten selten an, sie ignorieren ihn oder reiten kurz auf und führen pro forma ein paar Beckenstöße aus. Als Beschwichtigungsgeste ist diese Handlung sehr nützlich, weil sie einem schwachen Untergeordneten ermöglicht, sich in der Nähe eines starken dominanten Tieres aufzuhalten, ohne angegriffen zu werden.

In einigen Stammesgesellschaften wurde beobachtet, daß bei der förmlichen grüßenden Verneigung dem Begrüßten der Rükken zugewandt wurde. Diese Verneigung sieht einer »Gesäßpräsentation« so ähnlich, daß man sie schwerlich nicht im Zusammenhang mit der typischen Beschwichtigungshandlung der Primaten sehen kann. Eine häufigere Form der Gesäßpräsentation sehen wir, wenn einem Kind zur Strafe der Hintern versohlt wird. Das Opfer muß die Primaten-Beschwichtigungshaltung einnehmen, die es, wäre es ein Affe, vor allen weiteren Unbilden bewahren würde. Weil es aber kein Affe ist, wird es höchst unfair mit der Hand, einem Stock oder einer Peitsche gezüchtigt. Für einige Menschen ist eine demütige Gesäßpräsentation eben nicht genug.

Aufgrund der sexuellen Bedeutung der Gesäßbacken unterliegt der zwischenmenschliche Kontakt in diesem Bereich einigen Beschränkungen. Der leichte Schlag oder Klaps auf den Po kann nur dann als freundschaftliches Signal gefahrlos eingesetzt werden, wenn er wirklich keine versteckte sexuelle Andeutung enthält. Würde er unter Freunden bei einer gewöhnlichen gesellschaftlichen Zusammenkunft praktiziert, könnte er leicht mißverstanden werden; bei solchen Gelegenheiten wird ein leichter Schlag auf den Rücken dem Klaps auf den Po vorgezogen, es sei denn, jemand will absichtlich eine sexuelle Anspielung machen. Der Klaps auf den Po beschränkt sich deshalb auf solche Zusammenhänge wie Eltern und kleines Kind oder Sportler beim hitzigen Mannschaftswettkampf. In beiden Fällen liegen sexuelle Gedanken so fern, daß Mißverständnisse nicht aufkommen können. Im Gegensatz dazu können ältere Verwandte oder »Freunde der Familie«, die den Altersunterschied ausnutzen und unter dem Vorwand des harmlosen,

Das Versohlen und das Peitschen des Hinterns hat bereits eine lange Geschichte in den sadomasochistischen Beziehungen hinter sich. Auf die masochistische Frau wirken die rhythmischen Schläge auf ihre Steißgegend wie eine schmerzhafte Version des heftigen Zustoßens des Mannes auf das Becken. Der sadistische Mann empfindet diese Schläge als symbolisches Stoßen und Zustechen mit dem Penis.
Es ist darauf hingewiesen worden, daß die Rötung des Hinterns, zu der es durch diese grobe Behandlung kommt, auch als sexueller Stimulus fungiert, da sie das Erröten des Geschlechts nachahmt, zu dem es bei der menschlichen Spezies bei starker Erregung kommt.
Hinzu kommt, daß das Sichwinden und Zucken der Frau dem Ablauf des Orgasmus ähnelt.

Im Gegensatz zur Rückenumarmung ist die Gesäßumarmung, bei der jede Hand auf einer Pobacke liegt, eine ausschließlich sexuelle Praktik, die fast nur in intimen Beziehungen eingesetzt wird. In der Öffentlichkeit ist diese Geste vergleichsweise selten zu finden, es sei denn, in einem äußerst freizügigen und ungezwungenen Rahmen.

pseudoväterlichen Kontakts den heranwachsenden Töchtern genießerisch den Po tätscheln, zu einer regelrechten Pest werden.

Liebende umfassen ihre Gesäßbacken, während sie einander umwerben, und bei der Kopulation. Diese Geste ist eine häufige Begleiterscheinung bei Küssen und Umarmungen im fortgeschrittenen Stadium; die Rückenumarmung rutscht mit zunehmender Erregung tiefer und wird zur Gesäßumarmung. Im altmodischen Ballsaal, wo Fremde Arm in Arm miteinander tanzen durften, nützte manch ein männlicher Partner die Situation aus und ließ seine Hand auf dem Rücken der Partnerin etwas tiefer gleiten. In der klassischen Filmkarikatur dieser Strategie muß der Mann feststellen, daß seine Hand sehr schnell wieder in die ursprüngliche Lage gebracht wird.

Während der fortgeschrittenen Stadien des Koitus wird aus dem Umfassen der Gesäßbacken häufig ein starkes Umklammern, das als Begleiterscheinung der heftigen Beckenstöße auftritt. In dieser Phase des Körperkontakts verbindet sich die Halbkugelform der Gesäßbacken ganz eng mit intensiven sexuellen Gefühlen.

Dieser sexuelle Zusammenhang ruft auch gelegentlich Empörung über den berüchtigten italienischen Brauch des öffentlichen Pokneifens hervor. Auf den Straßen einer italienischen Stadt muß jedes einigermaßen attraktive Mädchen damit rechnen, daß es von bewundernden, wildfremden Männern in den Po gezwickt wird. Entsprechend ihrer Herkunft wird sie darauf mit Stolz, Belustigung, Verärgerung oder Empörung reagieren. Der Autor der Satire »How to Be an Italian« schildert das Pokneifen als wesentliche Zutat der *Kama Pizza* und führt »drei grundlegende Kniffe« auf. 1. Das *Pizzicato,* ein kurzes Zwicken mit Daumen und Mittelfinger; zu empfehlen für Anfänger. 2. Das *Vivace,* ein kräftigeres, mit mehreren Fingern ausgeführtes Zwicken, das mehrmals hintereinander erfolgt. 3. Das *Sostenuto,* ein verlängertes, ziemlich plumpes Kneifen mit Drehung, anzuwenden bei »fleischigen Hüftgürteln«. Moderne Feministinnen finden dieses Thema längst nicht mehr zum Lachen und haben gelegentlich auch schon wutentbrannt zurückgeschlagen, indem sie auf die Straße gingen und nach männlichen Hinterbacken Ausschau hielten, auf die dann ein gemeinschaftlicher Zwicküberfall ausgeführt wurde.

Für Körperverzierungen sind die Gesäßbacken wenig geeignet.

Sie sind zu intim für die Zurschaustellung bildnerischer Kunstwerke, und auf angebrachtem Zierrat müßte man sitzen. Tätowierte Gesäßbacken findet man meistens nur bei Fanatikern. Das einzige Beispiel für geschmückte Gesäßbacken stammt aus John Bulwers Buch aus dem 17. Jahrhundert, »Man Transformed«, in dem ein besonders elend aussehender Eingeborener gezeigt wird, dessen linke Gesäßbacke mit Juwelen behängt ist. Bulwer schreibt dazu: »Unter anderen scheußlich affektierten Einfällen einiger Völker entsinne ich mich eines bestimmten Volkes, dessen Angehörige sich in einer absurden Art von Tapferkeit Löcher in die Gesäßbacken bohrten, in die sie wertvolle Steine hängten; was sich aber wegen der Narben notwendigerweise als lästige und unbehagliche Mode erweist und beim Sitzen sehr nachteilig ist.«

Die Genitalien

Als unsere Vorfahren die aufrechte Gangart annahmen, näherten sie sich ihren Gefährten stets mit voll entblößter Vorderseite. Vorher bewegte man sich normalerweise auf vier Beinen, wobei die Genitalien vollkommen verborgen und angemessen geschützt waren. Nun waren sie plötzlich jedesmal sichtbar, wenn sich ein menschliches Lebewesen einem anderen zuwandte. Das bedeutete, daß sich kein Erwachsener einem anderen nähern konnte, ohne sich sexuell zu erklären. Um diese Signale zu dämpfen, gingen sowohl Männer als auch Frauen allmählich dazu über, die Genitalregion zu bedecken. Der Lendenschurz war geboren.

Der Lendenschurz hatte drei Vorteile. Er verringerte das sexuelle Moment der Zurschaustellung in nichtsexuellen öffentlichen Zusammenhängen, verstärkte die Sexualität der privaten Augenblicke, wenn der Lendenschurz abgenommen wurde, und er schützte die empfindliche Genitalregion vor Verletzungen in einer rauhen Umwelt.

Wenn sich die Menschen heute ihrer Kleidung entledigen, weil es ihnen zu heiß ist, fällt als letztes immer das moderne Äquivalent zum Lendenschurz. Wer nicht gerade passionierter Nudist ist, behält sich die Zurschaustellung seiner Genitalien ausschließlich für seinen Sexpartner vor. Nur bei kleinen Kindern in einer eindeutig präsexuellen Phase lockern wir diese Regel. In den meisten Ländern verläßt man sich nicht auf den alten Brauch, daß Erwachsene ihre Genitalien bedecken, sondern regelt die Sache offiziell: Es ist gegen das Gesetz, die Geschlechtsorgane in der Öffentlichkeit zu »exhibieren«. Generationen frommer Kirchgänger gehorchten dem Ruf von der Kanzel – »Nudismus ist ... ebenso schamlos wie der Teufel selbst ... Er ist der Gipfel menschlicher Auflehnung gegen Gott.«

Was versuchen wir so peinlich zu verstecken? Beim erwachsenen Mann ist es ein dreieckiges Büschel dichten Kraushaars, das einen ungewöhnlich dicken Penis umgibt, hinter dem etwas tiefer ein Paar gefährlich exponierter Hoden herabhängen. Bei der erwachsenen Frau verhüllt ein ähnliches Schamhaarbüschel teilweise eine vertikale Schamspalte. Bei der stehenden Frau ist mehr kaum zu sehen; wenn sie jedoch sitzt und die Beine spreizt, enthüllt sie einen kleinen Nippel, den Kitzler, und fleischige Schamlippen, die ihre Scheidenöffnung umsäumen.

Sehen wir uns als erstes das Schamhaar an. Bei beiden Geschlechtern erscheint es während der Pubertät, wenn die Geschlechtshormone aktiv werden. Es ist ein unmittelbares visuelles Signal, das die Geschlechtsreife anzeigt, und man vermutet, daß dies seine wichtigste Funktion in den frühen Tagen der Menschheitsgeschichte gewesen ist, als es sich zum erstenmal als deutlich behaarte Körperstelle entwickelte. Bei den hellhäutigen Rassen ist das dunkle Haardreieck auf größere Entfernung gut sichtbar. Bei den dunkleren Rassen sticht dieses Argument jedoch nicht, und wahrscheinlich hatte das Schamhaar auch noch andere Funktionen. Das dichte Haarbüschel könnte zum Beispiel als Stoßdämpfer wirken und verhindern, daß bei den heftigen Beckenstößen bei der frontalen Kopulation die Haut aufgeschürft wird. Wenn man aber bedenkt, daß ganze Kulturen die Enthaarung der Schamregion praktizieren, ohne über Hautschäden zu klagen, scheint dies ebenfalls weit hergeholt. Eine dritte Funktion kommt der Wahrheit vermutlich näher. Genau wie die Achselhaare sind die Schamhaare im wesentlichen Duftträger. Es gibt in der Schamregion eine starke Konzentration von Duftdrüsen, und die dichte Behaarung wirkte wie eine Duftfalle. Wie bereits erwähnt, kann enganliegende Kleidung hier Probleme verursachen; die Absonderungen können schal werden und die natürlichen sexuellen Düfte in unangenehmen Körpergeruch verwandeln.

In der Pubertät sind die Buben immer recht stolz auf ihr sprießendes Schamhaar; manche dagegen sind darüber weniger begeistert. Sie wissen durchaus, daß ihr Schamhaar ein Zeichen der Geschlechtsreife ist, aber unbewußt empfinden sie es als etwas Männliches, weil der Körper des erwachsenen Mannes im allgemeinen behaarter ist als der der Frau. Aufgrund dieses Gefühls haben viele Mädchen im Pubertätsalter eine ganz irrationale Furcht vor »haarigen Spinnen«. Bei Zehnjährigen gibt es bei Buben und Mädchen keine unterschiedliche Reaktion auf Spinnen, aber bei 14jährigen ist die Spinnenangst bei Mädchen doppelt so stark wie bei Buben, und das Wort »behaart« wird immer mit sichtlichem Schaudern ausgesprochen.

Es erstaunt deshalb nicht, daß Frauen ihr Schamhaar entfernen, um sich schön zu machen. In den hochentwickelten Kulturen der vorchristlichen antiken Welt wurde es unter empfindlichen

In den meisten heute bestehenden Kulturen sind die Genitalien zum Intimbereich geworden, und in der Öffentlichkeit ist ihr Bedecken erforderlich. Es hat schon die verschiedensten Formen der Bedeckung gegeben. Zu einer der bemerkenswertesten Formen kam es in den 70er Jahren dieses Jahrhunderts, als Tänzer in New Britain, während sie vor der königlichen Familie Englands auftraten, eine »züchtige Bedeckung trugen, die aus einem Röhrchen aus Rinde bestand, auf das eine Scheibe gesetzt war und das von einer Schnur um die Taille gehalten wurde«.

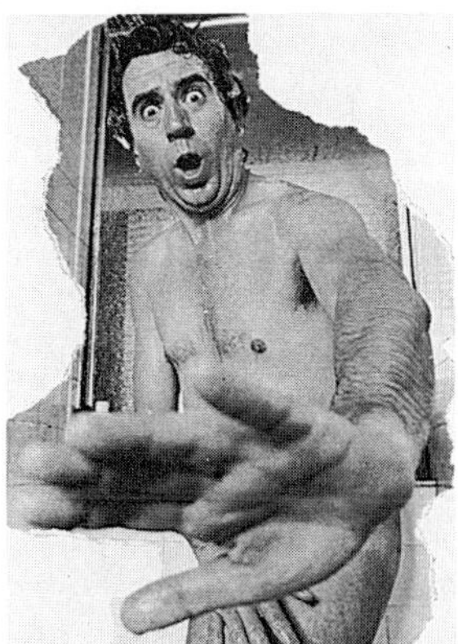

Schmerzen ausgezupft, abgesengt oder weggebrannt. Die ungefährlicheren Enthaarungsmethoden der jüngeren Zeit sind Elektrolyse, Enthaarungscremes oder die Rasur mit einem kleinen Rasierapparat. In bestimmten islamischen Ländern wird jedoch noch immer auf alte Weise gezupft wie zur Zeit der alten Römer und Griechen.

Bei den weiblichen Modellen der Künstler ist die Enthaarung der Schamregion alte Tradition, und bis in unser Jahrhundert war an den künstlerisch dargestellten Frauengestalten (abgesehen von bewußt pornographischen Werken) nicht die Spur eines Schamhaars zu entdecken. Es wurde so vollkommen unterdrückt, daß unschuldige junge Männer, die von sittenstrengen Eltern aufgezogen wurden, von der Existenz des Schamhaars bei Frauen nichts wußten. Der berühmte Kunstkritiker John Ruskin war so entsetzt, als er in seiner Hochzeitsnacht bei seiner schönen jungen Braut einen behaarten Schritt entdeckte, daß er aus ästhetischer Abneigung gegen diesen Anblick unfähig war, den Liebesakt zu vollziehen. Er schob die Vollziehung seiner Ehe Jahr für Jahr hinaus, bis die Frau schließlich die Geduld verlor, sich von einem Arzt ihre Jungfräulichkeit bestätigen ließ und die Annullierung ihrer Ehe erreichte. Danach heiratete sie den Künstler Millais.

Erst als die wilden Männer der modernen Kunst wie Modigliani und Picasso begannen, das Schamhaar auf ihren Bildern zu zeigen, wurde mit dieser jahrhundertealten Tradition gebrochen. Schließlich folgte auch die Fotografie und ersetzte die retuschierten Aktfotos durch ehrliche, unretuschierte. Auch der Film und – in einigen Ländern – sogar das Fernsehen erlaubten einen gelegentlichen Anblick eines Schamhaarbüschels, obwohl seine starke sexuelle Botschaft noch immer verhinderte, daß dies allgemein üblich wurde.

Bei der nackten Frau neigt das Schamhaar tatsächlich dazu, die Fortpflanzungsorgane zu verdecken, und frühe Autoren, die es wagten, solche Dinge zu erwähnen, waren der Ansicht, dies sei seitens des Allmächtigen eine sehr weise Strategie. Wenn Gott jedoch versucht hätte, hier etwas zu verdecken, ist ihm das beim Mann gründlich mißlungen. Sowohl der Penis als auch die Hoden bleiben trotz der starken Behaarung auffällig sichtbar. Sie sind außerdem erstaunlich ungeschützt gegen Verletzungen, besonders die Hoden

In manchen Gesellschaften ist Nacktheit in der Öffentlichkeit üblich.

Wir haben keine Vorstellung davon, wie schnell die aufrechte Haltung unserer Spezies zur Erfindung des Lendenschurzes führte, um somit die sexuelle Anziehungskraft des seit neuestem exponierten Genitalbereichs abzuschwächen; doch heute ist selbst dort, wo eine Atmosphäre sexueller Offenheit und Freizügigkeit vorherrscht, dieser Bereich des Körpers der letzte, der entblößt wird. Bei manchen Stämmen, wie beispielsweise den Nuba im Sudan, ist die Nacktheit der Genitalien mit gewissen Einschränkungen zulässig. Nur denen, die jung, vollkommen gesund und nach ortsüblichen Maßstäben schön oder von gutem Körperbau sind, ist es gestattet, unbekleidet herumzulaufen. Bei den jährlichen Liebestänzen suchen sich junge Frauen einen Partner aus, indem sie ein Bein hochheben und es demjenigen, den sie sich ausgesucht haben, auf die Schulter legen. Das bringt den Genitalbereich des Mädchens dicht an den gesenkten Kopf des kauernden Mannes. Da er sie nicht ansehen darf, geht es offensichtlich darum, daß sie ein Geruchssignal aussendet.

Schon immer hat die Art und Weise, auf die der weibliche Genitalbereich in der Öffentlichkeit gezeigt oder dargestellt werden darf, heiße Debatten ausgelöst; und dem Vorhandensein oder der Abwesenheit von Schamhaar ist große Bedeutung beigemessen worden. Das Schamhaar der menschlichen Spezies ist ein sichtbares Zeichen der sexuellen Reife und zugleich eine sexuelle Geruchsfalle. In der schlüpfrigen oder unzüchtigen Kunst aller Zeiten spielt der weibliche Geschlechtsbereich eine große Rolle, doch aufgrund seiner sexuellen Bedeutung und seines kulturellen Symbolismus fällt er in prüderen Epochen aus öffentlich gezeigten Kunstwerken weg und wurde noch vor so kurzer Zeit wie in den 40er und 50er Jahren durch sorgsames Retuschieren von Nacktfotos entfernt. In den 60er Jahren jedoch wurden diese Beschränkungen weitgehend aufgehoben, und es war sogar möglich, den dekorativen Besatz des Schamhügels als neuen Modetrend in Herzform darzustellen.

scheinen ganz leichtfertig an einer höchst gefährlichen Stelle angebracht. Warum ein so empfindliches und ungeschütztes Organ lose zwischen zwei kräftigen, aktiven Beinen herunterhängen muß, ist auf den ersten Blick ein Rätsel.

Die menschlichen Hoden entwickeln sich in der Leibeshöhle; erst zwei Monate vor der Geburt wandern sie durch den Leistenkanal nach draußen in den Hodensack, wo sie für den Rest des Le-

Dem männlichen Interesse Vorschub leisten – bis zu einem gewissen Punkt.

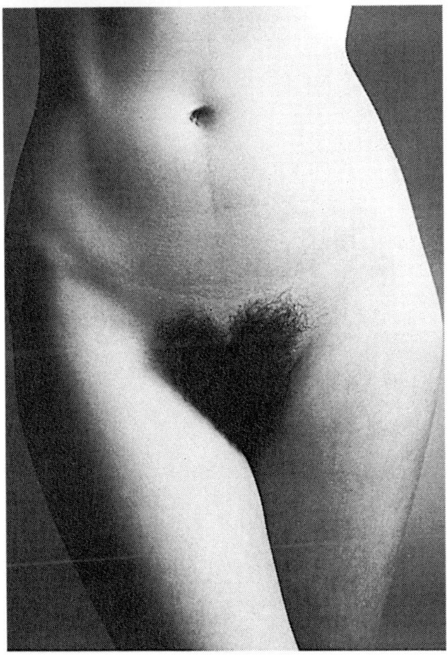

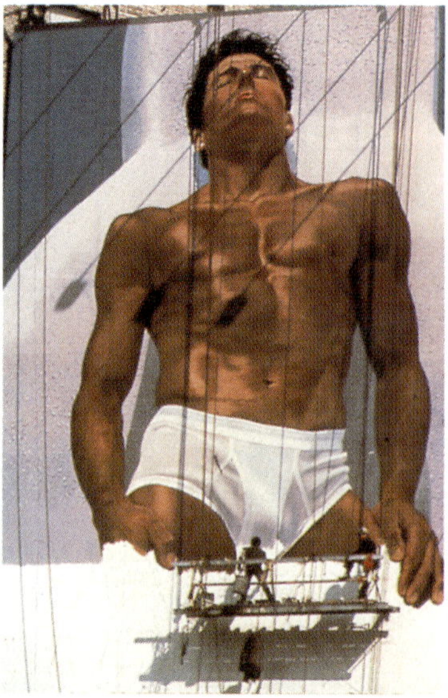

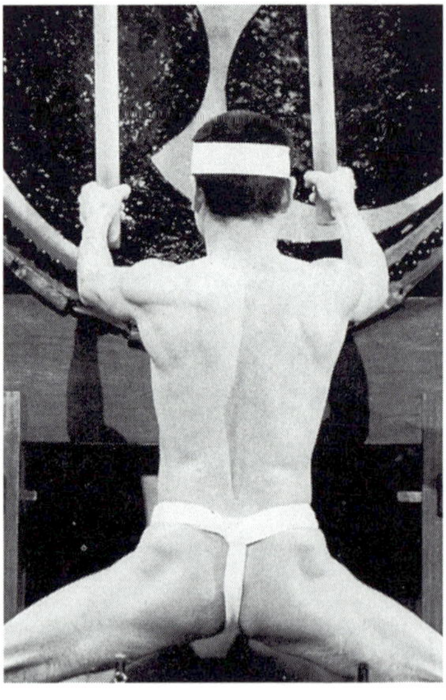

Dieser Pygmäe, der seinen täglichen Geschäften als Fischer nachgeht, zeigt deutlich, daß zwischen einem großen, kräftigen männlichen Körperbau und der Größe des Penis kein offenkundiger Zusammenhang besteht. Wenn überhaupt, dann scheint der Zusammenhang umgekehrt zu sein, was heißt, daß kleinere, schlankere Männer oft proportional größere Genitalien haben als ihre ansonsten üppiger ausgestatteten Freunde.

Eine öffentliche Erwähnung der männlichen Genitalien ist im allgemeinen indirekt oder humoristisch stilisiert.

Sowohl diese Darstellung des Liebesaktes auf einem Gemälde von Thomas Rowlandson aus dem 18. Jahrhundert als auch diese Straßenszene in Kalifornien aus den 80er Jahren dieses Jahrhunderts, die eine Frau mit einem phallischen Eis am Stiel zeigt, spiegeln eine freiere Haltung gegenüber der menschlichen Sexualität wider. Puritaner haben häufig angestrebt, die sexuellen Aktivitäten des Menschen auf die Ebene des reinen Zeugens von Nachkommen zu beschränken, und darauf beharrt, jede andere Form sexuellen Schwelgens sei unnatürlich. Das aber widerlegen die biologischen Anlagen des Menschen, wobei der Umstand von besonderer Bedeutung ist, daß Frauen ihren Männern nicht mehr (wie bei den Tieren) Signale übermitteln, die etwas über den Zeitpunkt des Eisprungs besagen.

Enge Kleidung ermöglicht es Männern, Geschlechtssignale von ihrem Genitalbereich auszusenden, obwohl dieser bedeckt ist. Die Ausbeulung im Schritt, die durch die äußeren männlichen Genitalien bewirkt wird, bildet einen starken Gegensatz zu der Schrittspalte, die enge Kleidung bei Frauen zeigt. Die Wirkung dieses Signales ist von Bekleidungsherstellern häufig in der Werbung eingesetzt worden, aber auch im Entwurf von äußerst knappen männlichen Kostümen für Theaterproduktionen.

Beim Orgasmus wird das Gehirn von einer chemischen Substanz durchflutet, die die Genußzentren stimuliert.

bens in der kühleren Außenwelt bleiben. Dieser Temperaturunterschied scheint der entscheidende Vorteil ihres Austritts aus dem Körper zu sein. Innerhalb des Körpers hätten sie die normale Körpertemperatur von 36,6 °C gehabt; außerhalb des Körpers verringert sich ihre Temperatur um einige Grade. Dies ist wichtig für die Spermienbildung in den Hoden, weil diese Zellen bei einer höheren Temperatur nicht normal funktionieren könnten. Es gibt sogar eine gewisse Feinabstimmung für dieses Luftkühlungssystem. Wenn ein Mann sehr heiß badet oder in der Sauna schwitzt, dehnen sich die hodentragenden Muskelbündel aus, so daß die Hoden weiter vom Körper entfernt sind; nimmt er eine kalte Dusche, kontrahieren die Muskeln und bringen die Hoden in engeren Kontakt mit der Wärme des Schritts. Leidet ein Mann mehrere Tage unter sehr hohem Fieber, kann er sogar vorübergehend steril werden. In Stammesgesellschaften nutzen die Männer diese Temperaturempfindlichkeit zur Geburtenkontrolle, indem sie ihre Hoden mehrere Tage vor der Kopulation immer wieder in sehr heißes Wasser tauchen. Aber sicher ist diese Methode keineswegs. Eine Gruppe von Medizinstudenten ging freiwillig innerhalb von zwei Wochen achtmal in eine sehr heiße Sauna; anschließend wurden über einige Wochen hin ihre Spermienzahlen untersucht. Aber der erwartete Rückgang der Spermienbildung blieb aus. Es gab wohl eine leichte Verringerung, aber sie war weit geringer als erwartet. Kurzzeitige Hitzeeinwirkungen reichen nicht aus. Nur sehr lang anhaltende hohe Temperaturen wie bei einem mehrtägigen Fieber stören die Spermienbildung.

Kälte ist nicht der einzige Faktor, der die Hoden anhebt. Auch bei Furcht, Zorn und sexueller Erregung werden sie an den Körper herangezogen. Der frierende Mann sucht nur die Wärme, aber fliehende, kämpfende oder sexuell erregte Männer teilen alle ein und dasselbe Bedürfnis, nämlich ihre Hoden vor körperlichem Schaden zu bewahren. Beim Fliehen und Kämpfen ist das erhöhte Risiko offensichtlich; das »sexuelle Anheben« ist etwas erstaunlicher, vor allem, weil der Körper in diesem Fall von Wärme überflutet wird. Die Erklärung dafür scheint zu sein, daß während der intensivsten Augenblicke der Kopulation, wenn das Paar sich in völliger Selbstvergessenheit befindet, sehr heftige Beckenstöße stattfinden können und daß die Frau während des Orgasmus mit den Beinen

Bemerkenswert am menschlichen Penis sind seine beachtliche Größe und das Fehlen eines stützenden Knochens.

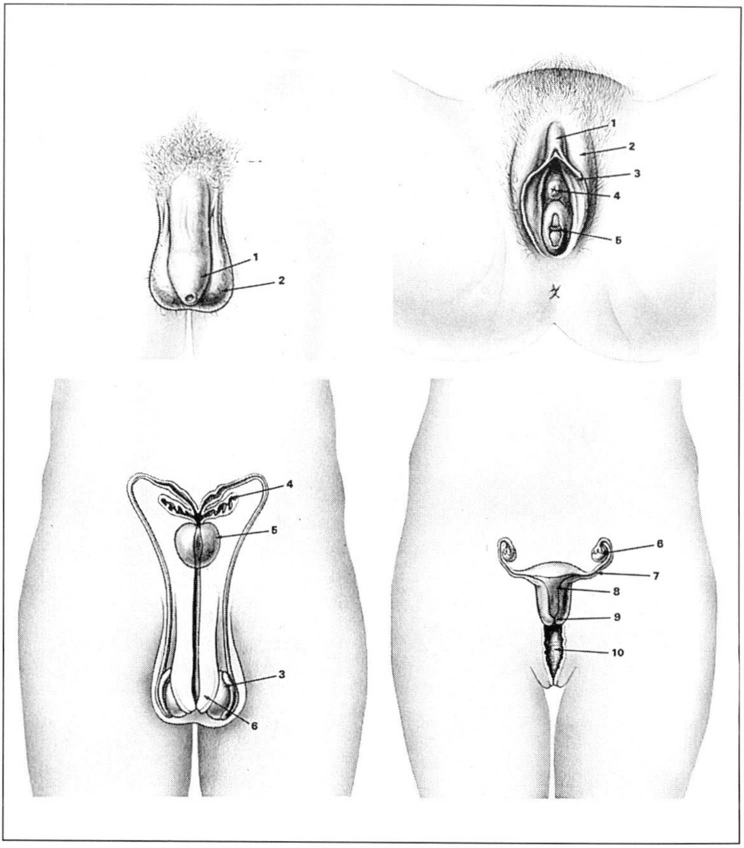

Die wesentlichsten äußeren und inneren Merkmale der männlichen Fortpflanzungsorgane sind: der Penis – im Moment unter der Vorhaut (1) verborgen; der Hodensack (2); die Hoden (3); die Samenbläschen (4); die Prostata (5) und die Eichel des Penis (6).

Zu den wesentlichsten äußeren und inneren Merkmalen der weiblichen Genitalien gehören: die Klitoris (1); die großen Schamlippen (2); die kleinen Schamlippen (3); die Harnleiteröffnung (4); der Scheideneingang (5); die Eierstöcke (6); die Eileiter (7); der Uterus oder die Gebärmutter (8); die Cervix oder der Gebärmutterhals (9) und die Vagina (10).

gefährlich zucken und treten könnte, so daß ein geordneter Rückzug möglicherweise der geeignete evolutionäre Schritt war.

Ein eigenartiges Merkmal der »sexuellen Anhebung« ist die vorübergehende Vergrößerung der Hoden. In den Augenblicken der höchsten Erregung vergrößern sich diese gefäßreichen Organe bis um 50 Prozent und manchmal sogar um 100 Prozent. Ein weiteres seltsames Merkmal der menschlichen Hoden ist ihre Asymmetrie. Bei 85 Prozent der Männer hängt der linke Hoden etwas tiefer als der rechte. Warum das so ist, weiß man nicht. Das bedeutet, daß sich bei der Anhebung der linke Hoden stärker heben muß als der rechte, weil sie schließlich beide dieselbe Höhe erreichen.

Das Schlimme an der Verlagerung der Hoden nach außen ist, daß der Mann sehr leicht kastriert werden kann. Dies geschah als rohe Brutalität, als formelle Bestrafung, als Methode zur Schaffung einer männlichen Eunuchenschicht, die nicht fortpflanzungsfähig war, und um männliche Sopranstimmen zu erhalten.

Der vatikanische Brauch, kleinen Jungen die Hoden zu entfernen, damit sie auch als Erwachsene ihre hohen Stimmen behielten, muß in Rom die Zahl der unmusikalischen Kinder sehr erhöht haben. Die Kastratenstimmen waren besonders zwischen dem 16. und dem 19. Jahrhundert ein wesentliches Element in der katholischen Kirchenmusik, und erst im Jahre 1878 wurde diese routinemäßig ausgeführte Operation von einem aufgeklärten Papst verboten. Die Hoden scheinen den Vatikan überhaupt sehr beschäftigt zu haben. Es gab dort früher einen besonders konstruierten Stuhl, den Porphyrstuhl, mit einer hufeisenförmigen Sitzfläche; auf diesem Stuhl mußte ein neu gewählter Papst Platz nehmen, damit die Kardinäle seine Geschlechtsteile untersuchen konnten, um sicherzugehen, daß der Heilige Vater keine Heilige Mutter war oder gar ein Heiliger Castrato. Die Kardinäle bestätigten die Existenz des jeweiligen päpstlichen Skrotums mit den Worten: »Er hat Hoden, und sie hängen ordentlich herab.«

Wenn Sie ein männlicher Leser sind und zählen: 100, 200, 300, 400, 500 – dann haben sich in dieser Zeit, die Sie zum Zählen brauchten, weitere 15 000 Spermien in Ihren Hoden gebildet. Diese erstaunliche Produktionsrate setzt sich den ganzen Tag und tagtäglich fort. Wir haben nämlich keine besondere Fortpflanzungsperiode wie andere Tiere – im Zustand der Spermatogenese sind wir ständig sexuell aktiv und produzieren pro Sekunde 3000 Samenzellen. Finden junge Männer, die sich auf dem Höhepunkt ihrer sexuellen Entwicklung befinden, während ihrer wachen Stunden kein sexuelles Betätigungsfeld, ejakulieren sie spontan im Schlaf. Geschieht dies nicht, werden die ungenützten Spermien vom Körper absorbiert.

Beim männlichen Orgasmus werden zwischen 200 und 400 Millionen Spermien durch den erigierten Penis ausgestoßen. Selbst diese riesige Zahl würde höchstens einen Stecknadelkopf überdecken. Aber die Samenzellen werden nicht ohne Schutz in die Welt hinausgeschickt. Sie sind eingebettet in einen Klacks Sperma, das in der Prostatadrüse, den Nebenhoden und der Bläschendrüse gebildet wird. Diese Samenflüssigkeit enthält besondere Fett- und Eiweißkörper, Enzyme und Zucker als Energielieferanten für die Spermien sowie eine alkalische Flüssigkeit, in der die Spermien schwimmen. Die alkalische Eigenschaft ist äußerst wichtig, weil die weibliche Vagina säurehaltig ist und neutralisiert werden muß, wenn die Samenzellen ihre kritische Reise überleben sollen.

Bei jedem Samenerguß werden durchschnittlich 3,5 Milliliter Samenflüssigkeit produziert – ungefähr ein Teelöffel voll –, aber gesunde junge Männer, die längere Zeit enthaltsam gelebt haben, können das Vierfache dieses Quantums produzieren. Gewöhnlich kommt es bei der Ejakulation zu drei bis vier Muskelkontraktionen in regelmäßigen Abständen von 0,8 Sekunden, wodurch die Samenflüssigkeit bis zu einer erstaunlichen Entfernung ausgespritzt werden kann. Obwohl die Zahlen im Guinness-Buch der Rekorde fehlen, haben unerschrockene Forscher eine Ein-Meter-Ejakulation gemessen; 17,5 bis 20 cm sind das Üblichere.

Für das Überleben unserer Spezies ist es außerordentlich wichtig, daß die Ejakulation von einem höchst angenehmen und ekstatischen Gefühl begleitet wird, damit die Männer allen Hindernissen zum Trotz sich immer wieder unbedingt dieses Hochgefühl verschaffen wollen. Die Entscheidung über das regelmäßig wiederkehrende Erwachen unserer Libido wird nicht den höheren Gehirnzentren überlassen, sondern wird im wesentlichen chemisch gesteuert. Während des Orgasmus wird das Gehirn mit einem natürlich gebildeten chemischen Produkt überflutet, das dem Morphium sehr ähnlich ist, schmerzstillend wirkt und die Sinneszen-

Die Beschneidung des Mannes als Stammeszeichen geht auf sehr alte Ursprünge zurück.

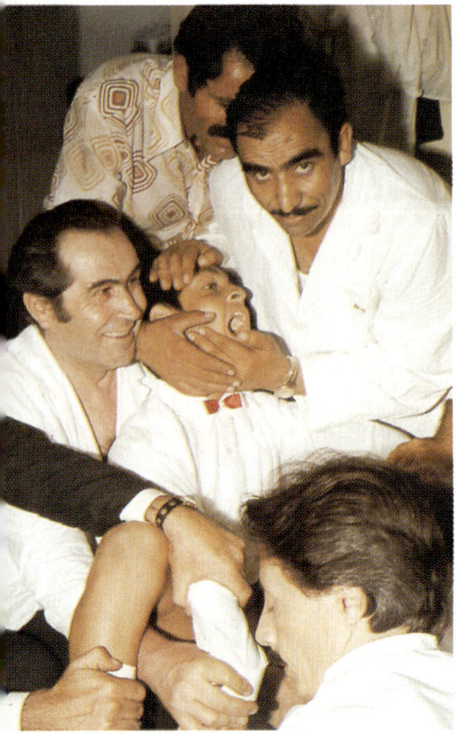

Die Beschneidung des Mannes wird auf der ganzen Welt in vielen Stammeskulturen durchgeführt und scheint auf sehr alte Ursprünge zurückzugehen. In Ägypten war sie bereits vor mindestens 6000 Jahren üblich, und von dort scheint sie sowohl die Moslems als auch die Juden erreicht zu haben. In späterer Zeit gewann sie medizinische Unterstützung und wurde häufig auch an Christen vollzogen, für die sie keinerlei religiöse Bedeutung besaß. Tatsache ist aber, daß die Beschneidung heute medizinisch gesehen keine erkennbaren Vorteile, sondern gewisse Nachteile mit sich bringt. Vermutungen, das Behalten der Vorhaut könne gewisse Formen von Krebs begünstigen, haben sich inzwischen als unrichtig erwiesen. Die Bedeutung, die die Beschneidung in vergangenen Zeiten hatte, war keine medizinische, sondern eine gesellschaftliche. Sie diente als eine Form von »Treueschwur« – eine Zeremonie, die junge Männer gemeinsam durchmachten, um durch das gemeinsame Leiden während dieser »Feuerprobe« enger miteinander verbunden zu sein. In den westlichen Gesellschaften von heute ist diese Bedeutung weitgehend verlorengegangen, da sich die Verstümmelung des Penis fast ausschließlich auf Babys beschränkt, die sich des symbolischen Treueschwures, den zu leisten man sie zwingt, nicht bewußt werden können.

Eines der Argumente, die geeignet sind, der Beschneidung eine medizinische Bedeutung zu verleihen, stützt sich auf den Umstand, daß viele männliche Babys mit einer Vorhaut geboren werden, die zu eng ist und sich daher bei zukünftigen sexuellen Aktivitäten nicht entsprechend zurückziehen wird, wenn sie erwachsen sind. Das Motto lautet: Jetzt schnipseln, um späteren Unannehmlichkeiten vorzubeugen. Doch dies ist eine falsche Auslegung der biologischen Fakten. Die Wahrheit ist, daß sich bei einer großen Mehrheit der männlichen Babys die Vorhaut nicht vollständig zurückziehen läßt. Das ist beim Penis des Kleinkindes der

Eine routinemäßige Beschneidung ist medizinisch nicht zu rechtfertigen.

natürliche Normalzustand. Bei den meisten männlichen Kindern dauert es etliche Jahre, bis sich die Vorhaut zurückziehen läßt.

Die Beschneidung von Frauen ist eine wesentlich ernstere Verstümmelung als der entsprechende Vorgang bei Männern. Die Entfernung der männlichen Vorhaut äußert sich beim Geschlechtsverkehr und hinsichtlich des sexuellen Vergnügens so gut wie nicht, doch das Entfernen der weiblichen Klitoris und der Schamlippen verringert die sexuelle Reaktionsfähigkeit drastisch. Darin besteht nämlich die wahre Bedeutung dieser Operation bei Frauen – die beschnittene Frau leichter unter Kontrolle zu haben und zum »Besitz« ihres Mannes zu machen. Noch heute leben in Gegenden Afrikas und des Mittleren Ostens viele Millionen von Frauen, die die Qualen über sich ergehen lassen mußten, sich einen Teil oder alle äußeren Geschlechtsteile wegschneiden zu lassen.

tren stimuliert. Gleichzeitig feuert das Gehirn Nervenzellen ab, fast so wie bei Menschen, die einen kurzen epileptischen Anfall erleiden, während die höheren Gehirnzentren für ein paar magische Momente der Selbstaufgabe und der Selbstvergessenheit fast völlig ausgeschaltet werden. Kurz bevor dies alles geschieht, empfangen die Sehzentren einen plötzlichen intensiven Reiz, so daß der Eindruck großer Helligkeit entsteht. Insgesamt gleicht der männliche Orgasmus einem kurzen Drogenrausch; Schmerz und Sorgen verschwinden, und ein schwindelerregendes Hochgefühl durchflutet den Körper und löscht die Welt ringsum aus. Kein Wunder also, daß unser Planet so überbevölkert ist.

Der menschliche Penis, das samenübertragende Organ, ist aus zwei Gründen bemerkenswert: wegen seiner beträchtlichen Größe und weil ihm ein Penisknochen, der einer permanenten Versteifung dient, fehlt. Er ist größer als jeder andere Primatenpenis. Sogar der mächtige Gorilla, der dreimal soviel wiegt wie ein Mann, hat ein wesentlich kleineres und dünneres Glied. Der entspannte menschliche Penis hat eine durchschnittliche Länge von 10 cm, einen Durchmesser von 3 cm und einen Umfang von 8,7 cm. Voll erigiert hat er eine durchschnittliche Länge von 15 cm, einen Durchmesser von 3,7 cm und einen Umfang von 11,2 cm. Die Penisgrößen variieren beträchtlich; der größte erigierte Penis, der je gemessen wurde, hatte eine Länge von 35 cm – über das Doppelte der Durchschnittsgröße. Eigenartigerweise gibt es – trotz gegenteiliger volkstümlicher Annahmen – keinen Zusammenhang zwischen der Gesamtkörpergröße eines Mannes und seiner Penisgröße. Die größten Organe kommen komischerweise häufig bei den kleinsten und dünnsten Männern vor. Auch der Winkel des erigierten Penis ist individuell verschieden, aber normalerweise beträgt er ungefähr 26° über der Horizontalen, so daß er mit dem Winkel der weiblichen Vagina gut übereinstimmt.

Der Penis besteht aus Eichel, Penisschaft und Peniswurzel. Die Eichel, das leicht vergrößerte vordere Ende des Penis, hat eine ungefähr halbkugelige Form. Beim entspannten Penis wird sie von einer losen Hauthülle, der Vorhaut, fast ganz bedeckt. Die Vorhaut schützt die empfindliche Kuppe des Penis und erhält sie auf diese Weise empfindlich für jene besonderen und für die Arterhaltung so wichtigen Momente, wenn sie bei der Erektion für den Kontakt mit den weiblichen Genitalien freigelegt wird.

Die Eichel bleibt sogar während der Erektion rund und weich, damit das weibliche Geschlechtsorgan während der Kopulation nicht schmerzt und nicht verletzt wird, was bei der ungewöhnlichen Breite des menschlichen Penis wichtig ist. Ein Affenpenis ist zum Beispiel nur ein dünner Stift, der von einem kleinen Penisknochen gestützt und versteift wird. Die Dicke des menschlichen Organs macht diesen Knochen jedoch überflüssig, denn es wird bereits genügend versteift durch den Blutstau im schwammartigen Gewebe des Penisschafts. Dieser Blutstau, der innerhalb von fünf Sekunden eine volle Erektion herbeiführen kann, wurde als ein »Triumph der Mechanik, den kein Ingenieur für möglich gehalten hätte« beschrieben. Er beruht auf einem raffinierten Regulationssystem zwischen verstärkter Blutzufuhr und verringertem Blutrückfluß, so daß der Stau gerade die richtige Stärke annimmt, um den Penis in eine harte Rute zu verwandeln, so daß er für den Mann schmerzlos in die Vagina eindringen kann und während der sexuellen Erregung keine plötzlichen Schwankungen entstehen. Dabei darf die Harn-Samen-Röhre, die durch das schwammartige, blutgefüllte Gewebe verläuft, nicht blockiert werden, denn durch sie wird beim Orgasmus die Samenflüssigkeit abgegeben.

Diese ungewöhnliche Peniskonstruktion – dick und knochenlos, mit komplexer Gefäßstauung – scheint mit dem sexuellen Vergnügen zusammenzuhängen, das der Frau bereitet werden soll. Weibliche Affen bekommen von dem dünnen, knochigen Stift ihrer Männchen ein paar schnelle Stöße, und im Nu ist die Kopulation vorbei. Weibliche Affen erleben keinen explosiven Orgasmus wie die menschliche Frau.

Der dicke menschliche Penis verursacht starke Berührungsempfindungen, wenn er sich an der Oberfläche der weiblichen Genitalien während der oft lang anhaltenden Beckenstöße bewegt. Die weibliche Öffnung, die von hochempfindlichen Hautfalten, den Labien, umgeben ist, wird von dem eng anliegenden Penis rhythmisch massiert. Mit zunehmender sexueller Erregung füllen sich sowohl die äußeren als auch die inneren Labien stark mit Blut, so daß sie zur doppelten Größe anschwellen und eine erhöhte Berührungsempfindlichkeit entwickeln. Nach längerer Stimulierung erlebt die Frau schließlich einen Orgasmus, der dem des Mannes physiologisch sehr ähnlich ist. Das bedeutet, daß beide Partner für ihre sexuellen Bemühungen belohnt werden und daß die Begegnung, anders als bei den Affen, zu einer engen emotionalen Bindung führen kann. Die Tatsache, daß die Frau dem Mann nicht deutlich signalisiert, wann bei ihr die Ovulation stattfindet, bedeutet ebenfalls, daß die meisten Kopulationen nicht der Fortpflanzung, sondern der engeren Paarbindung dienen.

Unmittelbar oberhalb der Scheidenöffnung sitzt das zäpfchengroße weibliche Gegenstück zum männlichen Penis – die Klitoris oder der Kitzler. Dieses Organ hat eine rein sexuelle Funktion und wird während der Paarung ebenfalls größer und empfindlicher. Beim Vorspiel wird es häufig vom Mann direkt durch Berührung stimuliert, und während des Koitus wird es indirekt, aber heftig durch die Bewegungen des in die Vagina eingeführten Penis massiert, der die Haut in seiner Nähe rhythmisch bewegt.

Der Vaginakanal ist ungefähr 7,5 cm lang. Er vergrößert sich nur unwesentlich während der heftigen sexuellen Erregung, so daß auch ein bescheidener Penis durchaus in der Lage ist, das obere Ende der Vagina zu erreichen, wo die Spermien zum Gebärmutterhals hin ausgestoßen werden. Durch diese Öffnung schwimmen sie in die Gebärmutter und weiter zu den Eileitern, wo sie zur rechten Zeit auf ein winziges Ei treffen. Eine Samenzelle wird sich mit dem Ei vereinigen und neues Leben entstehen lassen.

Obwohl die Eierstöcke der Frau Tausende von Eiern enthalten, gibt sie nicht mehr als 400 davon während ihrer gesamten fortpflanzungsfähigen Lebenszeit ab. Sie reifen in Abständen von einem Monat – oder 28 Tagen, was einem weiblichen Zyklus entspricht – und sind nur fortpflanzungsfähig, während sie die Eileiter durchwandern – eine 10 cm lange Reise, für die sie etliche Tage benötigen.

Das sind also die menschlichen Geschlechtsorgane. Wenn man bedenkt, wie zart, komplex und empfindlich sie sind, möchte man meinen, daß eine intelligente Spezies wie der Mensch sie in Frieden läßt. Leider war das nie der Fall. Seit Jahrtausenden und in vielen verschiedenen Kulturen sind die Genitalien in erstaunlich vielfältiger Art immer wieder aufs grausamste verstümmelt worden. Dafür, daß uns diese Organe so viel Vergnügen bereiten können, wurden ihnen unmäßig viele Schmerzen zugefügt.

Am häufigsten wurde ihnen durch die Beschneidung des Mannes und der Frau Gewalt angetan. Diese merkwürdige Verstümmelung ist älter als die Zivilisation. Wahrscheinlich gab es sie schon im Steinzeitalter. Obwohl bei der Beschneidung Kinder absichtlich von Erwachsenen verwundet werden, geschah dies immer in bester Absicht. Zahllose Menschen sind dabei im Lauf der Jahrtausende an Infektionen gestorben, aber angeblich wogen die Vorteile die damit verbundenen Risiken auf. Diese angeblichen Vorteile stellten sich von Epoche zu Epoche und von Kultur zu Kultur anders dar, aber jüngste Untersuchungen haben gezeigt, daß sie alle nichts als Einbildung sind.

Einer der ältesten Gründe für die männliche Beschneidung – die Entfernung der Vorhaut – war angeblich, daß sie Unsterblichkeit

Der immer noch weitverbreitete Brauch der Beschneidung von Frauen ist Ursache unsäglichen Leidens.

Zwei Szenen, die die Beschneidung von erwachsenen Männern darstellen – in einem Falle unwillig, im anderen willfährig – beide aus der alten ägyptischen Stadt Sakkara.

in Form eines Weiterlebens nach dem Tod garantieren sollte. Diese merkwürdige Vorstellung beruhte auf der Beobachtung, daß die Schlange ihre Haut abwirft und dann mit glänzenden neuen Schuppen wie »wiedergeboren« erscheint. Erfährt die Schlange durch die Entfernung der Haut eine Wiedergeburt, kann dies der Mensch genauso. Der Penis ist die Schlange, die Vorhaut die Schlangenhaut.

Nachdem die männliche Beschneidung zunächst im Nahen Osten zur anerkannten Tradition geworden war, brauchte der alte Glaube nicht unbedingt weiterzuleben. Beschnitten zu sein war jetzt ein Kennzeichen, daß man einer besonderen Gesellschaft angehörte. Die rituelle Verstümmelung breitete sich immer weiter aus. Die alten Ägypter nahmen sie seit 4000 v. Chr. vor. Im Alten Testament forderte Abraham die Beschneidung. Die Araber beschnitten genauso wie die Juden. Mohammed wurde angeblich ohne Vorhaut geboren (was möglich ist, weil der Medizin solche Fälle nicht unbekannt sind) – eine Behauptung, die automatisch das Schicksal der Vorhäute seiner künftigen männlichen Anhänger besiegelte.

Im Lauf der Jahrhunderte wurden statt der religiösen Gründe pseudomedizinische Argumente ins Feld geführt. Der Besitz einer Vorhaut verursache »masturbatorische Geisteskrankheit«, Hysterie, Epilepsie, nächtliche Inkontinenz (Nichtzurückhaltenkönnen) und Nervosität. Solche absurden Ideen überlebten bis in unser Jahrhundert und führten sogar zur Bildung einer »Gesellschaft für Orifizialchirurgie«, die sich ausschließlich den »Modifikationen« anstößiger Genitalien zur Verhinderung von Geisteskrankheiten widmete.

Als dieser Unfug schließlich aufhörte, setzte eine Krise ein. Welchen Grund sollte man jetzt für die Verstümmelung der kindlichen Genitalien anführen? Er mußte den wissenschaftlichen Prüfungen im rationalen Klima des 20. Jahrhunderts standhalten. Die Antwort erschien im Wissenschaftsmagazin *The Lancet* im Jahr 1932: Vorhaut verursacht Krebs! Bis Ende der 30er Jahre wurden 75 Prozent aller Jungen in den USA beschnitten; 1973 waren es 84, 1976 sogar 87 Prozent. Krebs war die profane Version von Hölle und Verdammnis, die perfekte Waffe für die Angstmacher einer postreligiösen Gesellschaft.

Genauer gesagt, wurde behauptet, daß das Smegma, die gelblich-weiße, talgige Masse, die sich unter der Vorhaut sammelt, Peniskrebs und Gebärmutterhalskrebs bei den Frauen der Unbeschnittenen verursachen könnte. Der Verfasser des Aufsatzes, mit dem dieses Gerücht in die Welt gesetzt wurde, ging von falschen Statistiken aus, aber niemand kümmerte sich darum, denn hier war endlich wieder ein plausibler Grund, um am kindlichen Penis herumzuschnippeln. Spätere Versuche zeigten, daß das Smegma, das sich unter der Vorhaut bildet, nichts enthält, das auch nur im entferntesten karzinogen sein könnte; aber sie wurden weitgehend ignoriert. Andere Untersuchungen zeigten, daß Frauen, deren unbeschnittene Männer immer Kondome benutzten, nicht mehr und nicht weniger häufig Gebärmutterkrebs bekamen als jene, deren Ehemänner nie Kondome benutzten. Aber auch davon wollte niemand etwas wissen. In einem Forschungsprojekt wurde ein Land, in dem es überhaupt keine Beschneidung gab, mit einem anderen verglichen, in dem alle Männer beschnitten wurden. Die Ergebnisse zeigten, zur Erleichterung der Beschneidungsbefürworter, daß der Prostatakrebs im »unbeschnittenen« Land häufiger war. Leider ist diese Art von Krebs ein typisches Altmännerleiden, und als man die Häufigkeit in den verschiedenen Altersstufen untersuchte, zeigte sich, daß Prostatakrebserkrankungen in den »beschnittenen« Ländern häufiger vorkamen.

Die Angst vor Krebs war völlig unbegründet, und die Operation zur Entfernung der Vorhaut erwies sich weiterhin als ausgesprochenes Gesundheitsrisiko für kleine Kinder. In vielen Fällen kam es zu Blutungen, Geschwüren in der Harnröhre, Operationswunden und lokalen Infektionen. In einigen wenigen Fällen führte die Entfernung der Vorhaut bei Kleinkindern zum Tod. Es gab auch subtilere Schäden mit Langzeitwirkung: Nach der Beschneidung zeigten männliche Babys einen erhöhten Hormonspiegel, wie er sich bei Streß einstellt; der Schlafrhythmus änderte sich; sie schrien mehr und waren nervöser.

Trotzdem wurde und wird die »medizinische« Beschneidung in bestimmten Ländern, in denen die Gesundheit Privatsache ist, munter fortgesetzt. Es ist bezeichnend, daß in Großbritannien nach der Einführung des National-Health-Systems und kostenloser Behandlung die Beschneidungsoperationen drastisch zurückgingen. Unweigerlich stellt sich die Frage, wieso in einem Land, in dem diese Operation plötzlich keinen Profit mehr brachte, nicht einmal mehr ein Prozent (1972 waren es nur 0,41) der Knaben beschnitten werden, hingegen zum Beispiel in den USA im selben Jahr über 80 Prozent der männlichen Kinder – was die Krankenversicherungsgesellschaften über 200 Millionen Dollar kostete. Die neuen Götter, die das Opfer der Vorhaut verlangen, sind weniger heilig als geschäftstüchtig.

Junge Frauen wurden auf ähnliche Weise mißhandelt. In der westlichen Welt war die weibliche Beschneidung selten, aber noch vor kurzem befürwortete ein texanischer Arzt die Entfernung der Klitoris, um Frigidität zu *heilen.* Am strengsten hält man sich in Afrika, in Teilen des Nahen Ostens, Indonesien und Malaysia an die Tradition der weiblichen Beschneidung. Es ist eine haarsträubende Tatsache, daß die Praxis, Frauen die äußeren Genitalien ganz oder teilweise abzuschneiden, keineswegs überholt, sondern noch in über 20 Ländern üblich ist.

Nicht weniger als 74 Millionen heute lebender Frauen wurden auf diese Weise verstümmelt. In den schlimmsten Fällen wurden ihnen die Schamlippen und die Klitoris abgeschabt oder abgeschnitten und die Vagina bis auf eine winzige Öffnung für Urin und Menstruationsblut mit Seide, Katgut oder Dornen verschlossen. Nach der Operation wurden den Mädchen die Beine zusammengebunden, damit die Wunde zuwachsen konnte. Wenn die Mädchen später heirateten, wurde die künstlich verkleinerte Öffnung von den Ehemännern gewaltsam aufgebrochen.

Mit dieser Praxis soll den Frauen die Lust am sexuellen Vergnügen genommen werden. Die Nebenwirkungen sind zahlreiche Todesfälle und schwere Erkrankungen als Folge der unhygienischen Bedingungen, unter denen die Operationen durchgeführt werden, besonders in Ländern wie Oman, Südjemen, Somalia, Dschibuti, Sudan, im südlichen Ägypten, Äthiopien, Nordkenia und Mali. Daß solche Praktiken im 20. Jahrhundert vor dem Hintergrund einer modernen Aufklärung weitergeführt werden dürfen, wird die Historiker der fernen Zukunft gewiß vor einige Rätsel stellen.

Die Beine

Das lange gerade menschliche Bein macht die Hälfte unserer Körpergröße aus. Wenn Künstler die menschliche Gestalt zeichnen, teilen sie sie in vier ungefähr gleich große Teile auf: von der Sohle bis zur unteren Kante der Kniescheibe, von dort bis zur Schamregion, von der Scham bis zu den Brustwarzen und von den Brustwarzen bis zum Scheitel. Die Proportionen von Kindern sind etwas anders, denn ihre Beine sind im Verhältnis zum oberen Körper etwas kürzer.

Das Skelett unserer kräftigen Beine besteht aus vier Knochen: dem Oberschenkelknochen (Femur), der der stärkste und längste Knochen des menschlichen Körpers ist; der Kniescheibe (Patella), die die Vorderseite des Kniegelenks am unteren Ende des Femur schützt; dem Schienbein (Tibia), das zusammen mit dem Femur das Kniegelenk bildet; und dem seitlich am Schienbein anliegenden Wadenbein (Fibula).

Mit seinen muskulösen Beinen sprang der Mensch bereits 2,35 m hoch und 8,90 m weit. Beim Marathontanz hielten sich die Teilnehmer, wenn auch am Rande der Erschöpfung, 214 Tage lang auf den Beinen. Solche Meisterleistungen an Kraft und Ausdauer sind ein bemerkenswertes Zeugnis für die Evolution der menschlichen Beine im Laufe einer Million Jahre des Hetzens und Jagens. So wundert es nicht, daß die Beine zu einem Symbol für Standhaftigkeit, Kraft und Vornehmheit wurden.

Auch in erotischer Hinsicht spielen die Beine eine bemerkenswerte Rolle. Weil die Beine von Erwachsenen sowohl relativ als auch absolut länger sind als die von Kindern, werden lange Beine unweigerlich mit Sexualität in Verbindung gebracht. Oft hört man folgende kuriose Schilderung für eine sexuell ansprechende Frau: »Ihre Beine reichten bis zu den Ohren.« In westlichen Kulturen haben erwachsene Frauen oftmals die Männer mit dem Entblößen ihrer Beine zu reizen versucht. Wieviel Bein gezeigt wurde, war von Epoche zu Epoche sehr verschieden. Im vergangenen Jahrhundert verschwanden die Beine für längere Zeit völlig, und selbst ein kurzer Anblick eines Knöchels galt als unerhört. Die Unterdrückung des »erotischen Beins« war so total, daß in den besseren Kreisen sogar das Wort »Bein« verpönt war. In den USA sprach man von »limbs« = Gliedmaßen, und das sogar, wenn es sich um die Beine eines Tisches oder eines Flügels handelte. Die Beine eines Kon-

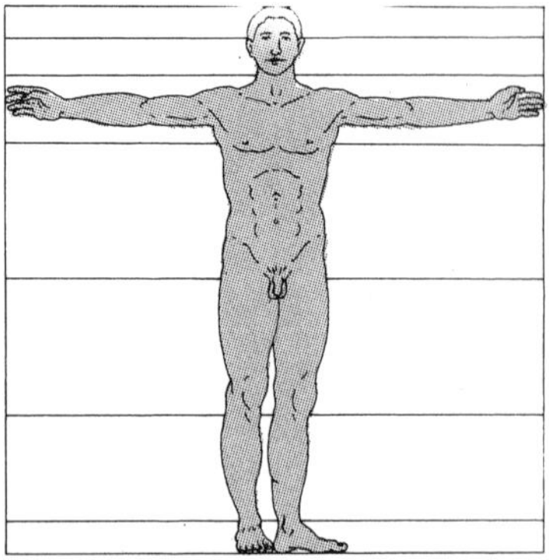

In Relation zu seinem übrigen Körper hat der Mensch die längsten Beine unter allen Primaten. Die Länge des Unterschenkels beträgt fast ein Viertel der gesamten Körpergröße. Dasselbe gilt für den Oberschenkel, der den größten Knochen des menschlichen Körpers enthält – den Femur oder Oberschenkelknochen.

zertflügels mußten, weil sie nackt auf einem Podium mit den nackten menschlichen Beinen assoziiert werden konnten, mit Rüschenhosen bekleidet werden. Andere für Beine gebrauchte Euphemismen waren »Extremitäten«, »Fahrgestell«, »Stelzen« etc. Ein Hühnerbein hieß bei Tisch »dunkles Fleisch«.

Wir können uns ein soziales Klima, in dem eine derart extreme Prüderie gedeihen konnte, kaum noch vorstellen; aber Tatsache ist, daß die Beine sehr lange Zeit ein Tabu waren. Erst nach dem Ersten Weltkrieg tauchten sie wieder aus der Versenkung auf, und selbst da ernteten sie noch manch eine hochgezogene Augenbraue. Die rebellischen jungen Frauen der 20er Jahre entblößten kühn ihre Waden und sogar ihre Knie. Für einige Männer ging das entschieden zu weit. Für sie führte die neue Mode zum Verfall von Sitte und Anstand, und das »moderne« Mädchen benahm sich in ihren Augen wie eine Hure. Vielen Angestellten wurde das Tragen der neuen, kürzeren Röcke während der Arbeitszeit verboten. Ein vornehmer Rechtsanwalt beklagte sich, die Provokation der seidenbestrumpften Beine und halbnackten Schenkel sei verheerend und überwältigend.

Solche Kommentare machen vor allem deutlich, welch außerordentlich mächtige Sexsignal-Wirkung von jungen weiblichen Beinen ausgeht. Der Grund dafür ist offensichtlich genug. Je mehr von einem Paar Beinen sichtbar wird, um so leichter ist es, sich die Stelle vorzustellen, wo sie zusammentreffen. Es wäre jedoch ein Irrtum, daraus zu schließen, daß die unterschiedlichen Rocklängen im 20. Jahrhundert nur die schwankende Haltung der Gesellschaft zur Sexualität widerspiegelten. Wenn wir den Aufstieg und Fall des Rocksaums im Laufe der Jahrzehnte verfolgen, zeigt sich deutlich, daß in Zeiten wirtschaftlichen Aufschwungs kurze Röcke aufkommen und in Perioden wirtschaftlichen Niedergangs die langen Röcke wiederkehren. Auf die kurzen Röcke der »Roaring Twenties« folgten die langen Röcke der Depression; auf die langen Röcke der mageren Nachkriegszeit folgten die winzigen Miniröcke der »Swinging Sixties«. Diese wiederum machten den langen Röcken der Rezession in den 70er Jahren Platz. Es drängt sich also der Eindruck auf, als zeigten die jungen Frauen unter dem Einfluß der gesellschaftlichen Stimmung ihren Grad von Optimismus und Selbstvertrauen mit der Saumhöhe ihre Röcke an. Insofern als eine optimistische Einstellung offenbar mit lebhafter Sexualität einhergeht, kann man sagen, daß kürzere Röcke eine Gesellschaft mit größerer sexueller Energie widerspiegeln; aber dies ist nur ein Teilaspekt. Die Phase der längeren Röcke in den 70er Jahren zum Beispiel war sicherlich kein Anzeichen für Prüderie.

Tatsache ist, daß beide, sowohl der kurze als auch der lange Rock, sexuell die Möglichkeit bieten, die Beine zu entblößen und zur Schau zu stellen. Der kurze Rock hat den Vorteil, daß man mit ihm die ganze Zeit Bein zeigen kann; sein Nachteil besteht darin, daß der vertraute Anblick die männliche Reaktion strapaziert. Striptease-Tänzerinnen beginnen ihren Auftritt daher meist völlig bekleidet, denn das langsame Abnehmen des Rockes bewirkt, daß die zum Vorschein kommenden Beine einen so starken sexuellen

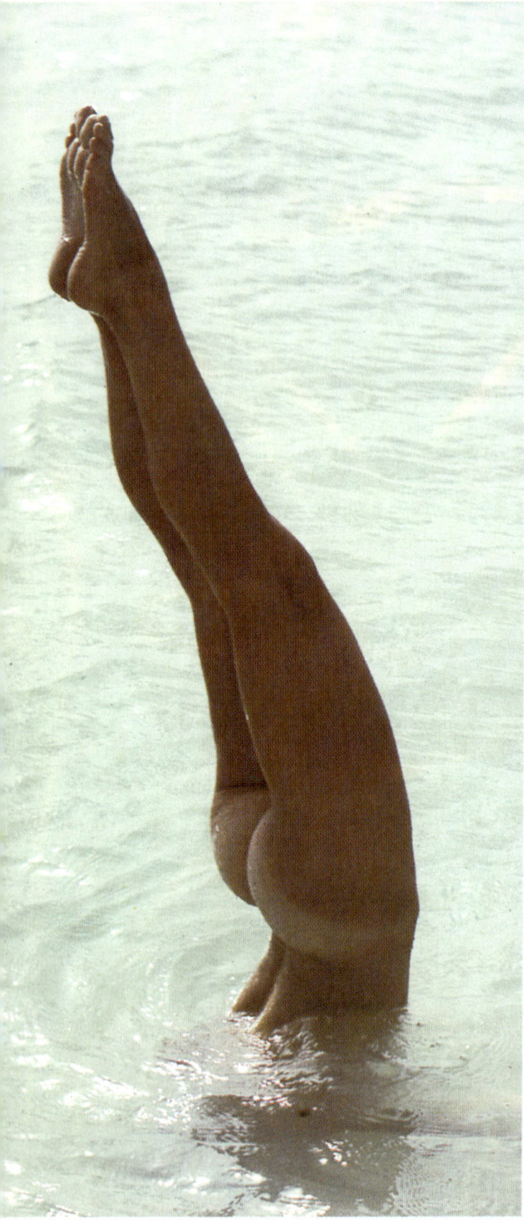

Der typische Städter moderner Zeiten hat im Vergleich zu seinem jagenden Urahnen spindeldürre Beine; doch durch regelmäßige sportliche Betätigung können die dürren Gliedmaßen eines Büroangestellten schnell zu Muskelpaketen werden, die zu größerer Geschwindigkeit, Kraft und Ausdauer fähig sind. Selbst die schwächeren Beine von Frauen sind zu beeindruckenden Steigerungen in der Lage.

Da die Beine ihre maximale Länge zu dem Zeitpunkt erreichen, da die sexuelle Reife einsetzt, läßt sich schließen, daß übermäßig lange Beine eine übermäßig starke Sexualität symbolisieren. Fest steht, daß Comic-Zeichner die Beine fast immer künstlich noch ein wenig strecken, wenn sie Pin-up-Girls kreieren. Außerdem ist auffallend, daß Bewerberinnen für den Titel der Miß World immer etwas längere Beine haben als die Durchschnittsfrau. Die Wirkung ihrer Langbeinigkeit wird durch das Tragen von hochhackigen Schuhen unterstützt, was ihnen in ihrem Ringen um eine verführerische Figur noch weitere Vorteile bringt.

Aufgrund der sexuellen Bedeutung langer Frauenbeine ist deren bewußtes Vorzeigen oft als erotischer Anreiz eingesetzt worden. Werden sie heute in dieser Form gezeigt, so ist das ein komisch veraltetes Signal, da es vorspiegelt, daß Beine normalerweise nach wie vor so bedeckt sind, wie sie es zu Zeiten waren, als die vornehme Gesellschaft auf bodenlangen Röcken bestand. Da es viel von seiner Wirkung eingebüßt hat, ist das Hochheben des Rockes heute auf die Ebene sexueller Späße und Parodien abgeglitten.

Reiz entwickeln. Der lange Rock hat deshalb den Vorteil, daß er beim Heben oder beim Abnehmen sehr beeindrucken kann; sein Nachteil ist, daß er die sexuellen Beinsignale die meiste Zeit unterbindet.

Die sehr kurzen Röcke symbolisierten, mehr als alle sexuellen Dinge, ein Gefühl der Freiheit. Frauen in kurzen Röcken können ungehindert ausschreiten, laufen und springen. Die langen wehenden oder engen Röcke sind ein Bewegungshandicap. Die großzü-

Die darin ausgedrückte Aufforderung ist stark genug, um parodiert zu werden.

gig Bein zeigenden Minirock-Mädchen der 60er Jahre veranschaulichten die neu erreichte Freiheit, die sich ihnen durch die Erfindung der Antibabypille und den Wirtschaftsboom bot. Die langen Beine übermittelten die Botschaft: »Wir jungen Frauen sind auf dem Weg.«

Mit Beginn der 80er Jahre wurde deutlich, wohin sie ihr Weg geführt hatte – zur Frauenbewegung und zur Wiederaufnahme des Kampfes um echte Gleichberechtigung. Mit diesem letzten Schritt stellte sich ein neuer Wandel ein. Während die verworrene wirtschaftliche Lage eine zunehmende Konfusion in der Rockmode herbeiführte – einige trugen lang, andere mittellang und wieder andere kurz –, ließ die Avantgarde der weiblichen Bevölkerung dieses Thema völlig links liegen und schaltete auf Bein-Gleichheit um: Sie zogen Männerkleidung an – Jeans, lange Hosen und Hosenanzüge. Diese Kleidung, die zunächst genausoviel Aufruhr bewirkte wie die kurzen Röcke und dazu führte, daß man junge Frauen bei elitären gesellschaftlichen Ereignissen hinauswarf, wurde rasch in immer mehr Zusammenhängen akzeptabel.

Wie die kurzen und die langen Röcke hatten auch die engen Damenhosen einen Vorteil und einen Nachteil. Sie enthüllten zum erstenmal die exakte Form der Region, in der das linke Bein mit dem rechten Bein zusammentrifft. Dies verlieh ihnen ein starkes eroti-

Die besondere erotische Ausstrahlung des weiblichen Oberschenkels.

Das Entblößen oder Schmücken des Oberschenkelbereichs eines Frauenbeins ist hochgradig erotisch, weil es die Aufmerksamkeit auf die Nähe des Punktes lenkt, in dem die beiden Beine aufeinandertreffen – auf den primären sexuellen Bereich. Dieses Signal kann dadurch noch einmal verstärkt werden, daß der untere Bereich des Beines bewußt bedeckt wird.

Die erotische Wirkung von betont freigelegten weiblichen Beinen ist von dem Rahmen abhängig, in dem es dazu kommt. Muß die Frau ihre Beine zeigen, während sie auf einem erhöhten Podium steht oder geht, so fällt sie in die Rolle einer Sklavin. Das erniedrigt sie auf eine Weise, die das Ego mancher Männer als unwiderstehlich empfindet.

sches Potential. Aber gleichzeitig unterbrachen sie die sanft geschwungene Kontur des Beins durch unästhetische Beulen und Falten, und sie wirkten daher manchmal eher wie eine schützende Rüstung, die die Beine umschloß und ihnen ihre Verletzlichkeit gegenüber der männlichen Annäherung nahm. In Gedanken ist es leichter, einen Rock hochzuheben, als ein Paar Jeans zu entfernen.

Männliche Beine zogen im großen und ganzen weitaus weniger

Aufmerksamkeit auf sich als weibliche, aber das liegt vielleicht nur an den vergleichsweise weiten Hosen, die bei den Männern so lange in Mode waren. Als in früheren Zeiten die enge Kniehose bei den Männern *en vogue* war, stopften sich manche spindelbeinigen Männer die Waden aus, um kräftigere Muskeln vorzutäuschen. Das ideale Männerbein war fast immer kräftig und muskulös, und die engen Männerjeans der jüngsten Zeit brachten Männer mit dünnen oder schlaffen Beinen erneut in Schwierigkeiten. Glücklicherweise gab es für sie immer auch weitere Hosen als Alternative.

Abgesehen von der Form der Beine und der Art ihrer Entblößung übermitteln auch die Beinhaltungen eine Vielzahl unterschiedlicher Signale. Es gibt drei Grundstellungen: Beine auseinander, Beine zusammen und Beine über Kreuz.

Stehende, sitzende oder liegende Haltungen mit weit gespreizten Beinen signalisieren Standfestigkeit, Selbstvertrauen und Sexualität. Mit gespreizten Beinen fest auf dem Boden zu stehen, ist eine entspannte, ausgeglichene Haltung, die oft von starken, dominierenden Persönlichkeiten eingenommen wird. Hier wird ganz betont auf einen Schutz der wichtigen Genitalregion verzichtet und angedeutet, daß aufgrund des hohen Status keine Bedrohung erwartet wird. Mit gespreizten Beinen zu sitzen, bedeutet ebenfalls überlegene Sicherheit, aber weil die Genitalregion nun nach vorne weist statt nach unten, ist das Element der sexuellen Zurschaustellung wesentlich stärker. Wäre der mit gespreizten Beinen sitzende Mensch nackt, so käme der fast exhibitionistische Charakter dieser Sitzposition unangenehm auffällig zur Geltung, aber selbst voll bekleidet ruft die beinahe herausfordernd sexuelle Natur dieser Haltung einen solchen Eindruck hervor. Im Liegen enthält diese Haltung eine ähnliche, aber weniger starke Aussage.

In den Büchern über gute Umgangsformen wurde zwangsläufig geraten, die Haltung mit gespreizten Beinen zu vermeiden. Noch im Jahr 1972 hielt es Amy Vanderbilt für notwendig, amerikanische Frauen darauf hinzuweisen, daß »es sich ziemt, beim Sitzen den Zeh des einen Fußes an den Spann des anderen zu stellen und die Knie geschlossen zu halten«. Alle geschlossenen Beinhaltungen wirken auf gewisse Weise förmlich, artig, steif oder unterwürfig. Der Soldat, der zackig Haltung annimmt, die Sportler, die zum

Abspielen der Nationalhymne angetreten sind, die Kinder, die sich für den Schulfotografen aufstellen, und die »adrette« junge Dame, die auf einem Stuhl Platz genommen hat – sie alle halten die Beine geschlossen. Die scheinbar unentbehrliche Neutralität ihrer geschlossenen Beinhaltung verleiht ihnen einen Hauch gehemmter »Korrektheit«. Indem sie eine besondere oder positiv identifizierbare Beinhaltung vermeiden, geben sie zu verstehen: »Wir wollen jeden Anstoß vermeiden.«

Die dritte Grundstellung, die der überkreuzten Beine, wirkt ungezwungen. Im 19. Jahrhundert war es den Frauen besserer Kreise verboten, diese Haltung in der Öffentlichkeit anzunehmen, und selbst heute noch wird sie in den spießigeren Benimm-Büchern mißbilligt. Hierzu noch einmal Amy Vanderbilt: »Das Überkreuzen der Beine wird bei Frauen zwar nicht mehr als maskulin angesehen, aber es gibt gute Gründe, es möglichst zu unterlassen. Erstens ... entstehen dabei unschöne Ausbuchtungen an Schenkel und Bein. Zweitens können übereinandergeschlagene Beine, wenn kurze Röcke getragen werden, unschicklich oder zumindest aufdringlich wirken. Drittens sollen sie die Entstehung von Krampfadern fördern, weil sie die Blutzirkulation hemmen.« Und sie warnt vor den Gefahren übereinandergeschlagener Beine bei Vorstellungsgesprächen, weil die Zwanglosigkeit der Haltung unbescheiden oder zu salopp wirken könnte.

Dieser Unterschied in der Aussage zwischen der steifen und adretten geschlossenen Beinhaltung und den entspannten und lässig überkreuzten Beinen beruht darauf, inwieweit jemand bereit oder nicht bereit ist, sich aus seiner bequemen sitzenden Stellung zu erheben. Die geschlossene Beinhaltung zeigt eine respektvolle Bereitschaft zum Handeln an. Die überkreuzten Beine deuten an, daß sich der Sitzende »niedergelassen« hat und nicht beabsichtigt, plötzlich höchst aufmerksam aufzuspringen.

Sieht man sich das Überkreuzen der Beine genauer an, entdeckt man, daß es dafür neun verschiedene Möglichkeiten gibt. 1. Das Überkreuzen Knöchel an Knöchel. Dies ist die bequemste und förmlichste Art, die Beine zu überkreuzen. Von den Beinen wird nur der untere Teil überkreuzt, und die Haltung unterscheidet sich nur geringfügig von der förmlichen geschlossenen Beinhaltung. 2. Das Überkreuzen der Unterschenkel. Dies ist keine häufige Va-

Es gibt sieben Hock-Varianten. Eine von ihnen, das Hocken auf flachen Fußsohlen, fällt vielen Erwachsenen extrem schwer, aber kleinen Kindern bereitet sie überhaupt keine Probleme, denn sie müssen ein geringeres Gewicht tragen. Man kann diese Haltung jedoch auch bei gewissen Stämmen finden, bei denen es selbst Erwachsenen gelingt, eben diese Körperhaltung einzunehmen.

Beinhaltungen im Sitzen enthalten sowohl ein Element des Beschützens wie auch des Vorzeigens des Genitalbereichs.

Beinhaltungen im Sitzen weisen betonte Geschlechtsunterschiede auf. Das Dasitzen mit gespreizten Beinen oder mit übereinandergeschlagenen Beinen, bei denen ein Knöchel auf dem Knie des anderen Beines liegt, sind typisch männliche Haltungen. Das Dasitzen mit übereinandergeschlagenen Beinen, bei dem der übergeschlagene Fuß seitlich am anderen Bein ruht, ist eine ausschließlich weibliche Haltung. Die Hände um ein dicht angezogenes Bein zu falten, ist eine Haltung der Genitalverteidigung.

Mit unseren gutentwickelten Waden- und Oberschenkelmuskeln können wir gehen, laufen, tanzen, treten, springen und schwimmen, und all das mit viel Kraft und über beachtliche Zeiträume. Der Rekord für das Gehen ohne Pause liegt bei 581 km in sechs Tagen. Für das Laufen ohne Pause liegt die entsprechende Zahl bei 575 km in fünf Tagen. Für das Schwimmen ohne Pause liegt sie etwas darunter: 482 km; doch dieser Längenrekord wurde in dreieinhalb Tagen aufgestellt.

Die menschlichen Beine sind für das Laufen und Springen geschaffen.

riante. Aussagemäßig ist sie dem Knöchelüberkreuzen ähnlich – förmlich und »korrekt«. Diese beiden ersten Versionen sind die einzigen, die sich bestimmte hochstehende Personen bei öffentlichen Anlässen gestatten. Die Königin von England wurde zum Beispiel nie mit höher übereinandergeschlagenen Beinen fotografiert. 3. Das Überkreuzen der Knie. Dies ist die erste der echt zwanglosen Posen und ist bei gewöhnlichen gesellschaftlichen Anlässen am häufigsten zu beobachten. Röcke tragende Frauen können dabei unbeabsichtigt einen Schenkel entblößen. Die Gebärde eignet sich deshalb für (bewußte oder unbewußte) sexuelle Zurschaustellungen. 4. Das Überkreuzen der Schenkel. Es ist eine extreme Version der vorangegangenen Haltung, bei der die Beine so eng wie möglich übereinandergeschlagen werden. Aufgrund des breiteren weiblichen Beckengürtels wird diese Haltung häufiger von Frauen eingenommen. 5. Das Überkreuzen von Unterschenkel und Knie. 6. Das Überkreuzen von Knöchel und Knie. 7. Das Überkreuzen von Knöchel und Schenkel. Bei diesen drei verwandten Posen wird ein Bein hoch über das andere emporgezogen. Diese Form des Beinüberkreuzens würde bei einer Frau, die einen Rock trägt, nicht nur ihre Schenkel, sondern auch ihren Schritt entblößen. Sie ist deshalb fast ausschließlich Männern vorbehalten, gelegentlich auch hosentragenden Frauen. Bei Macho-Männern ist sie natürlich besonders beliebt, weil sie damit ihre Männlichkeit betonen können. In den USA ist diese Art des Beineüberkreuzens

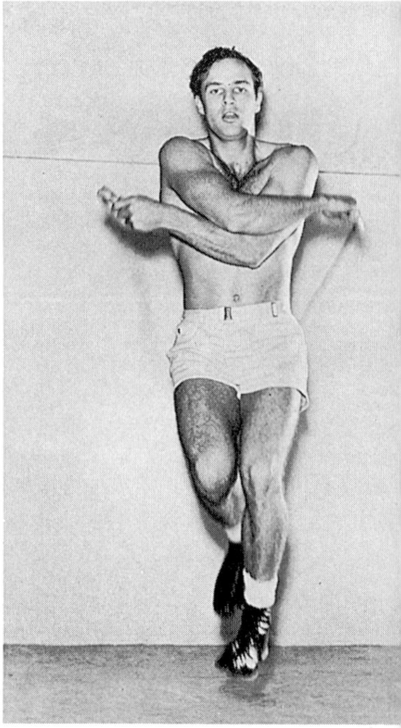

ROBINSON'S
1
Barley Water
ROBINSON'S
9
Barley Water

Für jede Laune und für jede Bodenbeschaffenheit gibt es eine Art der Fortbewegung.

Die menschlichen Beine sind sehr vielseitig, und das befähigt uns zu vielen verschiedenen Formen der Fortbewegung auf zwei Füßen. Manche dieser Formen sind auf die Ebene des Wettstreits erhoben worden; andere wie beispielsweise das gezierte Trippeln des Mannequins auf dem Laufsteg haben sich als kulturelle Besonderheiten entwickelt, die sich auf ein ganz bestimmtes gesellschaftliches Umfeld beschränken. Die meisten der 36 aufgeführten Arten der menschlichen Fortbewegung sind jedoch weit verbreitet und ungezwungen.

weitaus üblicher als in Europa. Das typische europäische Überkreuzen der Beine in Kniehöhe wirkt auf manche Amerikaner leicht weibisch, während die Europäer die typisch amerikanische Geste für etwas großspurig und unerzogen halten. Innerhalb der USA begegnet man dieser Haltung um so häufiger, je mehr man sich dem »Cowboy-Territorium« im Westen nähert. 8. Die umeinandergewickelten Beine. Bei dieser Form des Überkreuzens wird ein Bein um das andere geschlungen und von dem umschlingenden Fuß gehalten. Dies ist vor allem eine weibliche Beinhaltung. 9. Das Fuß-an-Unterschenkel-Kreuz. Bei dieser besonderen Art des Beineüberkreuzens ruht der überkreuzte Fuß seitlich am Unterschenkel des anderen Beines. Dies ist eine ausschließlich weibliche Haltung, weil sie für einen Mann aufgrund seiner Beckenkonstruktion äußerst unbequem ist.

Diesen verschiedenen Arten des Beineüberkreuzens begegnet man bei fast jeder gesellschaftlichen Zusammenkunft; sie stellen eine Form der Körpersprache dar, die unterschwellige Stimmungssignale von Person zu Person übermittelt. Abgesehen von den bereits erwähnten Geschlechtssignalen können sie Gleichgesinntheit zwischen Freunden signalisieren. Wenn zwei Menschen über ein besonderes Thema ähnlich denken, neigen sie sehr oft dazu, während sie im Gespräch beieinander sitzen, ihre Beine auf ähnliche Weise zu überkreuzen. Wenn der eine von ihnen jedoch dominanter ist und dies geltend macht, wird er fast mit Sicherheit eine andere Form des Beineüberkreuzens wählen als ein untergeordneter Gesprächspartner. Die Beine übermitteln die unausgesprochene Botschaft: »Ich bin anders als du.«

Sitzen Menschen Seite an Seite, ist auch die Richtung, nach der sie die Beine überkreuzen, bezeichnend. Sind sie sich freundlich gesonnen, weist das obere Bein zum Nachbarn hin; im anderen Fall weist dieses Bein vom Nachbarn weg und trägt dazu bei, den Körper in die »negative« Richtung zu lenken.

Ein letztes bezeichnendes Element des Beineüberkreuzens hat damit zu tun, wie eng die überkreuzten Beine zusammengepreßt werden. Allgemein läßt sich sagen, daß die Stimmung der betreffenden Person um so defensiver ist, je enger die Beine überkreuzt werden. Die gespreizten Beine verraten deshalb im allgemeinen ein grundlegendes Vertrauen. Das Überkreuzen der Beine ist in gewissem Sinn das Gegenteil der gespreizten Beine, und es wurde einmal behauptet, alle Menschen mit überkreuzten Beinen seien prinzipiell defensiv eingestellt. Aber das wäre eine allzu grobe Vereinfachung, weil sich viele Leute bei einer überkreuzten Beinhaltung wohl fühlen und sie sogar annehmen, wenn sie allein sind. Richtig ist jedoch, daß jemand, der sich in Gesellschaft unbehaglich fühlt, dazu neigt, die Beine stärker zusammenzupressen, als wenn er völlig entspannt ist, und dieses Element der Haltung bleibt nicht unbemerkt, selbst wenn die Mitmenschen unbewußt darauf reagieren. Die übereinandergeschlagenen Schenkel oder überkreuzten Unterschenkel sind die Varianten, die diesen Typ der »Schritt-Verteidigung« am deutlichsten zeigen.

Wenden wir uns nun den Bewegungen zu. Es ist schon viel über den menschlichen Gang geschrieben worden. Man hat die Gangarten verschiedener Menschen aus verschiedenen Kulturen viele Jahre lang interessiert beobachtet. Die persönlichen Unterschiede sind enorm. Viele berühmte Menschen haben so typische Gehbewegungen, daß sie leicht nachzuahmen sind. Man braucht nur Namen wie Charlie Chaplin, Groucho Marx, James Cagney, Mae West oder John Wayne zu nennen, um dies zu veranschaulichen. Auf kultureller Ebene gibt es zum Beispiel zwischen Japanern und Amerikanern gewaltige Unterschiede. Eine detaillierte wissenschaftliche Analyse dieser verschiedenen Gangarten steht noch aus; eine vorläufige Klassifizierung ist jedoch möglich:

1. Das Spazierengehen. Dies ist die gewöhnliche, langsame Gangart, wenn das Gehen an sich der Zweck der Übung ist. Wir machen dabei ungefähr einen Schritt pro Sekunde.

2. Das gemächliche Gehen. Dabei sind wir sogar noch entspannter als beim Spazierengehen, machen häufig geringfügige Richtungsänderungen und kurze Pausen. Es ist ein zielloses Umherwandern, das oft dazu dient, um Zeit totzuschlagen.

3. Das Schlendern. Es ist eine etwas rhythmischere Gangart als das Spazierengehen; der Schlendernde ist »auffälliger«, während er hierhin und dahin geht. Es ist eine Form mobilen Herumlungerns, ohne bestimmte Richtung, das aber die Muße, die man hat, *öffentlich* zur Schau stellt.

4. Das Trödeln ist die Gangart, bei der man »zurückfällt« und zögert. Der Trödler verlangsamt wiederholt sein Tempo und bleibt

häufig stehen, als wollte er aus irgendeinem Grund nicht weitergehen. Es ist eine träge, schleppende Gangart..

5. Das Stapfen. Dies ist ein schwerfälliger Gang, wenn jemand müde oder niedergeschlagen ist. Die Füße werden kräftig aufgesetzt, während die Knie leicht gebeugt bleiben. Auf diese Weise steigen wir auch eine steile Anhöhe empor.

6. Das Latschen ist ebenfalls die Gangart eines müden Menschen, aber hier fehlt das schwere Aufsetzen des Fußes. Statt dessen beugt sich der Körper in leicht gekrümmter Haltung nach vorn. Die Vorwärtsneigung des Körpers unterstützt die Vorwärtsbewegung. Dieser gebeugte Gang ist typisch für Menschen, die sich mit ihrer untergeordneten Rolle im Leben abgefunden haben.

7. Das Watscheln ist ein langsamer, schaukelnder Gang bei Menschen mit starkem Übergewicht oder schlechten Füßen. Infolge ihrer kraftlosen Gehbewegungen schaukelt ihr Körper bei jedem Schritt von einer Seite zur anderen.

Durch rhythmische Beinbewegungen »freigesetzte« Energien fließen in Stammestanz und -ritual ein.

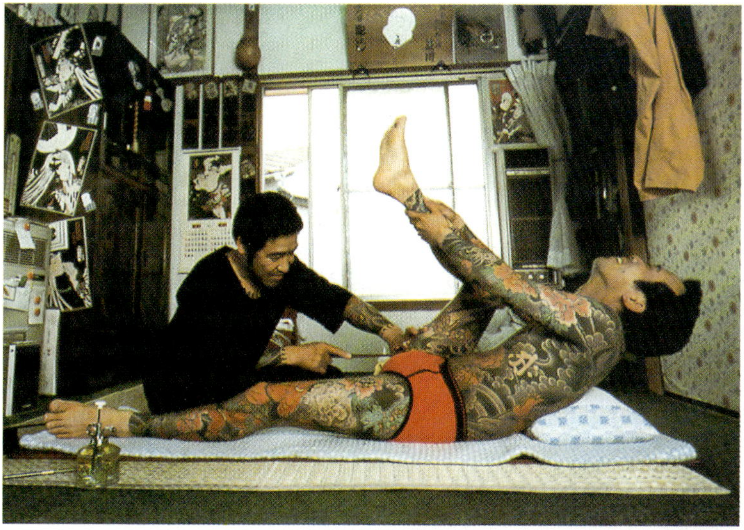

Beinschmuck durch schmerzhaftes Tätowieren und schmerzloses Bemalen ist lange bekannt. Manche Stämme haben dagegen darauf bestanden, daß ihre Frauen schwere Ringe an den Beinen tragen oder auch enge Fesseln, und beides hat die Bewegungsfreiheit eingeschränkt und den Frauen die Unabhängigkeit genommen.

Rhythmisches Springen als Teil synchronisierten Tanzens übt eine gewaltige emotionale Wirkung auf diejenigen aus, die es wiederholt und über längere Zeiträume betreiben. Tänzer, die so etwas vorführen, scheinen einen fast tranceartigen Zustand zu erreichen. Die hier dargestellte Berühmtheit wurde lediglich aufgefordert, für die Kamera in die Luft zu springen.

8. Das Humpeln. Das ist die Gangart von Menschen, die mit ihren Beinen nicht voll ausschreiten können. Der Humpelnde bewegt sich, gewöhnlich unter Schmerzen, mit sehr kurzen Schritten voran. Diese Gangart ist typisch für Menschen mit kranken oder verkrüppelten Füßen, zu engen Schuhen oder sehr engen Röcken.

9. Das Torkeln ist eine unregelmäßige Gangart von gebrechlichen, kranken oder alten Menschen oder von Betrunkenen. Der Körper versucht, normal zu gehen, weil jedoch der Gleichgewichtssinn immer wieder versagt, kommt es zu mehreren seitwärts gerichteten Schritten, bevor die ursprüngliche Richtung wieder aufgenommen wird.

10. Das Hinken ist eine asymmetrische Gangart, wenn nur ein Bein beschädigt ist. Auch wenn sich der Hinkende bemüht, schnell voranzukommen, bleibt seine Vorwärtsbewegung wegen seines lahmen Beins langsam.

11. Das Schlurfen. Kranke und heruntergekommene Menschen ziehen schlurfend ihre Füße über den Boden. Man sieht diesen Gang bei Krankenhauspatienten, die eine Operation hinter sich haben, oder bei älteren Pennern.

12. Das Schleichen. So bewegt sich jemand, der nicht entdeckt werden will. Der Körper ist leicht vorgebeugt, und die Füße werden leise und vorsichtig mit den Zehen aufgesetzt.

13. Auf den Zehenspitzen gehen ist eine extreme Form des Schleichens, wenn jemand sehr leise sein möchte. Die Knie sind gebeugt, und nur die Zehen berühren bei jedem Schritt den Boden.

14. Das Promenieren ist ein Zwischending aus langsamem Spazierengehen und normal schnellem Gang. Man könnte es als schnelles Spazierengehen oder gemütliches Gehen bezeichnen. Man folgt dabei einer bestimmten Route, aber nur zum persönlichen Vergnügen.

15. Das Gehen. Obwohl jeder Mensch einen ganz bestimmten Gang hat, kann man sich einen neutralen, typischen Gang für die menschliche Spezies vorstellen. Dabei werden ungefähr zwei Schritte pro Sekunde ausgeführt, und die Füße werden zuerst mit der Ferse aufgesetzt. Es ist immer wenigstens ein Fuß auf dem Boden; dies ist der hauptsächlichste Unterschied zwischen Gehen und Laufen.

16. Das Trippeln ist eine Gangart, bei der sehr kurze Schritte ge-

macht werden. Es ist im Grunde eine Übertreibung des weiblichen Gangs mit verkürzten Schritten. Diese Gangart wurde als »affektiert zur Schau getragene Gewissenhaftigkeit« beschrieben.

17. Das Dahingleiten ist eine elegante Version des Trippelns. Infolge kurzer, zierlicher Fußbewegungen scheint der Körper wie auf Rädern dahinzugleiten. Früher war es in einigen Teilen Europas bei vornehmen Damen üblich; heute ist es weitgehend auf Japan beschränkt. Um voll zur Geltung zu kommen, muß dabei ein langer Rock getragen werden, der die Bewegungen der Füße verbirgt.

18. Das Hüpfen: Teenager und junge Erwachsene haben oft einen federnden Gang, der den Körper bei jedem Schritt hüpfen läßt. Es ist eine fröhliche Gangart, die Gesundheit und Optimismus ausstrahlt.

19. Das Stolzieren ist ruckartiger als der hüpfende Gang, und das Element des Selbstvertrauens kommt noch stärker zur Geltung. Dieser Gang ist ein typisches Imponiergehabe.

20. Der prahlerische Gang hat Ähnlichkeit mit dem Stolzieren, aber der Körper führt zusätzliche schwenkende Bewegungen aus. Er wirkt dadurch noch angeberischer und selbstzufriedener und drückt Dreistigkeit aus.

21. Der wiegende Gang ist eine freundliche, nicht bedrohliche Version des prahlerischen Gangs. Er ist eine etwas linkische Gangart, bei der sich der Gehende von einer Seite auf die andere »wälzt«: er betont diese Bewegung noch, indem er sich, wenn er stehen bleibt, um mit jemandem zu sprechen, dem Menschen entgegen neigt.

22. Das Schreiten ist eine gemessene Gangart mit ungewöhnlich langen Schritten. Es ist typisch für Männer von hohem Rang und heutzutage auch für Frauen, die das Energische des kraftvollen männlichen Gangs imitieren wollen.

23. Der schwere Schritt ist eine kraftvollere Version des langsameren Stapfens. Dies ist die Gangart bei langen Wanderungen, und sie ist typisch in unebenem Gelände, wo die Füße stärker als sonst angehoben werden müssen.

24. Das Trotten ist der Gang eines weniger dominanten Menschen, dessen leicht vorgebeugte Haltung den Eindruck vermittelt, als würde er, bliebe er plötzlich stehen, vornüberkippen.

25. Das Sichfortstehlen ist eine heimlichtuerische Gangart eines

unterwürfigen und furchtsamen Menschen, der sich möglichst unauffällig und unbemerkt davonschleichen will.

26. Das Hüftenwackeln. Das ist der erotisch aufreizende Gang einer Frau, die ihre Geschlechtssignale maximal zur Geltung bringen will. Das Gewicht wird von einer Hüfte auf die andere verlagert. Übertrieben wird dieser Gang sehr schnell zur Parodie.

27. Das Umherflitzen ist eine typisch weibliche, ängstliche Bewegungsart mit kurzen, unentschlossenen, blitzschnellen Vorstößen hierhin und dorthin, mit viel aufgeregtem Getue und vogelähnlichen Richtungswechseln. Männer wirken dabei pedantisch und weibisch.

28. Die scharfe Gangart mit schnellen, fest auftretenden Schritten, die fast dem Marschieren gleicht, benutzen wir, wenn wir eine längere Strecke über schwieriges Gelände in einer begrenzten Zeit zurücklegen wollen. Sie vermittelt den Eindruck einer beherrschten Reaktion auf Dringlichkeit.

29. Das Dahineilen ist eine schnelle, leichtfüßige Gangart, die den Eindruck unkontrollierter Dringlichkeit vermittelt. Es ist eine Gangart an der Grenze zum Laufen. Das Schrittempo bleibt das gleiche wie beim gewöhnlichen Gehen ohne Eile, aber die Schritte sind etwas länger.

30. Das Hasten ist ein schnelles, leichtfüßiges Gehen, wobei häufig und schnell die Richtung geändert wird. Es ist ein aufgeregtes Hin und Her, aber weniger vogelähnlich als das Umherflitzen.

31. Das Tänzeln ist ein spielerisches, schnelles Gehen, bei dem unnötige kleine Sprünge und federnde Fußbewegungen ausgeführt werden. Es ist eine schnelle Version des hüpfenden Gangs mit kraftvolleren Beinbewegungen.

32. Der gemächliche Trab oder das Joggen ist eine langsame Version des Laufens. Die Laufbewegung wird mit der geringstmöglichen Geschwindigkeit ausgeführt, ohne ihren Rhythmus zu stören. Heute joggen mit Vorliebe die völlig Untrainierten und Nicht-mehr-Jungen, um wieder fit und jung zu werden, dabei ist es für sie eher ein Gesundheitsrisiko als gesundheitsfördernd.

33. Das Marschieren ist die formalisierte militärische Version des schnellen Gehens, wobei längere Schritte gemacht werden und die Arme stärker mitschwingen. Die steifen, schwingenden Arme dienen der Körperbalance bei den längeren, schnellen Schritten.

Der unterwürfige Akt, den Körper zu verneigen.

Vor jemandem niederzuknien, bedeutet ein unterwürfiges Verneigen des Körpers. Vor langer Zeit einigte man sich darauf, daß man einer dominanten menschlichen Persönlichkeit nur durch das Knien auf einem Knie seine Ehrerbietung erweisen sollte, während das Knien auf beiden Knien ausschließlich zur Verehrung der Gottheit auszuüben ist. Heute sieht man das Knien auf beiden Knien nicht nur in einem förmlichen Rahmen beim Gebet, sondern auch in einem ganz formlosen Rahmen, z. B. wenn ein Sportler plötzlich den Drang verspürt, dem Himmel für diesen Moment des Triumphes zu danken.

34. Der Paradeschritt ist eine dramatisch übertriebene Form des Marschierens. Die Beine werden bei jedem Schritt nach vorne geworfen und behalten eine steife, gerade Stellung bei. Die Beugung des Knies wird künstlich völlig ausgeschaltet. Er wird nur bei Paraden angewendet.

35. Das Laufen. Diese Gangart war für unsere urzeitlichen Vorfahren bei der Jagd ungemein wichtig. Der Körper beugt sich nach vorn, und der Läufer stößt sich mit den Füßen fest vom Boden ab. Beim Gehen befinden sich stets beide Füße oder ein Fuß auf dem Boden; beim Laufen berührt nur ein Fuß oder gar kein Fuß den Boden.

36. Der Sprint ist die schnellste Form der menschlichen Fortbewegung auf Beinen. Die Füße werden nur mit dem vorderen Teil aufgesetzt, die Fersen berühren den Boden fast gar nicht. Das Tempo erhöht sich auf vier bis fünf Schritte pro Sekunde, kann aber nur über sehr kurze Strecken durchgehalten werden. Für den urzeitlichen Jäger war das Sprinten besonders während der entscheidenden Momente der Jagd sehr wertvoll.

Dies sind die hauptsächlichsten Fortbewegungsarten, und die meisten davon wendet jeder von uns im Lauf seines Lebens an. Manche werden durch Emotionen ausgelöst, andere sind das Ergebnis gesellschaftlicher Regeln. Diese Regeln variierten von Epoche zu Epoche, und in Zeiten, in denen auf äußere Formen mehr Wert gelegt wurde, gab es strenge Vorschriften, wie sich ein Mann auf der Straße zu bewegen hatte. Hier ein Beispiel aus dem frühen 18. Jahrhundert: »Ein vornehmer Mann sollte auf der Straße weder laufen noch allzu schnell gehen, will er nicht für einen Botengänger gehalten werden; er sollte aber auch nicht zu langsam gehen, keine großen Schritte machen, nicht zu steif und würdevoll einherschreiten, die Beine nicht zu hoch heben und nicht schwer auf den Boden stampfen; auch darf er mit den Armen nicht vorwärts und rückwärts schlenkern, die Knie nicht zu dicht beieinander halten, nicht mit dem Hinterteil wackeln und nicht einen Fuß in gerader Linie vor den anderen setzen, sondern die Innenseite der Füße etwas nach außen stellen; er darf die Augen nicht gesenkt halten, aber auch nicht zu weit nach oben gerichtet, und er darf nicht hierhin und dorthin sehen, sondern soll eine gelassene Miene an den Tag legen.«

Diese Regeln für »gutes Auftreten« erscheinen uns heute sehr merkwürdig, wenn wir einfach aus der Haustür treten und die Straße entlang gehen, ohne darüber nachzudenken, wie wir einen Fuß vor den anderen setzen. Für den Bein-Beobachter aber ist dies ein Vorteil, weil sich wegen der Ungezwungenheit persönliche Gangarten und viele verschiedene Gehbewegungen entwickeln konnten.

Schließlich gibt es noch mehrere regional unterschiedlich bewertete Beingebärden. Der Schlag auf den eigenen Schenkel hat in verschiedenen Teilen der Welt viele verschiedene Bedeutungen. In Südamerika drückt er Ungeduld oder Zorn aus und ist eine mi-

mische Darstellung dessen, was der Betreffende gern bei einem anderen tun würde. In Europa drückt er eher Überraschung, Scham oder Kummer aus. Im alten Griechenland und im alten Rom konnte er Entsetzen oder Trauer bedeuten, aber auch intensive Freude. Der einzige gemeinsame Faktor dieser Botschaft ist eine plötzliche, scharfe, emotionale Reaktion.

Es gibt auch etliche unterwürfige Kniegebärden – das Beugen des Knies beim Knicks und das Niederknien auf einem oder beiden Knien. Diese körpersenkenden Gebärden waren in der Geschichte allgemein üblich und weit verbreitet; heute sind sie vergleichsweise selten. Sie wurden weitgehend von einem schlichten Vorneigen des Körpers ersetzt. Der Knicks ist weitgehend auf den Hofknicks beschränkt, den nur Frauen ausführen. Das Niederknien auf einem Knie ist den Männern vorbehalten, wenn sie in den Adel erhoben werden, und das Niederknien auf beiden Knien ist nur noch beim Gebet eine Geste der Unterwerfung. Früher wurde beim Grüßen höflich geknickst, und außer vor Majestäten kniete man noch vor einer ganzen Reihe anderer herrschaftlicher Persönlichkeiten nieder. In unserer heutigen Zeit kommt das Beugen des Knies als Unterwerfungsgebärde sehr selten vor.

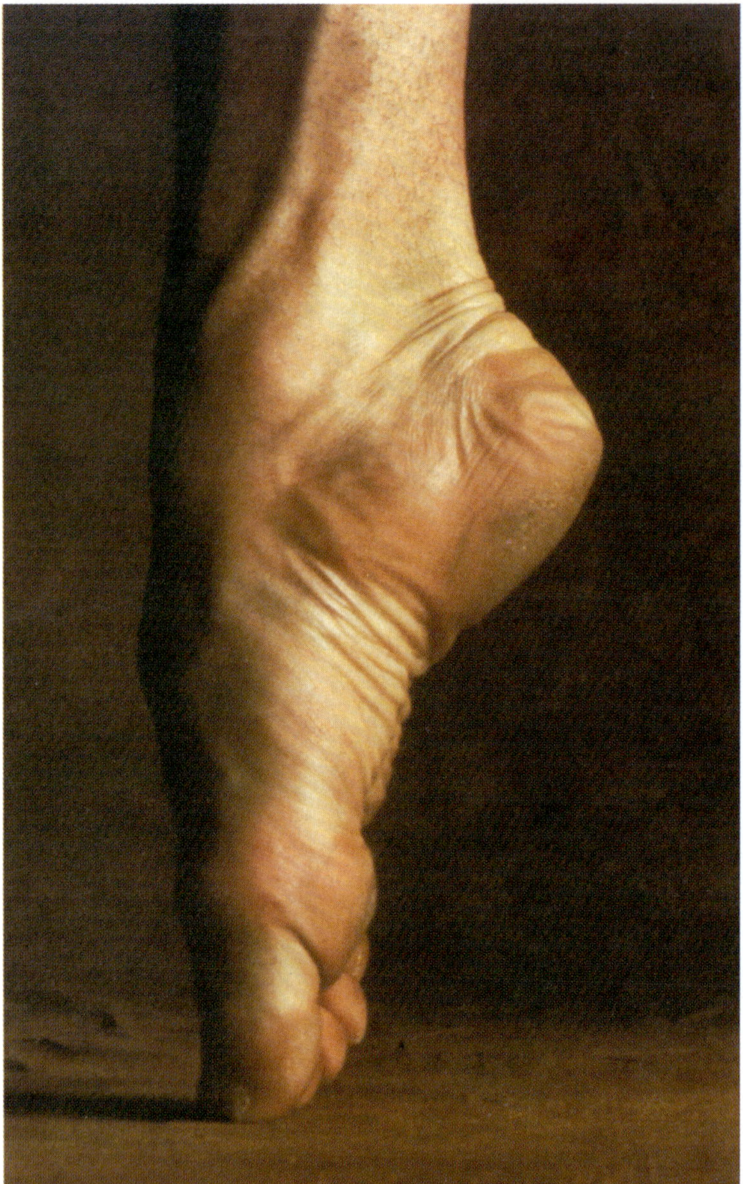

Die Füße

Es heißt, der Mensch steht allein, weil er allein steht. Anders gesagt, der erste riesige Schritt der Menschheit war der erste Schritt auf zwei Beinen, den unsere Vorfahren gewagt haben. In dem Augenblick, als wir begannen, auf unseren Hinterbeinen zu gehen, befreiten wir unsere Vorderbeine, so daß sie sich zu zupackenden, manipulierenden Händen entwickeln konnten. Und mit diesen Werkzeuge herstellenden Händen haben wir die Welt erobert.

Daher schulden wir unseren Füßen großen Dank, und wir sollten sie als einen der wichtigsten Teile unseres Körpers ehren. Aber weit gefehlt – im Gegenteil, wir mißhandeln sie geradezu fürchterlich. Zwei Drittel ihres Lebens sperren wir sie in enge Ledergefängnisse ein. Wir zwingen sie, auf harten, ermüdenden Flächen zu gehen, und wir ignorieren ihre Gesundheit und ihr Wohlbefinden so lange, bis sie ernsthafte Schwierigkeiten haben und Schmerzsignale aussenden, die wir nicht länger unbeachtet lassen können.

Wir sehen, bildlich gesprochen, auf unsere Füße herab, vermutlich, weil wir tatsächlich auf sie herabsehen. Sie sind von unseren spezialisierten Sinnesorganen zu weit entfernt. Könnten wir sie so aus der Nähe betrachten wie unsere Hände, würden wir uns mehr um sie kümmern. Aber sie befinden sich am untersten Ende unseres Körpers, und die meiste Zeit verschwenden wir nicht einmal einen flüchtigen Gedanken an sie.

Diese Haltung wird von dem Gefühl begünstigt, daß ein Schaden an unseren Füßen nicht tödlich sein kann. Selbst wenn eine Frau ihre hochhackigen Schuhe nach einem Einkaufsbummel fortschleudert und stöhnt: »Meine Füße bringen mich noch um!«, glaubt sie nicht, was sie sagt. Aber ihre Worte sind wahrer, als sie vielleicht weiß. Sicher, der Fuß ist kein »lebenswichtiges Organ« wie das Herz, die Lunge oder die Leber; aber schlecht behandelte Füße können die Lebenszeit genauso verkürzen wie ein Herzanfall. Um dies zu verstehen, müssen wir einen Blick auf das Gehverhalten älterer Menschen werfen. Diejenigen, die ihre Füße jahrzehntelang schlecht behandelt haben, müssen sich im Alter im Schneckentempo und qualvoll humpelnd fortbewegen. Andere, die noch gehtüchtig sind, können lange gesunde Spaziergänge machen, und gerade diese haben sich als ungemein gesund und lebenverlängernd erwiesen. Befaßt man sich eingehender mit jenen un-

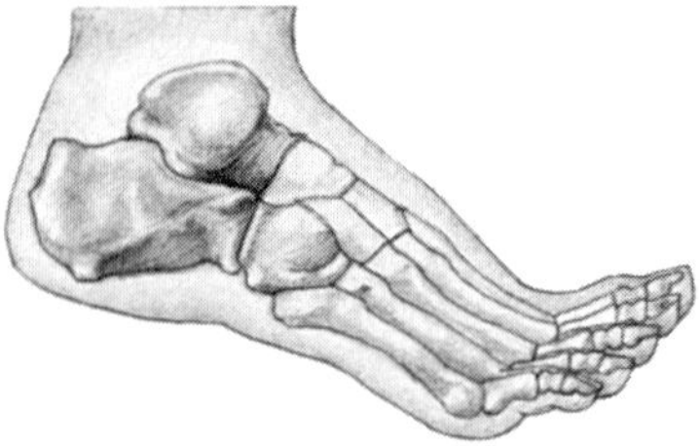

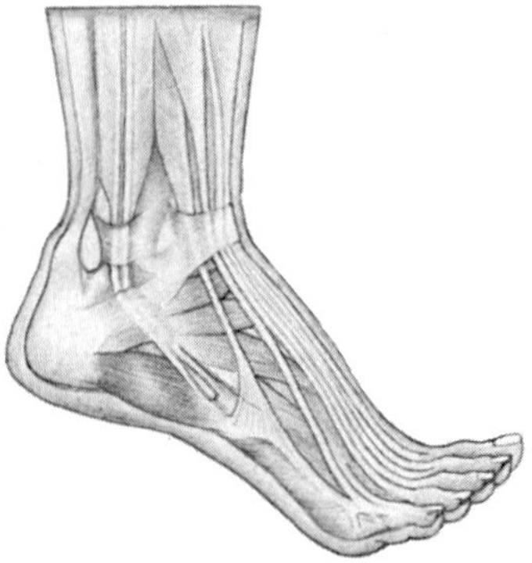

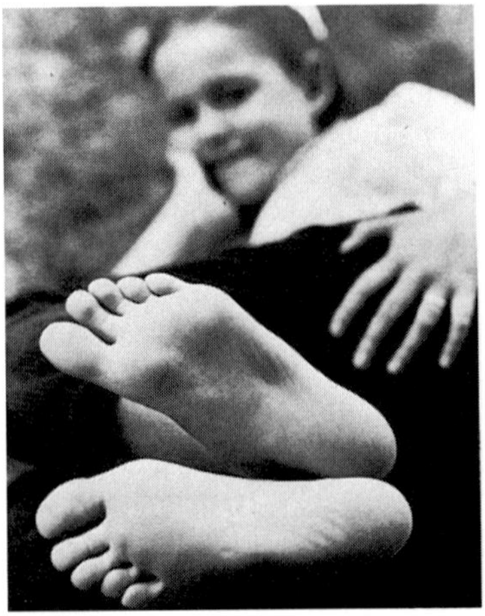

Der menschliche Fuß, den Leonardo da Vinci als »ein Meisterwerk der Technik und ein Kunstwerk« beschrieben hat, besteht aus 26 Knochen, 114 Bändern und 20 Muskeln.

gewöhnlichen Menschen, die ihr 90. Lebensjahr überschritten haben, zeigt sich, daß bemerkenswert viele von ihnen immer begeisterte Spaziergänger waren und oft Tag für Tag etliche Kilometer zurücklegten. Das entspannte Spazierengehen ist eine ideale Übung für den ganzen Körper, während das derzeit moderne Joggen bei älteren Menschen alle möglichen Probleme verursachen kann. Die Füße lieben sanfte und hassen ruckartige Bewegungen.

Jedesmal, wenn der Fuß während der Fortbewegung den Boden berührt, erhält er, auch wenn wir noch so weich auftreten, einen Stoß. Man schätzt, daß die Füße im Lauf eines durchschnittlichen Lebens mit mäßiger körperlicher Bewegung über zehn Millionen mal den Boden berühren. Der erste Moment eines jeden Bodenkontakts besteht aus dem Aufprall der Ferse und ihrer stoßdämpfenden Wirkung. Diese wichtige Funktion nehmen wir als selbstverständlich hin, aber sobald wir im Dunkeln eine Stufe nach oben oder nach unten verfehlen, merken wir, wie unangenehm es ist, den Boden auf andere, unvorbereitete Weise zu berühren.

Mehr als zehn Millionen Schritte in einem Durchschnittsleben.

Einen Sekundenbruchteil nach diesem ersten Bodenkontakt hat der Fuß die Rollen gewechselt. Aus dem Stoßdämpfer wird jetzt eine feste Stütze für das bewegliche Körpergewicht. Durch die Zehen wird er schließlich zu einem antreibenden Organ, das den Körper vorwärtsschnellt. Dieser dreifache Vorgang erfolgt bei jedem Schritt, den wir tun.

Um diese Aufgabe erfüllen zu können, hat der Fuß eine äußerst komplizierte Struktur. Er besteht aus 26 Knochen, 114 Bändern und 20 Muskeln. Leonardo da Vinci nannte ihn ein »Meisterwerk

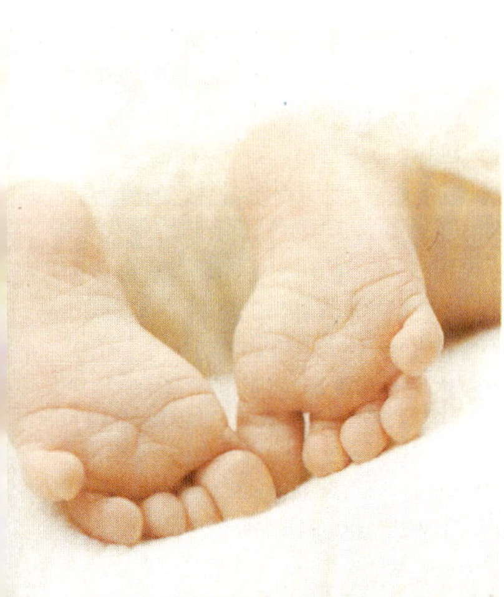

Die Zehen eines Babys sind 20mal besser im Greifen von Gegenständen als die eines erwachsenen Menschen. Der Fuß eines Neugeborenen ist gut siebeneinhalb Zentimeter lang; bei Frauen verdreifacht der Fuß seine Länge in etwa, bis er ausgewachsen ist; bei Männern wächst er zur etwa dreieinhalbfachen Größe des Babyfußes heran. Zwar bleiben bei den meisten Erwachsenen die Zehen eher schwache und passive Teile ihrer Anatomie, doch für Balletttänzer wird die Kraft der Zehen zu einem Faktor, von dem die gesamte Karriere abhängen kann. Der Fuß auf der Seite 216 gehört Rudolf Nurejew.

der Mechanik« – und wenn man bedenkt, welchen besonderen Balanceakt der Fuß für unseren einzigartigen, aufrecht stehenden Körper ausführen muß, kann man ihm nur recht geben. Stellen Sie sich zum Beispiel eine kompakte, lebensgroße, stehende Schaufensterpuppe vor mit unserer natürlichen Gewichtsverteilung, und dann überlegen Sie, was geschehen würde, wenn sie einen leichten Stoß erhielte. Sie würde sofort umfallen. Stellen Sie sich vor, ein solches Ding würde an einem Hang aufgestellt werden. Es würde sofort umkippen. Wir sind jedoch bemerkenswert behende, weil unsere Füße in jeder Sekunde der menschlichen Bewegung zahllose Botschaften aussenden und empfangen, die Tausende von kleineren Muskeleinstellungen auslösen, damit wir stets das Gleichgewicht halten können. Selbst wenn wir still stehen und scheinbar nichts tun, arbeiten die Füße und veranlassen winzige, subtile und fast unmerkliche Veränderungen in unserer Haltung.

Um dies zu erreichen, mußten wir im Lauf der Evolution ein besonderes Opfer bringen. Wir mußten, wie es ein Anatom sehr anschaulich ausdrückte, »Schwimmfüße« entwickeln. Er meinte damit, daß unsere großen Zehen ihre »Opponierbarkeit« aufgeben mußten und mit den anderen Zehen »verschweißt« wurden. Das bedeutet, daß sich das quer über den Fuß verlaufende Mittelfußband über alle fünf Zehen erstrecken mußte statt nur über vier. Bei den Menschenaffen sind die Mittelfußknochen des großen Zehs unabhängig vom Rest des Fußes, und deshalb haben sie einen viel längeren, zum Greifen geeigneten großen Zeh. Bei den Menschen sind die fünf Zehen alle kürzer und enger miteinander verbunden. Wir können noch mit den Zehen wackeln, aber unsere natürliche Fähigkeit, auch mit ihnen zu greifen, haben wir verloren.

Nicht verloren haben wir unsere Fähigkeit, mit den Füßen Duftsignale zu hinterlassen. Australische Ureinwohner können angeblich Menschen am Geruch ihrer Fußabdrücke identifizieren, und dies sogar noch einige Zeit, nachdem sie vorübergegangen sind. In solchen Fällen waren die Vorübergehenden natürlich barfuß. Hunde können die Fußspuren sogar verfolgen, wenn die Menschen dicke Schuhe getragen haben. Die Fußsohlen sind dichter mit Schweißdrüsen besetzt als alle anderen Körperteile, ausgenommen die Handflächen (die natürlich Ex-Füße sind). Diese Schweißdrüsen sind außerordentlich streßempfindlich und steigern ihre Produktion ungeheuer, wenn wir unter Druck stehen. Unsere »schwitzenden« Handflächen bemerken wir, aber daß unsere Füße deren Beispiel folgen, fällt uns nicht immer auf. Der Fußschweiß riecht so stark, daß er unsere Strümpfe und Schuhe durchdringen und eine Duftspur hinterlassen kann, die auch noch nach zwei Wochen von einem Bluthund mit Leichtigkeit verfolgt werden kann. Höchstwahrscheinlich waren die Fußschweißsignale in unserer urzeitlichen Vergangenheit, als unsere Spezies die Erde noch nicht so dicht bevölkerte, von ziemlicher Bedeutung, damit wir uns über Freund und Feind auf dem laufenden halten konnten.

Heute ist die Duftproduktion unserer Füße nur noch lästig. Nur die Toilettenartikelindustrie profitiert noch davon. Der duftende Schweiß wird, eingeschlossen in Socken und Schuhen, sehr schnell von Bakterien befallen und muffig. Unsere wunderbaren, duftsignalisierenden Füße werden zu einer Karikatur ihres früheren Selbst.

Auch die Hautleisten der Unterseite unserer Zehen haben weitgehend ihren Nutzen verloren. Wir haben Zehenabdrücke, die genauso individuell sind wie unsere Fingerabdrücke, und sie könnten ebenso zur Personenidentifizierung genützt werden. Ihre ursprüngliche Funktion, uns mehr Rutschsicherheit und Halt zu geben, wurde in Kulturen, wo das Tragen von Schuhen die Norm ist, fast bedeutungslos.

Die mit Hautleisten durchzogene Haut der Handflächen und Fußsohlen hat eine sehr merkwürdige Eigenschaft. Sie wird nie von der Sonne gebräunt. Nun könnte man darauf hinweisen, daß diese Körperflächen gewöhnlich vor der Sonne verborgen sind, aber das ist nicht der wahre Grund. Auch wenn die Handflächen und Fußsohlen bewußt der Sonne ausgesetzt werden, bleiben sie hell. Irgend etwas im menschlichen Körper verhindert die Produktion von zusätzlichem Melanin in diesen Regionen, so daß die Fußsohlen und Handflächen heller bleiben als der übrige sonnengebräunte Körper. Sogar sehr dunkelhäutige Rassen haben helle Fußsohlen und Handflächen, was darauf schließen läßt, daß diese Eigenschaft ein Teil des evolutionären Erbes unserer gesamten Spezies ist. Leute, die sich mit diesem Phänomen befaßt haben, weisen darauf hin, daß die Hand- und Fußgesten dadurch auffälliger wurden. Bei den Händen will uns das einleuchten, aber daß die

Glücklich ist das barfüßige Baby, das mit seinen Zehen wackeln kann.

Der Fuß des Babys wächst schnell, wie diese »Geburtsabdrücke« zeigen, wenn man sie mit dem inzwischen wesentlich größeren Fuß vergleicht. Doch stolze Eltern täten gut daran, den Prozeß des Laufenlernens nicht zu überstürzen. Säuglingsfüße leiden oft unter den verfrühten Versuchen, das Kind dazu zu bringen, daß es seine ersten wackligen Schritte macht. Auch Bettdecken, die zu eng um die Füße gelegt werden, können ihr Wachstum behindern, ebenso wie das erzwungene Tragen von winzigen Babyschuhen. Glücklich ist das barfüßige Baby, das uneingezwängt mit seinen Zehen wackeln kann, während sich seine Füße entwickeln und kräftigen werden.

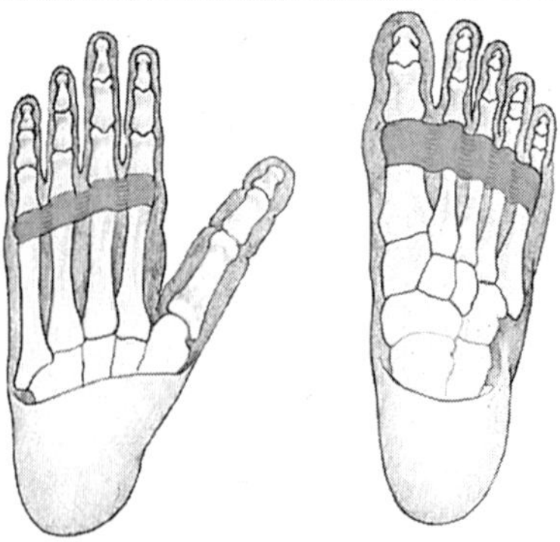

Der Fuß des Affen (links) ist ein Organ mit einer Doppelfunktion, nämlich ein nützliches Greif- wie auch Gehwerkzeug. Der Fuß des Menschen ist zwar in der Lage, unter bestimmten Umständen kleine Gegenstände festzuhalten, aber er ist in erster Linie ein Fortbewegungsorgan, und der Spalt zum Greifen zwischen dem großen Zeh und den anderen Zehen ist auf ein Minimum zurückgegangen. Im Verlauf der Evolution ist aus einem Organ mit allgemeineren Funktionen ein spezialisiertes Organ geworden.

Der menschliche Fuß ist in ein spezialisiertes Fortbewegungsorgan verwandelt worden.

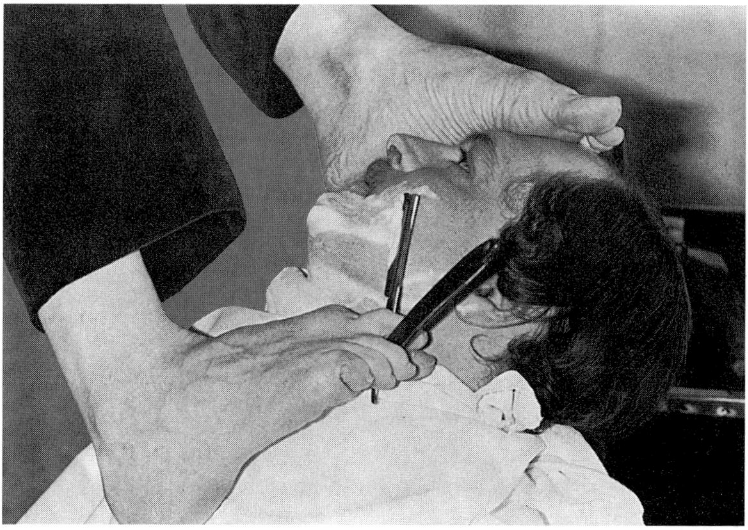

Allgemein wird dem menschlichen Fuß selten Präzisionsarbeit anvertraut, doch mit der entsprechenden Übung ist es möglich, mit den Füßen zu schreiben oder sogar in einem Friseursalon einen Kunden zu rasieren. Für Menschen mit Behinderungen der oberen Gliedmaßen kann sich diese Möglichkeit als außerordentlich wichtig erweisen.

Fußgesten so wichtig waren, scheint weit hergeholt. Wenn wir uns später mit Fußbewegungen in Augenblicken emotionaler Konflikte beschäftigen, wird uns das allerdings verständlicher.

Bei den Stammeskulturen, in denen das Barfußgehen noch die Regel ist, kann man beobachten, welche Kraft dieser unterste Teil des menschlichen Körpers entwickeln kann. Man muß gesehen haben, wie der Samoaner Fuatai Solo auf eine Kokospalme hinaufklettert, um es zu glauben. Er klettert in weniger als fünf Sekunden einen 10 m hohen Baum hinauf.

Fuatai Solo stellte seinen Barfußrekord 1980 auf den Fidschi-Inseln auf; und hier, auf den Fidschi-Inseln, kann man eine noch unglaublichere Leistung der menschlichen Fußsohle beobachten: den Lauf über glühend heiße Steine. Das Ereignis beginnt mit einer mehrstündigen Entspannung. Die Feuerläufer, die am Abend auftreten wollen, versammeln sich und legen sich mehrere Stunden lang ausgestreckt auf den Boden. Nach Einbruch der Dunkelheit entzünden sie das Holz in den Gruben und erhitzen die großen glatten Kieselsteine, die sie am Ufer gesammelt haben und die jetzt dicht nebeneinander gepackt unter den brennenden Ästen liegen. Wenn das Feuer eine solche Hitze erreicht hat, daß die Steine glühen, fegen sie die Aschenreste weg, so daß die blanken Steine frei liegen, die so heiß sind, daß sie ein Taschentuch in Brand setzen, wenn man eines darauf fallen läßt. Und nun gehen die Feuerläufer barfuß über die glühend heißen Steine, als überquerten sie einen Bach auf Trittsteinen.

Nach den Gesetzen der Logik müßten ihre Sohlen Brandblasen haben, das »Fleisch« ihrer Füße müßte verschmort sein, aber sie sind unversehrt. Ich habe selbst die Sohlen dieser Feuerläufer unmittelbar nach ihrem Lauf untersucht und überrascht festgestellt, daß sie ungewöhnlich weich und schwammig waren. Sie waren keineswegs schwielig oder verhornt und auch nicht irgendwie heimlich behandelt. Ich untersuchte auch die Steine in der Feuergrube und stellte fest, daß sie sogar noch *am Morgen danach* sehr heiß waren. Ich habe keine Erklärung für diese erstaunliche Leistung. Auch andere, die sich mit dem Feuerlauf befaßten, waren ähnlich verblüfft, und ihre Erklärungen erscheinen mir äußerst unzulänglich. Die einleuchtendste Erklärung scheint zu sein, daß bei der Berührung mit der sehr heißen Oberfläche die natürliche Feuchtigkeit der Haut so schnell verdampft, daß der Dampf eine Schutzschicht zwischen der Haut und den Steinen bildet. Obwohl ein solcher Vorgang denkbar ist und man sich eine Art menschliches Hovercraft vorstellen kann, das sich auf einem dünnen, sich rasch verflüchtigenden Dampfkissen fortbewegt, bricht das ganze Gedankengebäude zusammen, wenn man sich an das letzte Mal erinnert, als man mit einer heißen Ofenplatte in Berührung kam, vor Schmerz aufschrie und eine böse Brandblase bekam. Wie der menschliche Fuß durchs Feuer gehen kann, bleibt auf weiteres ein faszinierendes Rätsel.

Die winzigen Füße von Neugeborenen sind weich und schlaff; ihre Länge beträgt ungefähr ein Drittel des Erwachsenenfußes. Sie brauchen 20 Jahre für ihr langes, langsames Wachstum, und es ist ganz verkehrt, sie zur Eile zu drängen. Übereifrige Eltern, die versuchen, ihr Kind zum Laufen zu bewegen, bevor es dazu bereit ist, können seinen Füßen ernstlich schaden. Noch schädlicher ist einengendes Bettzeug. Wenn die Decke zu fest über den unteren Beinen liegt, kann sie auf die weichen, biegsamen Füßchen des schlafenden Kindes drücken und sie in einer verdrehten Lage festhalten. Harte, beengende Schuhe und enge Strümpfe können den weichen Kinderfuß ebenfalls quetschen, und all diese Belastungen können in extremen Fällen die Bänder überdehnen und die weichen Knochen in eine falsche Lage bringen.

Ein weiterer Schaden wird den wachsenden Füßen im Schulkindalter zugefügt, wenn es die Eltern versäumen, rechtzeitig die zu klein gewordenen Schuhe durch andere zu ersetzen. Enges Schuhwerk preßt die Zehen zusammen und verursacht bleibende Schäden. Für die Männer ist dieses Problem mit dem Erreichen des Erwachsenenalters gelöst, aber auf viele Frauen lauert dann eine neue Gefahr: der hochhackige, spitze modische Schuh. Dieser Feind des menschlichen Fußes lebt seit Jahrhunderten unter uns, und so wird es wohl auch bleiben, obwohl wir genau wissen, welchen Schaden er anrichtet. Sogar die Tatsache, daß Fußleiden bei Frauen viermal häufiger sind als bei Männern, hat seine Popularität nicht beeinträchtigt.

Der Grund für den Hang der Frauen zu ungeeigneten, unbequemen Schuhen liegt auf der Hand. Fußgröße ist ein Geschlechtsmerkmal. Da der weibliche Fuß kürzer und schmaler ist als sein männliches Gegenstück, ist ein Fuß um so weiblicher und für Männer reizvoller, je zierlicher er ist. Der spitz zulaufende weibliche Schuh bewirkt eine Stromlinienform, und der hohe Absatz verändert die Fußhaltung, so daß er kürzer erscheint.

Unglücklicherweise beeinträchtigt diese Art modischen Schuhwerks das Gleichgewicht des weiblichen Körpers; die Folgen sind schmerzende Füße, Rückenschmerzen und sogar Kopfschmerzen. Aber die Furcht vor häßlichen großen Füßen sitzt bei den Frauen viel zu tief, als daß sie hier Vernunft annehmen könnten. Worte wie »Bauerntrampel« und »Quadratlatschen« wirken beängstigend, und der alte Jazzsong »I don't love ya 'cos your feet's too big« (Ich mag dich nicht, weil du so große Füße hast) mit der klassischen Zeile »your pedal extremeties are obnoxious« (deine Füße sind abscheulich) bekräftigt die Botschaft.

Füße, die auf glühenden Kohlen laufen können.

Die Fußsohlen sind zart und trotz ihrer rauhen Oberfläche verletzlich. Professionelle Sportler können unter Umständen Stunden damit verbringen, sich gerade diesen Bereich des Körpers von Experten massieren zu lassen. Trotzdem besitzen manche Menschen die Fähigkeit, über glühende Kohlen zu laufen, über Oberflächen, die ihren Fußsohlen theoretisch Brandblasen zufügen oder sie gar »rösten« müßten. Noch

Die Fußsohlen sind immer blaß; selbst Sonnenbräune nehmen sie nicht an.

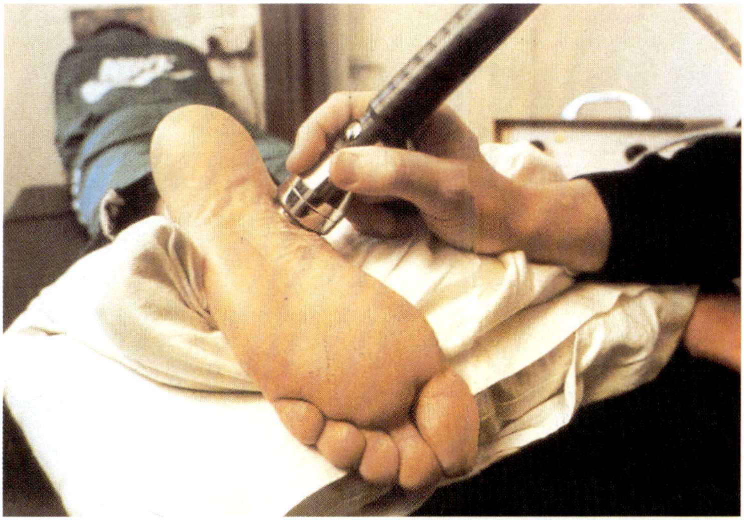

hat niemand eine Theorie geliefert, die diese seltsame Fähigkeit erklären könnte. Das Laufen auf glühenden Kohlen gibt es in zwei Varianten – so gibt es einmal die Technik der Fidschi-Insulaner, über heiße, glatte Steine zu laufen, und die asiatische Methode, auf einem Pfad zu laufen, der mit heißer Asche bedeckt ist. Manche Menschen aus dem Westen, wie dieser Dozent der Harvard Medical School, haben dieses Verfahren erfolgreich gemeistert, ohne sich Verletzungen zuzuziehen oder Schmerzen zu empfinden. Aber es bleibt ein Rätsel, wie das möglich ist.

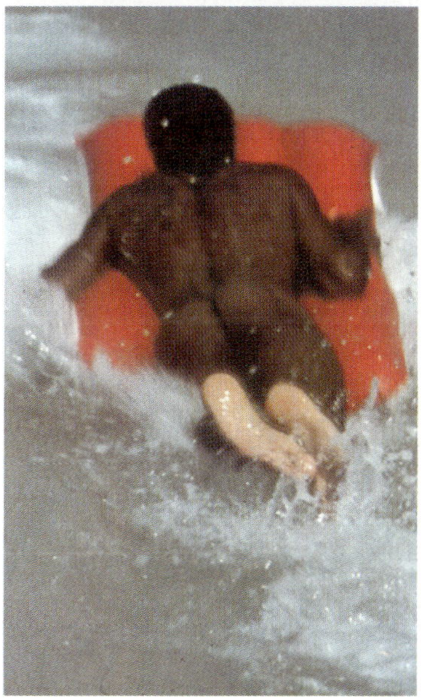

Wie die Handflächen, nehmen auch die Fußsohlen niemals Sonnenbräune an. Selbst dunkelhäutigen Rassen fehlt es hier am Pigment, und das macht ihre Hand- und Fußbewegungen ungewöhnlich auffällig.

Natürliche Unterschiede zwischen den Füßen von Mann und Frau sind manchmal auf grausame Weise überbetont worden.

Die Leidenschaft für kleine Frauenfüße führte in früheren Jahrhunderten dazu, daß sich vornehme Damen mitunter die kleinen Zehen abnehmen ließen, um leichter in noch spitzere Schuhe hineinschlüpfen zu können. Dabei fällt einem fast automatisch die grausige Geschichte von Aschenputtel ein. Ein Prinz sucht ein Mädchen, das er heiraten möchte. Sein einziger Anhaltspunkt ist ein sehr kleiner Schuh. Aschenputtels Schwestern wollen unbedingt Königin werden, und um dem Prinzen zu beweisen, daß es ihr Schuh ist, den er in Händen hält, haut sich die eine den großen Zeh und die andere ein Stück der Ferse ab. Das Blut, das den Strumpf rot färbt und aus dem Schuh hervorquillt, verrät den Schwindel, und erst dann findet der Prinz sein Aschenputtel, das seinen winzigen Fuß in den Schuh hineingleiten läßt und daraufhin als holde Braut des fürstlichen Fußfetischisten mit auf sein Schloß reiten darf.

Die bizarre Prämisse dieses Märchens – daß ein hochstehender Mann nur eine Frau mit winzigen Füßen sexuell annehmbar findet und gar nicht auf ihre anderen Eigenschaften achtet – wird heute, besonders in der disneyfizierten Form des Märchens, übersehen. Hier wurden die zwei Schwestern von Cinderella (Aschenputtel) in *häßliche* Schwestern umgewandelt, während Cinderella immer sehr hübsch ist. Aber das ist gemogelt. Der Prinz verlangte nur eines von seiner Braut – daß ihr Fuß in einen winzigen Pelzschuh paßt (übrigens kein goldener oder gläserner Schuh, was auf einer

Im Orient ist der Fuß einem wild wütenden Sexismus zum Opfer gefallen. Zwar ist der Fuß des Mannes oft als eine »Waffe« der Kriegskunst ausgebildet worden, doch der Fuß der Frau wurde jahrhundertelang auf der Suche nach größerer femininer Schönheit in eine anomal verkürzte Form gezwängt. Da die Füße der Frau von Natur aus kleiner sind als die des Mannes, wurde damit argumentiert, daß ein Betonen dieses Unterschiedes es ermögliche, den Reiz der Füße zu erhöhen. Chinesinnen von hohem gesellschaftlichem Rang strebten an, die Länge ihrer Füße auf etwa ein Drittel der normalen Größe zu verkürzen. Dazu gehörten ein enges Einschnüren und langwierige Qualen. Dennoch war es bis ins 20. Jahrhundert hinein schwierig, diesen Brauch auszurotten. Denn die verborgene Funktion dieses Brauches bestand darin, der Chinesin einen Teil ihrer Bewegungsmöglichkeiten zu nehmen und somit eine hochgradige Abhängigkeit von ihrem Mann zu erreichen.

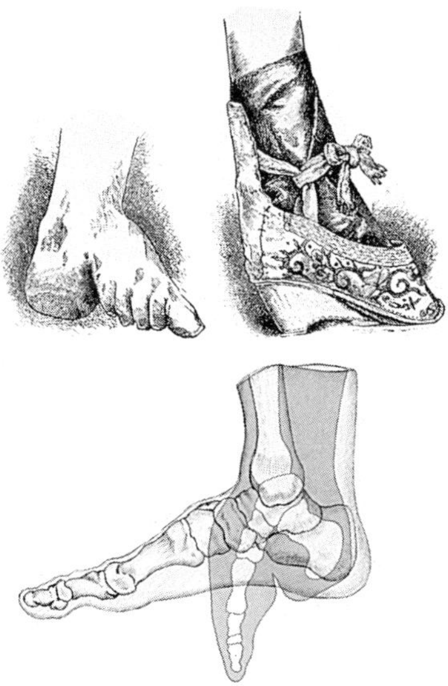

Fehlübersetzung von *vair* = Grauwerk für *verre* = Glas beruht). Um zu verstehen, warum er nur auf den Fuß solchen Wert legte, muß man wissen, daß dieses Märchen ursprünglich aus China stammt, wo den Mädchen der vornehmen Familien viele Jahrhunderte lang die Füße gewickelt wurden, damit sie klein blieben. In China war der kleine Fuß eines Mädchens das allerwichtigste Schönheitsmerkmal.

Das chinesische Füßewickeln ging folgendermaßen vor sich. Bis zum sechsten oder siebten Lebensjahr durften die kleinen Mädchen frei umherlaufen, dann wurden ihnen die vier kleineren Zehen grausam und qualvoll unter die Fußsohle gedrückt und mit einer 5 cm breiten und 3 m langen Binde umwickelt, wobei die Binde fest um die Ferse herumgezogen wurde, so daß die zurückgebogenen Zehen und die Ferse dichter zusammenkamen. Der Rest der Binde wurde dann mehrmals um den Fuß gewickelt, damit der Fuß unmöglich von selbst eine normale Stellung einnehmen konnte. Nur der große Zeh entging dieser Strafe und blieb frei.

Mädchen, die dabei weinten, wurden geschlagen. Trotz der Schmerzen zwang man sie, auf ihren eingequetschten Füßen zu gehen, damit sich die Füße an ihre neue, gekrümmte Form gewöhnten. Alle zwei Wochen wurde ein neues Paar Schuhe angepaßt, die immer um 0,25 cm kürzer waren als die vorigen. Das Ziel war, die Länge des Fußes auf ein Drittel seiner normalen Größe zu verringern – auf die vielgepriesenen Lotosfüße von 7,5 cm Länge.

Bis zum Erwachsenenalter waren diese Mädchen für ihr ganzes Leben verkrüppelt; sie konnten nicht mehr normal gehen, und bei ihren körperlichen Aktivitäten waren sie schwer behindert. Dies war der gesellschaftliche Bonus der Deformierung. Sie hatten nicht nur superweiche kleine Füße, sondern waren auch buchstäblich nicht imstande, ihren Ehemännern wegzulaufen. Außerdem trugen sie ein bleibendes Statusmerkmal, denn sie konnten eindeutig keine körperliche Arbeit verrichten. Erst mit der Modernisierung Chinas in diesem Jahrhundert und dem Verschwinden der Mandaringesellschaft wurde diese ungewöhnliche Form der Verstümmelung ausgemerzt.

Einer der Gründe, warum die Chinesen die gewickelten Füße so reizvoll fanden, war sexueller Art. Die Lotosfüße hatten mehrere eigenartige erotische Bedeutungen. Die Liebhaber der Mädchen genossen es nicht nur, diese Füße während des sexuellen Vorspiels zu küssen, sondern nahmen tatsächlich den ganzen Fuß in den Mund und saugten gierig daran. Die sadistischeren Typen hatten ihren Spaß daran, wie leicht sie ihre Frauen während des Liebesakts zum Schreien bringen konnten, indem sie einfach ihre verkrüppelten Füße drückten. Hielt man die Lotosfüße nebeneinander, bildeten sie durch ihre gekrümmte Form eine Pseudo-Öffnung, die als symbolische Vagina dienen konnte. Und die echte Vagina wurde durch die gestelzte Gangart, die sich durch die gewickelten Füße ergab, angeblich ebenfalls verbessert: »Je kleiner der Fuß einer Frau ist, um so wundersamer werden die Falten ihrer Vagina.« Neben diesen und anderen, noch ausgefalleneren erotischen Vorstellungen über die Lotosfüße war es vor allem die Hilflosigkeit der Frau mit gewickelten Füßen, die man allgemein sexuell aufregend fand; sie waren ihren Männern auf Gedeih und Verderb ausgeliefert und hatten jahrhundertelang unter ihnen zu leiden.

Aber auch andernorts ist der allgemeine Fußsymbolismus häufig sexuell bestimmt. Die ungewöhnlich großen Füße eines Mannes wurden weitgehend dahingehend ausgelegt, daß er auch einen großen Penis hat, während die ungewöhnlich kleinen Füße einer Frau bedeuteten, daß sie eine kleine Vagina hat. Aber dies ist nicht mehr als eine simplifizierte Erweiterung des biologischen Geschlechtsunterschieds um die Fußgröße.

Der Schuh wurde häufig als Symbol für die weiblichen Genitalien verwendet. Dies erklärt, warum man hinten an das Auto eines frisch vermählten Paares, das in die Flitterwochen fährt, Schuhe und Stiefel bindet und warum ein romantischer Liebhaber aus dem Schuh der Dame seines Herzens Champagner trank. Ein alter französischer Brauch verlangt, daß die Braut ihre Brautschuhe aufbewahrt und niemals weggibt, wenn sie eine glückliche Ehe führen will. Und sizilianische Mädchen, die noch einen Ehemann suchten, schliefen stets mit einem Schuh unter dem Kopfkissen. Diese und viele andere derartige Bräuche bestätigen die symbolische Verbindung zwischen Schuh und Sexualität.

In anderen Zusammenhängen hatten Schuhe andere Symbolwerte. In alten Zeiten bedeuteten sie Freiheit, weil Sklaven barfuß gingen. Daß man an bestimmten Kultstätten die Schuhe auszieht,

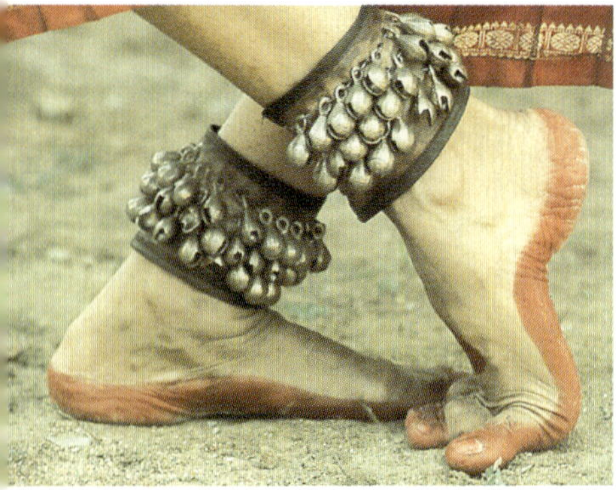

Wenn der Papst dem Pomp seiner hohen kirchlichen Würden einen Akt christlicher Demut entgegensetzen will, wählt er manchmal die unterwürfige Geste, gesellschaftlich Tiefergestellten die Füße zu waschen und zu küssen.
Dazu gehört auch das Verneigen des Körpers vor anderen Personen; und dieses Vorgehen steht auch in einem engen Zusammenhang mit seiner bekannten Geste, die Rollbahn zu küssen, wenn er auf einem ausländischen Flughafen landet.

Bei der sexuellen Symbolik hat der Schuh für die weiblichen Genitalien gestanden. Ausdruck dafür ist die alte Frau, die in einem Schuh lebte, in dem beliebten Kinderreim »so viele Kinder hatte, daß sie gar nicht wußte, was sie mit ihnen anfangen sollte«.

Die Füße der indischen Tänzerin werden oft mit Henna rot gefärbt, und die Knöchel werden mit kleinen Glöckchen geschmückt. Das betont die stampfenden Tanzschritte sowohl für das Auge als auch für das Ohr.

Da die Füße so weit von unseren Köpfen entfernt sind, neigen wir dazu, sie zu vergessen, wenn wir in ein Gespräch vertieft sind. Das macht sie zu einem ungewöhnlich ehrlichen Teil unserer Anatomie; und ihr unbewußtes Handeln enthüllt unsere wahre Stimmung ganz unabhängig davon, was unsere Gesichter vielleicht signalisieren mögen. Nur bei gewissen Formen des Werbens setzen wir zur Kommunikation bewußt eine wohldurchdachte Vorgehensweise der Füße und Beine ein.

ist vermutlich eine Demutshandlung in Gegenwart der Gottheit, vor der man als »williger Sklave« erscheinen will.

Die Füße selbst wurden in alten Zeiten häufig als Sitz der menschlichen Seele angesehen, und es wurde darauf hingewiesen, daß in griechischen Legenden das Hinken einen geistigen oder moralischen Defekt anzeigt. Nach einer frühgeschichtlichen Symbolik sind die Füße die Sonnenstrahlen; hier entstand das Hakenkreuzsymbol als »Sonnenrad mit Füßen«.

Wenn wir uns der Körpersprache der Füße zuwenden, ist eine interessante Tatsache zu vermerken. Die Füße sind der ehrlichste Teil des menschlichen Körpers. Kleine Bewegungen und Stellungswechsel der Füße sagen uns die Wahrheit über die Stimmung eines Menschen. Der Grund dafür ist, daß wir selten daran denken, was unsere Füße tun. Wenn wir anderen Menschen begegnen, konzentrieren wir uns auf ihr Gesicht, und wir wissen, daß *sie* sich auf das unsere konzentrieren, und so werden wir mit unserem Lächeln und Stirnrunzeln zu gekonnten Lügnern. Wir setzen das Gesicht auf, das die anderen sehen wollen. Aber je weiter wir unsere Blicke von der Gesichtsregion abwärts gleiten lassen, um so aufrichtiger wird die Körpersprache. Unsere Hände befinden sich auf halber Körperhöhe, und sie sind halbwegs ehrlich. Wir sind uns ihrer Bewegungen nur vage bewußt, aber bis zu einem gewissen Grad können wir mit ihnen lügen. Die Füße am anderen Ende des Körpers, weit weg von der entscheidenden Gesichtsregion, sind sich völlig selbst überlassen, und deshalb lohnt es, sie genauer zu betrachten.

Der Mann, der bei einem Interview in seinem Stuhl sitzt, sieht so ruhig und gelöst aus. Er lächelt milde und hält seine Schultern gerade. Seine Hände führen weiche, harmonische Bewegungen aus. Er wirkt völlig entspannt. Aber jetzt sehen Sie sich seine Füße an. Sie sind fest umeinandergelegt, als klammerten sie sich schutzsuchend aneinander. Nun stellt er sie nebeneinander und beginnt fast unmerklich, mit einem Fuß auf den Boden zu klopfen, als versuchte er, »wegzulaufen, ohne sich von der Stelle zu rühren«. Schließlich überkreuzt er die Beine, und der Fuß, der nun in der Luft hängt, beginnt auf und ab zu wippen, wieder, als wollte er fliehen, ohne sich vom Fleck zu rühren. Ein berühmter New Yorker Talkmaster führte dieses Fußwippen mit solcher Regelmäßigkeit vor, daß seine Fernsehkollegen eine genaue Studie darüber anfertigen konnten. Sie stellten fest, daß es nur dann auftrat, wenn er sich mit seinem Gast nicht wohl fühlte, und sie vermuteten, wenn er das Wort HILFE auf seine Schuhsohlen schrieb, würde die Bedeutung seines Fußsignales bald in ganz Amerika verstanden werden.

Das ungeduldige Pochen mit dem Fuß, das den dringenden Wunsch zu fliehen signalisiert, wird manchmal auf ein »Zehenwackeln« reduziert, wobei die Zehen fast unsichtbar gehoben und gesenkt werden. Wie alle wippenden und stellungsverändernden Fußbewegungen stellen diese Handlungen einen unterdrückten Wunsch dar, aus der augenblicklichen Situation wegzulaufen. Vortragende, die oft gern vor ihrer Zuhörerschaft flüchten würden, führen eine ganze Reihe von Fußbewegungen aus, die ihre wahre Stimmung verraten. Auf einer langen Konferenz ist ein Studium der Fußbewegungen der Sprecher häufig interessanter als das, was sie sagen. Leider ist es inzwischen allgemein üblich, den Körper der Redner hinter einem Pult oder einer anderen Barriere zu verstecken, so daß eine unmittelbare Beobachtung ihrer ehrlichen unteren Körperteile nicht möglich ist. Zu den Besonderheiten der Vortragenden, sofern sie ganz zu sehen sind, gehört eine köstliche Reihe von Fußbewegungen – Fersen anheben, wippen, schwenken, auf der Stelle treten und klopfen –, als probierten die Füße jede Möglichkeit aus, wie sie vor den feindlich starrenden Blicken aus Hunderten von Augenpaaren flüchten könnten.

Ein sitzender Mensch mit überkreuzten Beinen drückt seine Langeweile häufig mit einer weiteren Fußgeste aus: Er tritt in die Luft. Diese Geste wirkt etwas feindlicher als das Auf-und-ab-Wippen des Fußes, weil die Person denjenigen, der an seiner Langeweile schuld ist, treten möchte. Das überkreuzte Bein führt wiederholt einen kurzen Stoß nach vorne aus. Diese Geste ist nicht weit von einem zornigen Aufstampfen entfernt.

Das Schlurfen oder Scharren mit den Schuhen gehört zu einer etwas anderen Stimmung und ist typisch für einen kleinen Jungen, der Rede und Antwort stehen muß, weil er etwas ausgefressen hat. Bei seinen Fußbewegungen fehlt der drängende, rhythmische Schlag des gelangweilten »Luftkickers« oder des »Fußtrommlers«. Die Füße des Jungen signalisieren weder direkten Angriff noch Flucht noch, daß er trotzig weggehen will. Ihre unregelmäßigen

Das Küssen der Füße beschränkt sich nicht auf päpstliche Akte der Demut. Es ist außerdem eine bestimmte Form der erotischen Stimulation. Dafür scheint es zwei Gründe zu geben, einen chemisch und einen masochistisch bedingten. Rein chemisch gesehen, produziert der Fuß Schweiß, der reichlich dieselben Fettsäuren enthält, die sich auch im Genitalbereich finden, was heißt, daß derjenige, der den Fuß küßt, eine unbewußte Stimulation seines uralten Geruchssinnes erleben kann. Zweitens erfordert der Vorgang, den Mund an den Fuß zu führen, eine »kriecherische« Haltung der sklavischen Unterwürfigkeit, die der Masochist als erregend empfindet. Eine ganz spezielle Variante besteht darin, daß manche Männer es als sexuell stimulierend empfinden, wenn Frauen mit hochhackigen Schuhen und spitzen Absätzen auf ihnen herumtrampeln.

Drehungen und wechselnden Stellungen zeigen an, daß sie eigentlich nichts anderes wollen, als leise davonzuschleichen.

Zwischenmenschliche Kontakte, an denen die Füße beteiligt sind, gibt es nur wenige, ausgenommen bei der Fußpflege und beim Masseur. Liebende küssen die Füße und Zehen ihrer Partner, aber bei den meisten Menschen spielt dies in ihrem Sexualleben eine sehr kleine Rolle. Genauso selten ist heute jene andere Form des Fußkusses, das demütige Beugen des Körpers, um den untersten Körperteil einer hochgestellten Persönlichkeit zu küssen. Diese extreme Unterwerfungsgeste ist den modernen Gesellschaften fremd. In früheren Zeiten, als die Herrschenden noch erhabener waren, küßten die Untergebenen bei vielen Gelegenheiten die Füße der großen Herren. Der römische Kaiser Diokletian bestand darauf, daß die Senatoren und andere Würdenträger ihm den Fuß küßten, wenn er sie empfing und wenn er sie verabschiedete. Sogar

Das erotische Küssen der Füße scheint neben der masochistischen Komponente auch einen chemischen Auslösemechanismus zu haben.

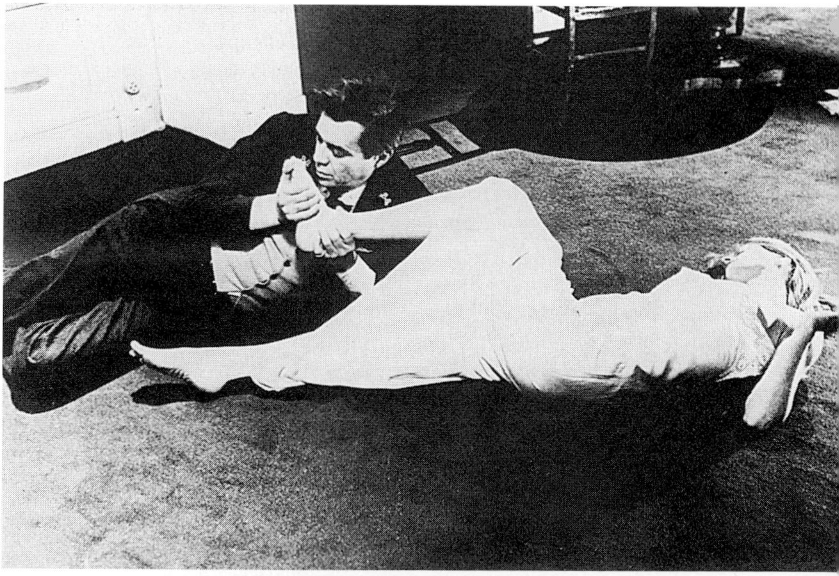

seine Verwandten mußten den kaiserlichen Fuß küssen. Heute sind solche Handlungen nur noch unter Fußfetischisten üblich, die besonderen Prostituierten viel Geld zahlen, um vor ihren Füßen kriechen zu dürfen.

Umgekehrt ist die Geste, daß man den Fuß auf jemanden setzt, ein Zeichen von Überlegenheit. Sie wurde in mehreren Zusammenhängen formalisiert; am bekanntesten ist die des tapferen Jägersmannes, der ein unschuldiges Tier erlegt hat und mit dem Gewehr in der Hand stolz einen Fuß auf den Rücken des Tierkadavers stellt. Nach einem alten Brauch polnischer Juden mußte man bei der Hochzeitsfeier seinem Ehepartner auf den Fuß treten. Wer es als erster schaffte, hatte im späteren Eheleben angeblich den »Oberfuß«, sprich »die Oberhand«.

Obwohl viele dieser alten Bräuche heute im Aussterben begriffen sind, hält sich in Schottland noch immer die Feier des Ersten Fußes. Das Glück im neuen Jahr hängt vom »Ersten Fuß« ab, der kurz nach Mitternacht zwischen dem 31.12. und dem 1.1. des neuen Jahres über die Schwelle des Hauses tritt. Der Neuankömmling muß Geschenke mitbringen, und er muß, wenn der Haushalt in den nächsten zwölf Monaten gedeihen soll, ein dunkler männlicher Fremdling sein, der keine Plattfüße hat. Wichtig ist, daß er das Haus mit seinem rechten Fuß zuerst betritt, weil der linke als ausgesprochener Unglücksbringer gilt. Früher mußten alle Personen beim Betreten eines Hauses darauf achten, daß sie mit dem rechten Fuß zuerst die Schwelle überschritten. In großen Häusern gab es sogar einen besonderen Diener, der darauf zu achten hatte, daß sich jeder an diesen Brauch hielt. Der Grund für diese Beschäftigung mit linken und rechten Füßen war, wie bei anderen Rechts- oder Linksunterscheidungen auch, daß man glaubte, Gott würde seine Unternehmungen mit dem rechten Fuß ausführen, der Teufel dagegen mit dem linken. »To put one's best foot forward« (sein Bestes tun) bedeutete, mit dem rechten Fuß loszugehen. Der rechte Fuß war gut und freundlich, der linke böse und feindlich. Deshalb marschieren auch Soldaten im allgemeinen mit dem linken Fuß zuerst los. Ein typischer Befehl lautet: »Im Gleichschritt Marsch! Links, zwo, drei, vier ...« Der feindliche linke Fuß wird absichtlich zuerst in Bewegung gesetzt, um die feindliche Absicht der marschierenden Männer anzuzeigen.

Bibliographie

Ableman, P. 1969. *Mouth and Oral Sex.* Running Man Press, London. **Allen**, M.R. 1967. *Male Cults and Secret Initiations in Melanesia.* Melbourne University Press, Melbourne. **Ambrose**, J.A. 1960. *The Smiling and Related Responses in Early Human Infancy.* University of London. PhD Thesis. **Amphlett**, H. 1974. *Hats: A History of Fashion in Headwear.* Sadler, Chalfont St Giles, Buckinghamshire. **Angeloglou**, M. 1970. *A History of Make-up.* Macmillan, London. **Argyle**, M. 1967. *The Psychology of Interpersonal Behaviour.* Penguin, Harmondsworth, Middlesex. – 1969. *Social Interaction.* Methuen, London. (Hrsg.) 1973. *Social Encounters. Readings in Social Interaction.* Penguin Books, Harmondsworth, Middlesex. – 1975. *Bodily Communication.* Methuen, London. – und Cook M. 1976. *Gaze and Mutual Gaze.* Cambridge University Press, Cambridge. **Austin**, G. 1806. *Chironomia; or, a treatise on rhetorical delivery.* London. **Ayalah**, D. and I.J. Weinstock. 1979. *Breasts.* Hutchinson, London.

Barakat, R.A. 1973. »Arabic gestures.« *J. Popular Culture* S. 749–787. **Barnard**, C. 1981. *The Body Machine.* Hamlyn, London. **Barsley**, M. 1966. *The Left-handed Book.* Souvenir Press, London. – 1970. *Left-handed Man in a Rhight-handed World.* Pitman, London. **Bauml**, B.J. und F.H. Bauml. 1975. *A Dictionary of Gestures.* Scacrecrow Press, Metuchen, N.J. **Beck**, S.B. 1979. »Women's somatic preferences«. In: *Love and Attraction* (Hrsg.: Cook, M. und G. Wilson). Pergamon, Oxford. **Bell**, C. 1806. *Essays on the Anatomy and Philosophy of Expression.* London. – 1833. *The Hand – its Mechanism and vital Endowments as invincing Design.* Pickering, London. **Benthall**, J. und T. Polhemus. 1975. *The Body as a Medium of Expression.* Allen Lane, London. **Berg**, C. 1951. *The Unconscious Significance of Hair.* Allen and Unwin, London. **Bettelheim**, B. 1982. *Die symbolischen Wunden.* Fischer Verlag, Frankfurt a. M. **Birdwhistell**, R.L. 1952. *Introduction to Kinesics.* University of Louisville, Kentucky. **Broby-Johansen**, R. 1968. *Body and Clothes.* Faber and Faber, London. **Brooks**, J.E. 1953. *The Mighty Leaf: the Story of Tobacco.* Alvin Redman, London. **Brophy**, J. 1945. *The Human Face.* Harrap, London. – 1962. *The Human Face Reconsidered.* Harrap, London. **Brownmiller**, S. 1984. *Weiblichkeit.* Fischer Verlag, Frankfurt a. M. **Brun**, T. 1969. *The International Dictionary of Sign Language.* Wolfe, London. **Bulwer**, J. 1644. *Chirologia; or the Naturall Language of the Hand. Whereunto is ad ded Chironomia: or; the Art of Manual Rhetoricke.* London. – 1648. *Philocophus; or the Deafe and Dumbe Man's Friend.* London. – 1649. *Pathomyotomia, or a Dissection of the Significative Muscles of the Affections of the Minde.* London. – 1650. *Anthropometamorphosis; Man Transform'd; or the Artifical Changeling.* London. (Neuauflage 1654 als: *A View of the People of the Whole World.*). **Burr**, T. 1965. *Bisba.* Hercules. Trenton, New Jersey.

Campbell, B. 1967. *Human Evolution.* Heinemann, London. **Cannon**, W.B. 1929. *Bodily Changes in Pain, Hunger, Fear and Rage.* Appleton-Century, New York. **Chan**, P. 1981. *Ear Acupressure.* Thorsons, Wellingborough, Northants. **Chetwynd**, T. 1982. *A Dictionary of Symbols.* Granada, London. **Cohen**, H. 1979. *The Complete Encyclopedia of Exercises.* Paddington Press, London. **Coleman**, V. and M. Coleman. 1981. *Face Values.* Pan Books, London. **Comfort**, A. 1976. *Joy of Sex. Freude am Sex.* Ullstein Verlag, Berlin. **Coon**, C.S: 1966. *The Living Races of Man.* Cape, London. **Cooper**, J.C. 1978. *An Illustrated Encyclopedia of Traditional Symbols.* Thames and Hudson, London. **Cooper**, W. 1971. *Hair: Sex. Society, Symbolism.* Aldus Books, London. – 1967. *Fashions in Eyeglasses.* Peter Owen, London. **Corti**, C. 1931. *A History of Smoking.* Harrap, London. **Coss**, R. 1965. *Mood-provoking Visual Stimuli.* University of California. **Critchley**, M. 1939. *The Language of Gesture.* Arnold, London. – 1975. *Silent Language.* Butterworths, London.

Darwin, C. 1964. *Der Ausdruck der Gefühle bei Mensch und Tier.* Rau, Düsseldorf. **D'Angelou**, L. 1969. *How to be an Italian.* Price, Sterne, Sloane. Los Angeles. **Devine**, E. 1982. *Appearances. A Complete Guide to Cosmetic Surgery.* Piatkus, Loughton, Essex. **Dickinson**, R.L. 1949. *Human Sex Anatomy.* Williams and Wilkins, Baltimore. **Dingwall**, E.J. 1931. *The Girdle of Chastity.* Routledge, London.

Ebensten, H. 1953. *Pierced Hearts and True Love. The History of Tattooing.* Verschoyle, London. **Ebin**, V. 1979. *The Body Decorated.* Thames and Hudson, London. **Eden**, J. 1978. *The Eye Book.* David and Charles, Newton Abbott, Devon. **Efron**, D. 1972.

Gesture, Race and Culture. Mouton, Den Haag. (First published in 1941 as: *Gesture and Environment.* King's Crown Press, New York.) **Eibl-Eibesfeldt**, I. 1984. *Die Biologie des menschlichen Verhaltens.* Piper Verlag, München. – 1985. *Liebe und Haß. Zur Naturgeschichte elementarer Verhaltensweisen.* Piper Verlag, München. **Ekman**, P. 1967. »Origins, usage and coding of nonverbal behavior.« Centro des Investigaciones Sociales, Buenos Aires, Argentinien. – 1969. »The repertoire of nonverbal behavior.« *Semiotica* 1 (1), S. 49–98. – 1970. »Universal facial expressions of emotion.« *California Mental Health Research Digest* 8 (4), S. 151–158. – 1971. »Universal and cultural differences in facial expressions of emotion.« *Nebraska Symp. on Motivation 1972.* – 1973. *Darwin and Facial Expression.* Academic Press, New York. – 1976 »Movements with precise meanings.« *J. Communication* 26 (3), S. 14–26. – 1980. *The Face of Man.* Garland, New York. – et al. 1972. »Facial expressions of emotion while watching televised violence and predictors of subsequent action.« *Television and Social Behavior* 5. S. 22–58. U.S. Government Printing Office, Washington D.C. – und W.V. Friesen (N.D.) »Constants across cultures in the face and emotion. *J. Personality and Soc. Psych.* – und W.V. Friesen. 1968. »Nonverbal behavior in psychotherapy research.« *Research in Psychotherapy* 3. S. 179–216. – und W.V. Friesen. 1969. »The repertoire of nonverbal behavior: categories, origins, usage and coding.« *Semiotica* 1 (1), S. 49–98. – und W.V. Friesen. 1969. »Nonverbal leakage and clues to deception.« *Psychiatry* 31 (1), S. 88–106. – und W.V. Friesen. 1972. »Hand movements.« *J. Communication* 22, S. 353–374. – und W.V. Friesen. 1974. »Nonverbal behavior and psychopathology.« In: *The Psychology of Depression: Contemporary Theory and Research.* Winston and Sons, Washington, D.C. S. 203–232. – and W.V. Frie sen. 1974. »Detecting deception from the body or face.« *J. Personality and Soc. Psych.* 29 (3), S. 288–298. – und W.V. Friesen. 1975. *Unmasking the Face.* Prentice-Hall, New Jersey. – und W.V. Friesen. 1976. »Measuring facial movement.« *Envir. Psychol. and Nonverbal Behav.* 1 (1), S. 56–75. – W.V. Friesen und P. Ellsworth. 1972. *Emotion in the Human Face.* Pergamon Press, New York. – W.V. Friesen und K.R. Scherer, 1976. »Body movement and voice pitch in deceptive interaction.« *Semiotica* 16: 1, S. 23–27. – W.V. Friesen und S.S. Tomkins. 1971. »Facial affect scoring technique: a first validity study.« *Semiotica* 3 (1) S. 37–58. **Elias**, N. 1976. *Über den Prozeß der Zivilisation.* Suhrkamp Verlag, Frankfurt a. M. **Elsworthy**, F.T. 1895. *The Evil Eye.* John Murray, London.

Fast, J. 1979. *Körpersprache.* Rowohlt Verlag, Reinbek bei Hamburg. **Fisher**, J. 1979. *Body Magic.* Hodder and Stoughton, London. **Fisher**, R.B. 1983. *A Dictionary of Body Chemistry.* Granada, London. **Fryer**, P. *Mrs Grundy. Studies in English Prudery.* Dobson, London.

Gabor, M. 1972. *The Pin-up, a Modest History.* Pan, London. **Gardiner**, L.E. 1959. *Faces, Figures and Feelings. A Cosmetic Plastic Surgeon Speaks.* Burstock Courtenay Press, Brighton. **Garfield**, S. 1971. *Teeth, teeth, teeth.* Arlington Books, London. **Gettings**, F. 1965. *The Book of the Hand.* Hamlyn, London. **Givens**, D.B. 1983. *Love Signals.* Crown, New York. **Glynn**, P. 1982. *Skin to Skin.* Allen and Unwin, London. **Gomez**, J. 1967. *A Dictionary of Symptoms.* Centaur Press, London. **Grigson**, G. 1976. *The Goddess of Love.* Constable, London. **Guletz**, S. (ohne Jahresangabe). *Hula!* South Sea Sales, Honolulu, Hawaii. **Guthrie**, R.D. 1976. *Body Hot Spots.* Van Nostrand Reinhold, New York.

Hall, E.T. 1959. *The Silent Language.* Doubleday, New York. **Harrison**, G.A. et al. 1964. *Human Biology.* Clarendon Press, Oxford. **Hendrickson**, R. 1976. *The Great American Chewing Gum Book.* Chilton Books, Radnor, Pennsylvania. **Henley**, N.M. 1977. *Body Politics.* Prentice-Hall, New Jersey. **Hennessy**, V. 1978. *In the Gutter.* Quartet Books, London. **Hess**, E. 1975. *The Telltale Eye.* New York. **Hess**, T.B. and L. Nochlin. 1973. *Woman as Sex Object.* Allen Lane, London. **Hewes**, G. 1983. »The communication function of palmar pigmentation in man.« *J. Human Evolution* 12, S. 297–303. **Hirschfield**, M. 1940. *Sexual Pathology.* Emerson Books, New York. **Hobin**, T. 1982. *Belly Dancing for Health and Relaxation.* Duckworth, London. **Hopson**, J.L. 1979. *Scent Signals.* Morrow, New York. **Huber**, E. 1931. *Evolution of Facial Musculature and Facial Expression.* The Johns Hopkins Press, Baltimore.

Inglis, B. 1978. *The Book of the Back.* Ebury Press, London. **Izard**, C.E. 1971. *The Face of Emotion.* Meredith, New York.

Jenkins, C. 1980. *A Woman Looks at Men's Bums.* Piatkus, Loughton, Essex.

Keogh, B. und S. Ebbs. 1984. *Normal Surface Anatomy.* Heinemann, London. **Kinsey**, A.C. et al. 1954. *Das sexuelle Verhalten der Frau.* Fischer Verlag, Berlin, Frankfurt a. M. – 1955. *Das sexuelle Verhalten des Mannes.* Fischer Verlag, Berlin, Frankfurt a.M. **Kunzle**, D. 1973. »The corsets as erotic alchemy.« In: *Woman as Sex Object.* (Hrsg. Hess, T.B. and L. Nochlin.) Allen Lane, London.

Lamb, W. 1965. *Posture and Gesture.* Duckworth, London. **Lang**, T. 1971. *The Difference Between a Man and a Woman.* Michael Joseph, London. **Lavater**, J.C. 1775. *Physiognomische Fragmente zur Beförderung der Menschenkenntnis.* Weidmann und Reich, Leipzig. **Lawther**, G. 1981. *The Healthy Body. A Maintenance Manual.* Muller, London. **Lee**, L. und J. Charlton. 1980. *The Hand Book.* Prentice Hall, Englewood Cliffs, New Jersey. **Lenihan**, J. 1974. *Human Engineering. The Body Re-examined.* Weidenfeld und Nicolson, London. **Levy**, H.S. (ohne Jahresangabe). *Chinese Footbinding.* Spearman, London. **Levy**, M. 1962. *The Moons of Paradise.* Arthur Barker, London. **Liggett**, J. 1974. *The Human Face.* Constable, London. **Lockhart**, R.D. 1979. *Living Anatomy.* Faber und Faber, London. **Lurie**, A. 1981. *The Language of Clothes.* Random House, New York.

Macintyre, M. 1981. *The Shogun Inheritance.* Collins, London. **Maclay**, G. und H. Knipe. 1972. *The Dominant Man.* Delacorte Press, New York. **Malinowski**, B. 1983. *Das Geschlechtsleben der Wilden in Nordwest-Melanesien.* Europäische Verlagsanstalt, Stuttgart. **Mallery**, G. 1891. »Greeting by gesture«. *Pop. Sci. Monthly*, Febr. & März. **Maloney**, C. 1976. *The Evil Eye.* Columbia University Press, New York. **Mann**, I. und A. Pirie. 1946. *The Science of Seeing.* Penguin Books, Harmondsworth, Middlesex. **Mantegazza**, P. 1904. *Physiognomy and Expression.* Scott, London. **Mar**, T.T. *Face Reading.* Dodd, Mead, New York. **Masters**, W.H. und V.E. Johnson. 1966. *Human Sexual Response.* Churchill, London. **McGarey**, W.A. 1974. *Acupuncture and Body Energies.* Gabriel Press, Phoenix, Arizona. **Meerloo**, J.A.M. 1971. *Intuition and the Evil Eye.* Servire, Wassenaar. **Meredith**, B. 1977. *Vogue Body and Beauty Book.* Allen Lane, London. **Mitchell**, M.E. 1968. *How to Read the Language of the Face.* Macmillan, New York. **Morris**, D. 1979. *Gestures.* Cape, London. – 1972. *Liebe geht durch die Haut.* Droemer Knaur, München/Zürich. – 1978. *Der Mensch, mit dem wir leben.* Droemer Knaur, München/Zürich. – 1972. *Der Menschen-Zoo.* Droemer Knaur, München/Zürich. – 1967. *Der nackte Affe.* Droemer Knaur, München/Zürich. – 1970 *Patterns of Reproductive Behaviour.* Cape, London. – 1981. *Das Spiel.* Droemer Knaur, München/Zürich. **Munari**, B. 1963. *Supplemento al Dizionario Italiano.* Muggiani, Milan.

Napier, J. 1980. *Hands.* Allen and Unwin, London. **Neumann**, E. 1956. *Die große Mutter.* Rhein-Verlag, Zürich. **Nicholson**, B. 1984. »Does kissing aid human bonding by semiochemical addiction?« *Brit. J. Dermatology* III, S. 623–277.

Papas, W. 1972. *Instant Greek.* Papas, Athens. **Parry**, A. 1971. *Tattoo. Secrets of a Strange Art.* Collier Books, New York. **Pease**, A. 1981. *Body Language.* Sheldon Press, London. **Penry**, J. 1971. *Looking at Faces and Remembering Them.* Elel, London. **Perella**, N.J. 1969. *The Kiss Sacred and Profane.* University of California Press. **Polhemus**, T. 1978. *Social Aspects of the Human Body.* Penguin Books, Harmondsworth. **Polhemus**, T. und L. Proctor. 1978. *Fashion and Antifashion.* Thames und Hudson, London.

Reyburn, W. 1971. *Bust-up.* Macdonald, London. **Reynolds**, R. 1950. *Beards.* Allen and Unwin, London. **Rosebury**, T. 1969. *Life on Man.* Secker and Warburg, London. **Rudofsky**, B. 1974. *The Unfashionable Human Body.* Doubleday, New York.

Saitz, R.L. and E.C. Cervenka. 1972. *Handbook of Gestures: Colombia and the United States.* Mouton, Den Haag. **Scheflen**, A.E. 1972. *Body Language and the Social Order.* Prentice-Hall, Englewood Cliffs, N.J. **Scheinfeld**, A. 1947. *Women and Men.* Chatto and Windus, London. **Sheldon**, W.H. 1954. *Atlas of Men.* Gramercy, New York. **Shen**, P. 1982. *Face Fortunes.* Perigree Books, New York. **Sherzer**, J. 1972. »The pointed lip gesture among the San Blas Cuna.« In: *Language and Society.* **Smith**, A. 1968. *The Body.* Allen and Unwin, London. **Sorell**, W. 1967. *The Story of the Human Hand.* Weidenfeld and Nicolson, London.

Taylor, A. 1956. »The Shanghai gesture«. *F. F. Communications* No. 166. S. 1–76. **Taylor**, R. 1970. *Noise.* Penguin, Harmondsworth, Middlesex. **Taylor**, W.P. 1983. *Bald Is Beautiful.* Macmillan, London. **Thompson**, P. und P. Davenport. 1980. *The Dictionary of Visual Language.* Bergstrom and Boyle, London. **Tosches**, N. 1981. *Rear View.* Delilah Books, New York.

Ucko, P. 1968. *Anthropomorphic Figurines.* Szmidla, London.
Walker, B. *Body Magic.* Routledge and Kegan Paul, London. **Walls**, G.L. 1967. *The Vertebrate Eye.* Hafner, New York. **Whiteside**, R.L. 1974. *Face Language.* Fell, New York. **Wildeblood**, J. 1973. *The Polite World.* David-Poynter, London. **Williams**, N. 1957. *Powder and Paint.* Longmans, London. **Wilson**, G. und D. Nias. 1976. *Love's Mysteries.* Open Books, London. **Winter**, R. 1976. *The Smell Book.* Lippincott, New York. **Woodforde**, J. 1968. *The Strange Story of False Teeth.* Routledge and Kegan Paul, London. – 1971. *The Strange Story of False Hair.* Routledge and Kegan Paul, London. **Wood-Jones**, F. 1929. *Man's Place Among the Mammals.* Edward Arnold, London.

Bildnachweis

Linda Poley
Bildrecherche
Linda Proud
Bildrecherche Koordination, Bildnachweis
Michael Desebrock
Redaktion, Bildauswahl
Andrea Newman
Zeichnungen S. 33, 45, 97, 145, 190 (rechts), 218, 222; **Francis Scholes**
S. 190 (links), 229

Schlüssel zum Bildnachweis
Die Schlüsselinitialen der Fotografen sind alphabetisch nach deren Nachnamen geordnet. Im Bildnachweis sind die Schlüsselinitialen in Klammern gesetzt.

Ab	Abbas
dA	A. de Andrade
DA	Daniel Angeli
DAk	Danny Allmark
EA	Eve Arnbold
J-LA	Jean-Louis Atlan
NA	Nitsuo Ambe
RA	Robert Azzi
AB	Arnaud Borrel
BB	Bruno Barbey
CB	Cecil Beaton
DB	Des Bartlett
GB	G. Bevilacqua
GeB	George Butler
GvB	Gert von Bassewitz
GBo	Gio Barto
HB	H. Benson
IB	Ian Berry
JB	Jane Bown
J/DB	Jan and Des Bartlett
MB	Mark Boulton
MBe	Marcus Brooke
MBs	Michael Boys
MBu	Michael Busselle
NB	N. Brown
RB	René Burri
RBd	R. Bond
RBr	Renaud Bachoffner
WB	Werner Bischof
WBn	W. Behnken
AC	Angelo Cozzi
ACy	Anthony Crickmay
BC	Bill Carter
C	Ciccione
Chim	David Seymour
GC	G. Chapman
HCB	Henri Cartier-Bresson
JC	Jan Cobb
LeC	LeCuziot
PC	Peter Carmichael
RC	Robert Capa
AD	Alan Davidson
BD	Bryan Duff
D	Delano
FD	François Duhamel
JD	John Doidge
JPD	Jean-Paul Dousset
RD	Raymond Depardon
SD	Shabbir Dossaji
SDe	Sergio Duarte
TD	Tony Duffy
EE	Elliot Erwitt
SE	Sarah Errington
F	Fedorenko
LF	Leonard Freed
L-F	Louis-Frederic
MF	Martine Franck
MFl	Michael Friedel
PF	Pepita Fairfax
PFo	Paul Fusco
RPF	Richard Phelps Frieman
AG	Alan Grisbrook, Cheadle
AGe	Ashvin Gatha
BG	Ben Gibson
BGg	Bob Gelberg
BGl	Burt Glinn
CvG	Cees van Gelderen, Amsterdam
EG	Ekkheart Gurlitt
FG	Felix Greene
HG	Helmut Gritscher
JG	Jean Gaumy
JGl	Jenny Goodall
LDG	Larry Dale Gordon
PG	Philip Gottop
RG	Ray Green, Manchester
RSG	Richard and Shally, Grennhill, London
TG	Tim Graham, London
H	Hatani
DH	David Hurn
DWH	David W. Hamilton
EH	Ernst Haas
FH	Frank Herdholt
GH	G. Harrison
LH	L. Hestenberger
PH	Philippe Halsman
SH/JK	Stephane Huzsain/John Kacere
TH	Thomas Höpker
RJ	Rob Judges, Oxford
J	Jürgen
GK	G. Konig
KK	Kaku Kurita
MK	Mark Kaufman
RK	Richard Kalvar
WK	W. Klein
AL	Andrew Lawson, Charlbury, Oxon
Aln	Andy Levin
Alz	Annie Leibovitz
BL	Barry Lewis
BLt	Bertrand Laforet

GL	Guy Leygnac
HL	Hank Londoner
JL	J. Alex Langley
RL	R. Ian Lloyd
ReL	René Leveque
RoL	Robin Laurance
SL	Sam Levin
SLa	Sandra Lousada
AM	Alain Mingham
BM	Benn Mitchell
BMn	Butch Martin
CM	Constantine Manos
DM	David Montgomery
EM	Erling Mandelmann
GM	Chislaine Morel
LM	Laurent Maous
MM	Michael MacIntyre
PM	Peter Marlow
PMd	Pierre Michaud
RM	Robert Mapplethorpe, NY
RMc	Robert McFarlane
AN	Alain-Patrick Neyrat
ANt	Albane Navizet
BN	Bob Nardell
JN	J. Nance
MN	Marvin Newman
RN	Robert Nicod
O	Obemski
MO	Margaret Olah
AP	Adrian Paul
CSP	Chris Steele-Perkins
GP	Gilles Peress
JP	Jesco von Puttkamer
JEP	J. E. Pasquier
JPP	J. P. Paireault
PP	Pierre Perrin
SP	Steve Powell
AR	Alon Reininger
DR	David Rubinger
JR	J. Reditt
LR	Leni Riefenstahl, München
MR	Mervyn Rees
GQ	Guy Le Querrec
S	Snowdon, London
AS	Art Seitz
BS	Brian Seed
DS	Dennis Stock
ES	Eric Schwab
HS	Heinz Stucke
HSs	Homer Sykes, London
JS	John Swannell
JSk	Jan Saudek, Prag
JSv	Jan Svab
RSf	R. St. Frank
SdeS	Serge de Sazo
SS	Sebastiao Salgardo Jr.
US	Ulli Seer
T	Tatiner
Tr	Trippett
PT	Pete Turner
ST	Steve Templeman
BU	Burk Uzzle
HU	H. R. Uthoff
AV	Avakadeo Vergani
FV	F. Vuich
JV	J. P. Vidal
AW	Adam Woolfit
BW	Bryan Wharton, London
CW	Chris Wroblenski
DW	David H. Wells
D'LW	D'Lynn Waldron
EW	Eric L. Wheater
JW	John Wright
LW	Leslie Woodhead
MW	Margaret Watkins
PW	Patrick Ward
RW	Rod Williams
TW	Tony Ward, St. Albans
IY	Ian Yeomans
JY	John Yates
RY	Richard Young
LZ	L. Zatecky

Bildquellen-Schlüssel

A	Alpha, London
AP	Associated Press, London
APL	Aspect Picture Library, London
AS	Allsport, Morden, Surrey
BBC HPL	Hulton Picture Library, BBC, London
BBC RT	BBC Radio Times, London
BC	Bruce Coleman Ltd., Uxbridge, Middx
C	Colorific!, London
CH	Camerapix Hutchison, London
CP	Camera Press, London
CS	Colorsport, London
DT	Daily Telegraph, London
F	Fotofolio (Rex Features), London
FI	Foto International (Rex Features), London
FSP	Frank Spooner Pictures, London
IB	Image Bank, London
JM	Joseph Mulholland, Glasgow
LC	Library of Congress, Washington
LE	London Express and News Service
M	Magnum Archive, Paris
MC	Mansell Collection, London
MEPL	Mary Evans Picture Library, London
N	Network, London
NFA	National Film Archive, London
NPG	National Portrait Gallery, London
P	Popperfoto, London
PA	Press Association, London
PP	Palace Pictures, London
PS	Photo Source, London
R	Rapho, Paris
REP	Reading Evening Post
RF	Rex Features, London
S	Sotheby's, London
SAPL	San Antonio Public Library
ST	Sunday Times Colour Magazine, London
SGA	Susan Griggs Agency, London
SF	Scope Features, London
SI	Syndication International, London
SPL	Science Photo Library, London
T	Transworld Features
UBN	UPI/Bettman Newsphotos
Z	Zefa, London

Männer im Gespräch (RK) M. Die Präsidenten Reagan und Mitterrand FSP.

DER RÜCKEN

94 Fuchsjagd-Tätowierung (IY) SGA. **96** Haariger Rücken, Miami Beach (HCB). **98** Schulterstand eines unbekleideten Oberkörpers (BMn) IB, Muskelmann Keijo Reiman aus Finnland AS. **99** Weiblicher Torso im Profil (RPF) R. Felsenkletterer (RN) FSP. Sonnenbadende bei Key West, Florida (AS) FSP. Massagesalon PS. **103** Shirley Bassey P. Titelbild von »La Vie Parisienne«, Mai 1926 MEPL. Japanerin mit entblößtem Rücken (JPP) FSP. **104** Die englische Bodybuilderin Carolyn Cheshire (AR) C. **105** Frau mit tätowiertem Rücken (CW). **107** Die Prinzessin von Wales in Australien (TG).

DER BAUCH

110 Buddha, China (Dieter Lidl). **111** Ein Mann mit seinem Bauch (SdeS) R. **112** Sumo-Ringer AS. Westlicher Ringkämpfer. (FH) Direct Mail Sales Bureau/Dorlands Advertising. **113** Der englische Politiker Cyril Smith (DB). Bodybuilder mit eingezogenem Bauch (Versele) FSP. **116** Mütter und Kinder beim Baden (JG) M. **116/117** Burt Reynolds und Rachel Ward (Weber) RF. Erotische Zeichnung eines weiblichen Bauches (SH/JK) FSP. **120** Nackte mit langgestrecktem Nabel (J) DT. Bauchtänzerin (Ab) M. **121** Japaner mit tätowiertem Bauch (NA) FSP. Mädchen mit Muschelschmuck auf dem Bauch CH. **123** Mann mit seiner schwangeren Frau (AN) R. Nacktes Paar (PFo) M.

DIE HÜFTEN

126 Mädchen am Strand, Mauritius (AGa) APL. **128** Skulptur von Reg Butler, mit freundlicher Genehmigung von Rosemary Butler. **130** Mädchen mit Eieruhrfigur MEPL. Jayne Mansfield (GK) RF. **131** Olympische Turnerin (Simon/Francolon) FSP. **132** Einschnürgerät MC. Damenmode, 1890–99 BBC HPL. Ethel Earl, in ihrer Darstellung im Prince of Wales Theatre, Birmingham MC. **133** Die taillenlose Mode der 20er Jahre BBC HPL. **136** Spagat auf Rollschuhen (BN) FSP. Französische Ballettschule FSP. Fitneßkurs in Amsterdam (PW) SGA. Tänzerin in Gras-Rock, Cook Islands SGA. **137** Elvis Presley NFA (»Jailhouse Rock«, MGM). Brigitte Bardot NFA (»And God Created Woman«, Miracle Pictures). **139** Frau mit Hand auf der Hüfte (dA) M.

DAS GESÄSS

142 Nacktes Paar R. **144** Der amerikanische Fußballspieler »Lester the Molester« Haynes von Raiders AS. Elton John zieht seine Hose runter und zeigt seinen Hintern (RY) RF. **146** Liegende Nackte MEPL. **147** Eingefügt: Aphrodite Kallipygos (Kopie des hellenistischen Originals), Museo Nazionale de Napoli. Frau, die den Hintern eines Mannes tätschelt (EG) FSP. Mädchen, das sich einen nackten Mann ansieht (EG) FSP. **150** Gemälde, das den Teufel mit einem Gesicht anstelle des Hinterns darstellt X. Salut vor Hitlers Arsch von Kubriniski ST. **151** Mädchen in St. Tropez (AS) FSP. **153** Kleines Mädchen und kleiner Junge (CM) M. **154** Skulptur von Reg Butler (BW). Die Zurschaustellung des Gesäßes in viktorianischen Zeiten BBC HPL. **155** Die Zurschaustellung des Pos heute, Paris M. Männlicher Striptease (DH) M. **159** Sonnenbadende mit Zöpfchen FSP. Stripperin, Las Vegas FSP. Nackte am Strand, die in die Kamera schaut (MFl) R. **160/161** Jeans mit Broschen IB. Verzierte »G-Saite« (FD) FSP. Mädchen mit tätowiertem Hintern (DW) FSP. Mann mit tätowiertem Hintern, Japan FSP. **163** Kniendes Paar (BU) M. Geißelungsdarstellung MEPL.

DIE GENITALIEN

166 Die Fotografin Leni Riefenstahl wird von einem Nuba-Mann gestützt (LR). **169** Monty-Python-Darsteller Terry Jones SF. **169** Königin Elizabeth II. und der Herzog von Edinburgh mit dem Eingeborenentänzer Rabaul, New Britain P. **171** Paar in einer Umarmung am Strand (WBn) IB. Nuba-Paar, Sudan (LR). **172/173** Revuemädchen im Casino de Paris (GQ) M. Nackte ohne Schamhaar (PG) MC. Herzförmiges Schamhaar (MBu). **173** »Die Ausstellung«, Karikatur von Thomas Rowlandson MEPL. **174** Afrikanischer Pygmäe beim Fischen (GM) FSP. »Die größte Unterhose in ganz New York« – Plakatwandwerbung (ALn) C. Japaner schlägt auf einen Gong FSP. **175** Phallisches Eis am Stiel, San Francisco (PFo) M. Kopulationsdarstellung aus »The Citizen« von Thomas Rowlandson MEPL. **180** Beschneidung in Istan-bul. (MBe) C. **181** Kleiner Junge im Garten DT. **185** Altes ägyptisches Relief, das eine Beschneidung darstellt.

DIE BEINE
192 Nackte, zur Hälfte ins Wasser eingetaucht (BGg). Zwei Ballettänzerinnen (ACy) DT. Mädchen mit hochhackigen Schuhen (HSs). **193** Sebastian Coe im Training FSP. Wigan v. Whitehaven Rugby League (RG). Lisa Lyon beim Training (ANt) FSP. **194** Betty Grable hebt ihre Röcke NFA. Sophia Loren in Shorts NFA. **195** Frauen beim Planschen, Deauville (LF) M. Die Marx Brothers zeigen ihre Beine NFA. **196** Elvis Presley begutachtet Beine NFA. Die Beine von Raquel Welch auf der Theke eines Saloons (SL) FSP. **197** Brigitte Bardot in hohen Stiefeln NFA. Strumpfband MC. **200** Frauen mit übereinandergeschlagenen Beinen (HCB) M. Kinder in der Hocke (deA) M. **201** Die Außenminister David Owen und Cyrus Vance auf einer Bank (JB). Marilyn Monroe in »Gentlemen Prefer Blondes« NFA. **202** Dwight Stones beim olympischen Hochsprung (FD) FSP. Finale des olympischen 1500-Meter-Laufes der Frauen (TD) AS. **202/203** Der Olympiateilnehmer und Sprinter Carl Lewis (Tary/Perrin) FS. Nacktes Paar beim Strandlauf (BC) IB. **204** Urlaubsreisende in St. Tropez, Frankreich (RBr) FSP. Marlon Brando beim Seilspringen NFA. Mannequin (HCB) M. Endspurt der Geher (MR). **205** Hindernislauf im Crystal Palace, England (MR). Präsident Jimmy Carter ist nach einem Langstreckenlauf erschöpft (Stewart/Running Times) FSP. Älterer Franzose am Strand – alter Mann in der Gymnastik (JK). M. **208** Traditioneller Hüpftanz der Massai (PC) APL. Der Herzog und die Herzogin von Windsor, aus »Jumpology« von Philippe Halsman M. **209** Tätowierer bei der Arbeit, Japan FSP. Häusermaler am Amazonas CH. **213** König Faisal von Saudi-Arabien (RD) FSP. Björn Borg nach seinem Sieg in Wimbledon CS.

DIE FÜSSE
216 Rudolf Nurejews rechter Fuß (S). **218** Fußsohlen eines Mädchens (EM) R. **219** Füße eines Babys (RBd) Z. Seitenansicht vom Fuß eines Mädchens (JEP) R. **222** Das Festhalten der Fußabdrücke eines Babys (DH) M. **223** Mit den Füßen rasieren (LM) FSP. **226/227** Das Laufen auf rotglühender Asche (Budge) FSP. Sebastian Coe bei einer Fußbehandlung (HB) FSP. **227** Schwarzer Badender mit weißen Fußsohlen (EG) FSP. **229** Zeichnungen von chinesischen Fußeinschnürungen MEPL. Malcolm Hudson, Karate-Weltmeister (JD). Chinesische Kaiserin mit eingeschnürten Füßen auf Schemelchen MC. **232/233** Die Sprache der Bein- und Fußhaltungen MEPL. Füße einer indischen Tänzerin (PF) SGA. **232** Der Papst küßt einem Gläubigen die Füße. **233** Die alte Frau, die in einem Schuh wohnte MEPL. **236** Knöchelbewunderer in Aktion MEPL. **237** Dirk Bogarde und Charlotte Rampling (»The Night Porter«, Premier Release) NFA. Szene im Marquis de Sade Club, New York M.

Register